有效教学丛书编委会

编委会主任　余文森

编委会副主任　吴刚平　刘良华　王　永　刘家访　谌启标　方元山

编　　　委　魏为燚　陈国平　刘冬岩　黄国才　林高明　陈世滨

　　　　　　陈敬文　陈燕香　陈朝蔚　吴少凡　谢安平　陈瑞清

　　　　　　戴慧萍　卢永霞　李玲玲　陈金缺　林　珊　周紫英

有效教学丛书

有效教学的基本策略

丛书主编◎余文森　编著◎余文森　刘冬岩

海峡出版发行集团 | 福建教育出版社

梦 山 书 系

"梦山"位于福州城西,与西湖书院、林则徐读书处"桂斋"连襟相依,梦山沉稳、西湖灵动、桂斋儒雅。梦山集山水之气韵,得人文之雅操。福建教育出版社正坐落于西湖之畔、梦山之下,集五十余年梓行之内蕴,以"立足教育、服务社会、开智启蒙、惠泽生命"为宗旨,将教育类读物出版作为肩上重任之一,教育类读物自具一格,理论读物品韵秀出,教师专业成长读物春风化雨。

"梦"是理想、是希望,所谓"梦想成真";"山"是丰碑,是名山事业。"积土成山,风雨兴焉",我们希望通过点点滴滴的辛勤积累,能矗起教育的高山;希望有志于教育的专家、学者能鼓荡起教育改革的风雨。

"梦山书系"力图集教育研究之菁华,成就教育的名山事业之梦。

序

余文森

教学的有效性是所有教育教学改革的共同追求，哪一项教学改革不是为了使教学更有效，不是为了使学生发展得更好？本次课程改革也不例外，其首要目标就是提高教学的有效性。

就总体而言，新课程实施几年来，课堂教学改革在朝着素质教育的方向扎实推进，并取得了阶段性的成效和实质性的进展，这是有目共睹的。但是，由于各种原因，课堂教学改革也出现了形式化、低效化的现象。可以说，当前课程改革在课堂教学方面所遭遇到的最大的挑战和所受到的最强烈的批评就是低效和无效问题。

因此，怎样实施有效教学、如何提高课堂教学质量就成为当前教学理论和教学实践的热点问题。正是基于这一背景，我们启动了新课程背景下有效教学的课题研究，并在这一基础上组织编写了这套有效教学丛书。

丛书分为通识和学科两部分。通识部分有四本，第一本是《有效备课·上课·听课·评课》，这是从教学工作和教学流程角度来谈有效教学的。第二本是《有效教学的案例与故事》，这是用案例和故事来解读有效教学的。第三本是《有效教学的理论和模式》，此书的"外国篇"梳理归纳了国外教育家关于有效教学的理论；"中国篇（上）"讨论了改革开放以来我国的几种有效教学模式；"中国篇（下）"分析了近年来产生较大影响的几个有效教学案例。第四本是《有效教学的基本策略》，此书系统阐述和分析有效教学的各种策略。学科部分将围绕各学科的核心主题来探讨有效教学。

2012年12月

前　言

我们先从关于有效性的一个隐喻谈起：企业之间的竞争就好比是比赛穿越一块玉米地，那么，穿越玉米地要比什么呢？

第一个要比谁穿越得快；

第二个要比在穿越的过程当中掰玉米，看最后谁掰的多；

第三个是比穿越过程当中，玉米叶子可能会刮伤皮肤，看谁穿越后身上的伤口少。

这就是企业平常所说的速度、收益和安全。成熟的企业家都知道速度、收益和安全必须要全面考虑，必须要整体考虑。

速度、收益、安全也是有效教学必须考虑的三个要素：速度可看作学习时间（长度）——投入；收益可看作学习结果（收获）——产出；安全可看作学习体验（苦乐）——体验。可以说，时间、结果和体验是考量学生有效学习的三个指标。

学习效率指的是学习速度的快慢，即学习特定内容所花费的时间。显然，学习速度快，学习特定内容所花费的时间就少，效率也就高。节约学习时间，提高学习效率，首先要求把时间用在学习上，课堂教学不能把时间浪费在非学习上；其次就要提高单位时间的学习质量。

学习结果指学生经过学习所发生的变化、获得的进步和取得的成绩。这是有效性的核心指标，也是我们平常所说的有效性，每节课都应该让学生有实实在在的感觉得到的学习收获，它表现为：从不懂到懂，从少知到多知，从不会到会，从不能到能的变化和提高。学习结果不仅表现在双基上，而且表现在智能上，特别是学习方法的掌握以及思维方式的发展。

学习体验指的是学生的学习感受，即学习活动所伴随或生发的心理体验。

这是被传统教学所忽视的考量有效性的一个向度。孔子说过：知之者莫如好之者，好之者莫如乐之者。教学过程应该成为学生一种愉悦的情绪生活和积极的情感体验。学生在课堂上是兴高采烈还是冷漠呆滞，是其乐融融还是愁眉苦脸？伴随着学科知识的获得，学生对学科学习的态度是越来越积极还是越来越消极？学生对学科学习的信心是越来越强还是越来越弱？这就是我们所强调的学习体验，它是有效性的灵魂，学生越来越爱学习是学习有效性的内在保证。

显然，这三个指标是相互关联、相互制约的，它们具有内在的统一性。学习时间是前提，投入一定的时间并提高学习效率，这是增加学习效果和提升学习体验的基础；学习结果是关键，学业进步和学力提升不仅能促进学习效率的提高，也能增进学生学习的积极体验；学习体验是灵魂，积极的体验和态度会促使学生乐于学习，并提高学习的效率和结果，实际上，学习体验本身也是重要的学习结果。总之，考量学生学习的有效性必须综合考虑这三个要素，提高学习效率、增进学习效果、提升学习体验是学习有效性的努力方向和追求目标。

从这个角度出发，我们把有效教学规定为以下三个方面：

1. 提高学习效率的教学（让学生学得多、学得快的教）；
2. 增进学习效果的教学（让学生学得深、学得透的教）；
3. 提升学习体验的教学（让学生爱学、乐学的教）。

目录 | CONTENTS

第一章　提高学习效率的教学策略——让学生学得多、学得快的教
　第一节　化抽象为形象的形象化策略 ·· 2
　第二节　化理论为实际 ·· 20
　第三节　化未知为已知 ·· 45
　第四节　化深为浅，化复杂为简单 ··· 48
　第五节　化枯燥为活泼生动 ··· 60

第二章　增进学习结果的教学策略——让学生学得深、学得透的教
　第一节　由结论到过程 ·· 69
　第二节　由知识到问题 ·· 78
　第三节　由已知到未知（由熟悉到陌生） ··································· 84
　第四节　由一元（共性、封闭）到多元（个性、开放） ················ 89
　第五节　由传承（接受）到创新（质疑） ··································· 92
　第六节　由依赖性的学到独立性的学 ··· 97
　第七节　由教知识内容到教思维分析方法 ································· 104
　第八节　由传话到对话讨论 ··· 109
　第九节　由教学科知识到教学科思想方法 ································· 117
　第十节　由前科学到科学 ·· 131
　第十一节　由知识分散到知识整合 ··· 141

第三章 提升学习体验的教学策略——让学生爱学、乐学的教

第一节 教师爱学生,才能让学生爱教师、爱学习 …………… 159

第二节 教师喜欢自己的学科,才能让学生喜欢自己的学科 ………… 167

第三节 通过创设情境,激发学生学习兴趣 …………………… 181

第四节 寓教于乐,激发学生学习兴趣 ………………………… 200

第五节 体验成功,激发学生学习兴趣 ………………………… 211

第六节 将艺术元素融入教学,提升教学美 …………………… 219

第七节 构建民主师生关系,重建课堂文化 …………………… 227

第一章 提高学习效率的教学策略
——让学生学得多、学得快的教

提高学习效率的教学，指的是让学生学得多、学得快的教学。它意味着，因为有了教师的教（教的参与），学生在同样的时间内能够学会、掌握更多的知识内容；或者说学生学会、掌握同样的知识内容，花费的时间更少了。相反，如果学生自己学习只要一课时完成，而教师却花了两课时来教，而且二者的效果是一样的，那么这种教就不是促进学生的学，而是阻碍学生的学。

那么，怎样让学生学得多、学得快呢？具体的策略有很多，但这些策略一定有其共同的特点和秘诀：化难为易。因为，只有化难为易，学生才能学得多、学得快。学生学习的主要障碍，即为什么学得慢、学不会，在于知识过于抽象，思考过程过于复杂；或是知识的理论性过强，学生缺乏必要的知识、经验基础。

把大的目标分解成一个个小的目标，把一件大事分解成一件件小事，这样你就会发现：从小处着手，从易处着手，事情也许并不很难。就如1984年东京国际马拉松比赛冠军山田本一分享的获奖心得：每次比赛之前，我都要乘车把比赛的线路仔细地看一遍，并把沿途比较醒目的标志画下来，比如第一个标志是银行，第二个标志是一棵大树，第三个标志是一座红房子……这样一直画到赛程的终点。比赛开始后，我就以百米的速度奋力地向第一个目标冲去，等到达第一个目标后，我又以同样的速度向第二个目标冲去。40多公里的赛程，就被我分解成这么几个小目标轻松地跑完了。起初，我并不懂这样的道理，我把我的目标定在40多公里外终点线上的那面旗帜上，结果我跑到十几公里时就疲惫不堪了，我被前面那段遥远的路程给吓倒了。[①] 同样，教师也要善于引导学生分解难题、化难为易。

那么，怎么化难为易，让学生学得多、学得快呢？下面我介绍若干具体的策略。

第一节　化抽象为形象的形象化策略

什么叫知识？知识是人类从实践活动中得来的，对实际事物及其运动和变化发展规律的反映。也就是说，知识本身是具有丰富生动的实际内容的，而表征它的语言文字（包括符号图表）则是抽象和简约的，学生所学的正是语言文字所汇集成的书本知识即教材。这就要求学生不论学习什么知识，都要透过语言文字、符号图表把它们所代表的实际事物想清楚，以至想"活"起来，从而真正把两者统一起来。这样的学习就是有意义的学习。相反，如果学生只记住一大堆干巴巴的文字符号，而没有理解其中的实际内容，这样的学习便是机械的学习。正如苏霍姆林斯基在《给教师的建议》中所说："你们一定经常遇到这样的现象：学生很好地记住（背会）了规则、定理、公式、结论，但是却不会实际运用自己的知识，有时候还简直并不理解他背会的东西的内容实质是什么。这种有害的现象特别明显地表现在语法、算术、代数、几何、物理、化学等科的学习中。"抽象的概念、定理在学生看来是如此陌生、有距离、难以亲近，就算记住了也只是生硬的记忆，而不理解其实质内涵。

从有意义学习角度来说，"实际事物"就是"文字符号"的停靠点。从哲学角度讲，这一停靠点解决的是形象与抽象、实际与理论的矛盾。捷克教育家夸美纽斯曾强调说："一切知识都是从感官开始的。""在可能的范围内，一切事物应尽量地放在感官的跟前，一切看得见的东西应尽量地放在视官的跟

[①] 孙国富. 马拉松世界冠军的智慧[J]. 考试与招生，2009（12）.

前,一切听得见的东西应尽量地放到听官的跟前……假如有一个东西能够同时在几个感官上面留下印象,它便应当用几个感官去接触。"他认为这是教学中的"金科玉律"。虽然这种论述未免有绝对化之嫌,但的确也反映了教学过程中学生认识规律的一个重要方面:直观可以使抽象的知识具体化、形象化,有助于学生感性认识的形成,并促进理性认识的发展。形象思维是人类认识世界的思维方式之一,特别是在小学阶段,学生形象思维占优势,更应该注重创设直观停靠点。

抽象与形象是一对矛盾,"从生动的直观到抽象的思维,从抽象的思维到实践"是人类认识活动的普遍规律,同样也是教学过程的普遍规律。从学生学习角度说,抽象的东西看不见、摸不着,如果没有凭借直观、形象的东西,它是很难学的,学生还会觉得枯燥无味。形象化是有效教学最重要的策略。教学中借助形象化的教学手段,学生能够对新知识进行更好的理解和记忆。形象化的教学策略具体有三种:语言表达的形象化、图像的形象化和动作的形象化。

一、语言表达的形象化

语言表达的形象性能够使听者的脑中呈现的是一幅幅鲜明而简洁的画面,而不是仅提供一些抽象的语义代码。形象化的语言可以化平淡为有趣、化复杂为简单、化陌生为熟悉、化深奥为浅显。如讲丰收,绝不仅仅是亩产多少增产多少,更应是"高粱乐红了脸、麦穗笑弯了腰";讲胜仗,也绝不仅仅是歼敌若干攻城几座,更应"风卷红旗如画"、"报道敌军宵遁"。这种将道理人格化物格化,将抽象形象化具体化的语言,学生听起来必定是兴致盎然似三春,趣味浓郁如仲夏,犹似欣赏一幅画、观赏一幕剧。

形象化不是文科教学语言的专利,在理科教学中,抽象概念的建立,往往也需要形象的描述与解释。不仅如此,对深奥知识的解释也要具体化。如果不借助形象性,爱因斯坦的相对论是难以向学生讲清的。那么爱因斯坦自己又是怎样给予解释的呢?请看看这位科学巨匠所用的词句吧:"如果你在一个漂亮的姑娘旁坐一个小时,你只觉得坐了片刻;反之,你如果坐在一个热火炉边,片刻就像一小时。这就是相对论的意义。如果有人存在怀疑,而又想试验一下的话，有谁不会宁愿做那个同姑娘坐在一起的人，而把火炉留给那个怀疑者呢？"这样的解释多么富有形象性！相对论深刻的意义，通过这些具体、可感的文字完全表达出来了。作家托马斯在撰写爱因斯坦的传记中曾指出："爱因斯坦的相对论是令许多人难以理解的。但一经他的形象的解释，使每一个人都能领会其思想。形象的解释，是这位科学巨人的拿手好戏。"我们每一个教师又何尝不需要具备这个"拿手好戏"呢？

比喻是一种比较常用的将语言形象化的语言表达方式，它用具体的、大家熟知的、浅显的去比抽象、陌生、深奥的，这种教学语言生动活泼，符合学生的认知规律，能够很好地把抽象的概念、繁复的理论转化成学生熟知的、易于理解的生活事物。比如在生物教学中教师在讲解血液循环有关的知识时，把血液比喻成"火车"，把血管比喻成"铁轨"，把心脏比喻成"加油站"，把身体各器官比喻成"停车点"。火车无论到哪里都要走铁轨，离开了铁轨，火车就寸步难行，正如血液必须在血管中流淌一样。火车行进一段时间就要到加油站加油；火车无论到哪个站点，都要有上车或下车的，地点不同，上车或下车的自然不同。血液循环岂不也是如此，它有固定的路线，而又遍布全身，每到身体的一个器官要么送下物质，要么带上物质，在行进的过程中心脏就是推动血液前进的动力器官。尽管那么复杂，而同时又是那么井然有序。本来需要花费大量时间讲解的知识通过形象的比喻学生很快就能掌握了。在教学中运用比喻能够有效地降低知识难度，有时寥寥数语却胜过千言万语，让人豁然开朗。① 就如萧伯纳回答记者提问"请问乐观主义和悲观主义的区别在哪儿"时，他说："区别非常简单明了。假定这里有一瓶只剩下一半的酒，看到这半瓶酒的人如果高喊'太好了，还有一半'"，这就是乐观主义。如果哀叹"'糟糕，只剩下一半了'，那就是悲观主义。"② 如此形象生动的比喻，寥寥数语就把抽象晦涩的"悲观主义"、"乐观主义"解释得透彻明了。当冯骥才先生被问到"怎样区分散文与小说和诗歌"时，他开玩笑似地打比方说："一个人平平常常走在路上——就像散文。一个人忽然被推到水里——

---

① 李如密、刘云珍. 课堂教学比喻艺术初探［J］. 全球教育展望, 2009（6）.
② 马德. 亮在大师额头的智慧［J］. 师道, 2002（8）.

就成了小说。一个人给大地弹射到月亮里——那是诗歌。小说是想出来的，诗歌是蹦出来的；小说是大脑紧张劳作的结果，诗歌却好似根本没用大脑，那些千古绝句，都如天外来客，不期而至地撞上心头。散文呢？它好像天上的云，不知由何而来，不知何时生成。你的生活，你的心，如同澄澈的蓝天。你一仰头，呵呵，一些散文片段仿佛片片白云，已然浮现出来了。"① 善用比喻能够将抽象难懂、难以区分的概念清晰地显现出来，让人在生动的类比中轻松地恍然大悟。

除了常用的比喻外，借助于拟人、谚语、实例等方法也可以使教学语言形象化。此外，还可用夸张突出重点，用排比烘托气氛，用幽默调节气氛。教学中运用这些形象化的语言表达方式时，应注意结合学科特点，紧扣教学目标，做到贴切、自然、巧妙，切勿过多过滥，牵强附会，否则将弄巧成拙、适得其反。来看一个真实的故事：一个数学家的女儿从幼儿园放学回到家中，父亲问她今天学到了什么。女儿高兴地回答道："我们今天学了'集合'。"数学家觉得要学习这样一个高度抽象的数学概念，女儿的年龄实在太小了，因此就关切地问道："你懂吗？"女儿肯定地回答道："懂！一点也不难。""这样抽象的概念会这样容易懂吗？"听了女儿的回答，作为数学家的父亲仍然放不下心，因此就追问道，"你们的老师是怎么教你们的？"女儿回答道："老师首先让班上所有的男孩子站起来，然后告诉大家这就是男孩子的集合；然后，她又让所有的女孩子站起来，并说这是女孩子的集合；接下来，又是白人孩子的集合，黑人孩子的集合……最后，老师问全班：'大家是否都懂了？'她得到了肯定的答复。"显然，这个教师所采用的教学方法并没有什么问题，甚至可以说相当不错。因此，父亲就决定用以下的问题作为最后的检验："那么，我们是否可以将世界上所有的匙子或土豆组成一个集合？"迟疑了一会儿，女儿最终作出了这样的回答："不行！除非它们都能站起来！"② 善用比喻能够让教学内容深入浅出，但如果运用不当，则会陷入举例的陷阱，误导学生。

---

① 冯骥才. 趣说散文［J］. 小作家选刊（作文素材库），2011（5）.
② 郑毓信. 善于举例［J］. 人民教育，2008（18）.

案例1:"善讲"的王春易老师[①]

当学生的回忆自己的学习生活时,还能对教师的教学津津乐道,不得不说是对教师成功教学的肯定。如何能让教学深受学生喜欢,对学生影响这般深远,"形象的语言表达"可谓功不可没。

一位毕业生回忆起上生物课的情景,至今都抑制不住内心的激动。"第一次走进王春易老师的生物课堂,那是怎样的一节课啊,精致的图片、诱人的知识,她口吐莲花般娓娓道来,使人百听不厌、浑然忘我,仿佛花香鸟语萦绕身边,陶醉其中,回味无穷。她就这样引领我们进入了生物的世界。"

她的教学语言像电文一样简洁,没有一句口头语,完全达到了炉火纯青的地步。最绝的是,她的课堂节奏比钟表还准,每一节课只要她说完最后一句话准保打下课铃。那时,同学们都会屏住呼吸,笑眯眯地望着她,等待着那美妙的时刻。上课到了这般境地,真的是一种享受。

听她的课真是如沐春风,化难为易、化繁为简,非常难的内容被她几句话就说清楚了。例如,在学习"自由水"和"结合水"的时候,学生弄不明白"结合水"和"自由水"的区别。她现场磕开了一枚鸡蛋让学生看,学生边观察边叫"哎呀!蛋清里面有水却不能自由流动",一下子体会了"结合水"的含义。在讲"细胞分化"这个不容易理解的概念时,她的手里变出了一个西红柿,从形成这个西红柿最早的一个细胞——受精卵开始,说到这个细胞的变化:分裂使细胞增多,分化使细胞类型增多,并形成了充满营养的营养组织、运输营养物质的输导组织等。看似艰深的知识就这样轻易地被破解了,学生被她那深入浅出、出神入化的"讲"深深地吸引。

形象化的语言思路清晰、流畅,如行云流水一般;朴素,简单,自然,似一股清新的风徐徐吹来。这样的讲,如同教师给予学生的礼物一般,令学生沉醉。

[①] 李建平."讲"还是"不讲"——北京十一学校特级教师王春易的选择[J]. 基础教育课程, 2011 (9).

案例 2： 讲故事， 学拼音[①]

汉语拼音的学习对于刚入学的一年级学生显得特别抽象，而且容易混淆。这时候就需要教师利用形象化的语言化抽象为形象，可以通过拟人化的故事、儿歌将知识寓于生动活泼的形式中，帮助学生更好地记忆，让学生学得轻松愉快，提高学习效率。

教学整体认读音节"yi、wu、yu"时，教师给学生讲故事：大"y"和小"i"，大"w"和小"u"是亲兄弟。他们小时候，家乡发大水，大"y"和大"w"跟他们的家人被冲散了，好心的人家收养了他们。过了几年，孩子们逐渐长大，越来越懂事了。大"y"和大"w"得知自己的身世后，很想见到自己的亲人。他们俩商量了一下，就到电视台做了一个"寻亲"的节目。苍天不负有心人，他们见到了自己的家人。特别是他们的弟弟小"i"和小"u"再也不想与哥哥分开，要永远在一起，于是他们分别组成了"yi"和"wu"。他们不分彼此，不分大小，只要大"y"和小"i"在一起读"yi"，只要大"w"和小"u"在一起读"wu"。同院的"ü"一看，人家小"i"和小"u"，都有哥哥，可自己没有，心里很难过。还是懂事的大"y"说："我可以做你的哥哥，但是你整天鼓着两眼朝天看，对谁也不理不睬，就像戴上骄傲的帽子，这样不好，你得把骄傲的帽子摘掉，我才做你的哥哥。""ü"说："我愿意。"于是，大"y"除了和弟弟小"i"在一起，有时也和摘掉骄傲帽子的"ü"在一起，组成"yu"，读作"yu"。故事听完了，学生也把整体认读音节"yi、wu、yu"记住了。

声母"j、q、x"和"ü"相拼时，"ü"上的两点要省略，变成音节"ju、qu、xu"。学生很容易把"ü"读成"u"，结合前面讲过的戴骄傲帽子的"ü"，教师再编小儿歌：小"ü"真骄傲，两眼往上翘，"j、q、x"来帮助，摘掉骄傲帽。这节课没费多少时间，学生便对这一规则牢记在心。

这样的拼音教学穿上了生动的故事的外衣，不仅让学生很好地掌握了本课的知识要点，而且掌握得更加牢固，同时还在无形中传递了积极的情感、

---

① 王慧. 化抽象为形象［J］. 小学语文教学，2003（12）.

态度、价值观。

案例3： 形象记忆在英语教学中的应用[①]

在英语教学过程中，常听到学生抱怨："我昨天还能背出的对话，怎么今天就忘了呢？"遗忘是记忆的天敌，如何让学生长久有效地记忆学过的英语单词和课文内容，成为教师们的努力方向。俗话说："百闻不如一见。"直观形象的事物给人的印象较为深刻，识记过程也是如此，直观形象的材料比枯燥抽象的材料容易让人记住。如何让学生发挥自身的记忆潜能，并将其运用到英语学习当中呢？请看一位教师分享的几种有效方法：

图片资料——课文记忆

现代教学工具多种多样，有挂图、幻灯片、录音带、录像带和多媒体等，目的都是为了从听觉、视觉和触觉等方面给学生留下深刻印象。其中，图片资料的使用方便简单，易于搜集，是使用频率较高的教学工具。在课文复述这个环节，有些教师喜欢采用提供关键词的方法，我更倾向于利用图片、简笔画或图片与文字两者相结合的方法，以达到图文并茂的效果，让学生从易到难、循序渐进地熟悉课文。比如在 *Asking the way*（问路）这篇课文中，每一句话都包含一个刚学的方位介词短语，内容非常抽象。为了让学生能更好地辨清行走的方向和路径，我设计了一幅简单的图片，把文中提到的街道、公园、旅店和花园等都包括在内，并按方向用箭头和虚线把行程显示出来。然后一边说英语句子，一边手指着箭头移动，非常形象地完成了一次"导游"。这样示范一遍后，学生立刻觉得文章生动起来，不再是抽象的文字，而是立体的场景。口头练习了几分钟后，大部分学生就能看着图片把这段文字顺利地讲出来。

特殊道具——英语对话

美国有句格言：Tell me and I will forget; Show me and I will remember; Involve me and I will learn. （我听了就忘了，我看了就记住了，我做了就学会了）因此，为了充分调动学生的参与性，培养其语言的运用能

[①] 宋莉莉. 形象记忆在应用教学中的应用［N］. 现代教育报，2011-04-25（4）.

力，笔者尽量要求学生手、脑、口并用，做到"动口又动手"，使学生全身心地投入进去，乐此不疲。如进行警察审讯小偷的表演，学生表现得很积极。课前，笔者还特意去借来一顶大盖帽。记得当时有几位平时很少主动发言的男同学为了体会戴警帽的威风，憋足了一股劲拼命背诵准备好的对话。为了鼓励他们，笔者让他们分别上台表演。其他学生也为他们的积极表现热烈鼓掌。课后检查发现，学生对该对话内容掌握得很好。

视听影像——综合信息

现代生活中，信息以各种形式出现，有时比较单一，但更多的时候是多种形式结合在一起。而复合形式的信息给人的印象尤为深刻。因此，笔者利用电影和电视这种音像材料，以视听结合方式向学生展示课文中的内容。如在教 Unit 3 Section A 时，笔者先播放了一段电影《ET 外星人》的剪辑，剪辑中是主人公小男孩向自己的兄妹介绍他的外星人朋友时发生的有趣场面，其中哥哥那惊讶的表情及妹妹尖声的大叫如实地表现了普通人初次遇见外星人的反应。这段剪辑直观性很强，声音和图像相结合，有着很强的冲击力和感染力，学生容易记住内容，也能快速地进入课文与外星人有关的对话中。

亲手制作并品尝一份奶昔，亲自表演一段小品，亲笔画出自己的家园，得到的印象要比听别人讲的鲜明得多，要比从书本上看的生动得多，记忆也自然牢固得多。在课堂教学时可以尽量采用直观形象的方式，对那些艰深抽象的知识材料设法使之形象化，以便于学生高效地记忆。

案例 4：形象比喻幽默[①]

所谓形象比喻幽默，就是打比方，用具体的、浅显的、熟悉的事物去说明抽象的、深奥的、生疏的事物，从而使思想的表达和道理的阐述更具有趣味性、感染力和说服力，更易于让人理解和接受。

如把春秋五霸的兼并作用比作"大鱼吃小鱼，小鱼吃虾米"，顽固派、洋务派与清朝的关系就好比"两匹瘸马拉一辆破车"。再比如，分析"第一次国内革命战争失败的原因"时，教师可以把国民党比作一头大牛，共产党比作

---

① 张鑫. 历史课堂幽默手段的运用［J］. 当代教育科学，2010（4）.

小孩，共产党领导人陈独秀比作家长，然后把他们的关系作如下讲解：国民党反动派本来就是一头大牛，又有国际帝国主义供给草料，就变得更加力大无比；幼年时期的共产党就像小孩子，年纪小，对捉牛没有经验，作为家长的陈独秀在指挥小孩捉牛时，不是教他牵牛鼻子，而是要他扯牛尾巴，这样在牛突然发狂时就不能及时制止，反而被牛重重地踢伤。讲课时可以把陈独秀坚持右倾投降主义错误、放弃革命领导权说成是不捉牛鼻子而是扯牛尾巴，把国民党突然叛变说成是牛突然发狂，把革命失败说成是被牛重重地踢伤（踢伤一词同时也意味着总结经验，吸取教训，伤口是会好的，预示着共产党的革命必将星火燎原）。这样的比喻既形象又直观通俗易懂，学生的兴趣极大，课堂上笑声不断，取得令人满意的效果。

二、图像的形象化

图像包括图片、图表、草图、绘画、摄影、幻灯、电影、电视、计算机等。在无法借助实物的情况下，图像直观是实现形象化的最主要途径。通过图像直观可把教材中所描写的景色、所阐述的道理，具体直观地呈现在学生面前，使他们获得生动的形象，为理解教材奠定基础。

教学中要注意以视觉为切入点，借助恰当的视觉形式来呈现、表达教学信息，使学生在此过程中运用视觉意象充分发挥自己的想象力，激发自己的创造性思维。借助视觉传达教学信息的方式较之文字语言，具有直观性、形象性、非线性和整体性特征，可以增强学生对艺术形式和审美的感悟，有助于增强教学的美感体验。

这里我们要特别强调教师自绘图画的教学价值。

教材中的插图为了兼顾大多数学习者的认知能力和思维特点，制作得比较规范，因而缺少灵活性和个性。教师在教学活动中，要适当根据具体的教学情况自制丰富多样的补充性插图。教师既可以利用传统的绘画手段绘制有关教学内容的图解，或提供一些纸制的挂图，也可以借助现代网络及影像资源选择插图，或者利用多媒体技术制作动画插图，增加教学的动态效果。此外，教师还可以在课堂教学中根据内容随意地运用绘画、图解符号等形式来辅助教学。这种方法并不要求教师有很好的绘画技能，多数情况下粗略画出图解符号就可以了。实际上，如果教师愿意示范不完美而有个性的图画，不仅可以提高教学的艺术感染力，还可以鼓励学生大胆运用图画语言来表达自己的想法。

教师在自制插图时应注意几个问题：[①] 第一，教师要考虑插图与教学内容之间的关系，尽量避免增加学生的认知负担，也要避免为了吸引学生的注意或装饰教学内容而制作一些花哨的插图。研究表明，注重各知识系统之间的联系的组织性图片或解释性图片有助于学生理解系统各部分之间的关系，能够促进学生的学习，而为了取悦学生的装饰性或表征性图片不能帮助学生建立起新旧知识内容的联系。第二，教师要把握学习者的认知能力，充分考虑自己的插图应该在多大程度上做忠实复制或多大程度上做简化处理，经过简化处理设计的插图的抽象水平应符合学生的智力发展状况。第三，在保证插图科学性的前提下，教师可以运用一些艺术或形象的手段将插图设计得更为生动、形象。比如，一名生物教师在讲到复杂的新陈代谢问题时，自己研究并绘制了"生物的新陈代谢图解"，借一棵大树和一头水牛做背景，把动植物新陈代谢的知识网络形象化，构成一幅充满生机活力、趣味盎然的直观图，调动了学生学习的积极性，在课堂教学中取得了很好的效果。日本一位研究物理教育的学者新田英雄，在《欧姆社学习漫画：漫画物理之力学》一书中，用漫画的形式讲解日常生活中的数学、物理知识，让大家感受到数学殿堂的奥妙与乐趣。漫画物理学的方式尝试着打破以往教科书刻板的局限性，帮助人们用形象思维的方式掌握自然科学的金钥匙。

再如，一位小学语文教师在教学古诗《所见》时，便是通过自绘图画创设直观情境，展现课文内容。一上课，她对学生说："今天，我们要学习一首古诗。为了能更好地了解这首古诗，请同学们看黑板上老师画的图。"她边画边娓娓动听地描述："夏天，一个牧童骑在黄牛背上，不知不觉地来到了树林里。树林里的树长得真茂盛！密密的枝叶遮住了蓝蓝的天，挡住了炎炎的夏日。牧童一边放牛，一边大声地唱着歌，歌声在林间震荡着。这时，牧童听见了知了的鸣叫声，他很想捉一只。于是他停止了歌唱，在地上搜索着、寻

[①] 刘冬岩. 插图教学与学生视觉思维的发展 [J]. 教育研究与评论，2010 (12).

找着……"随着动人的描述，一幅妙趣横生的黑板画展现在学生的面前。接着，教师引导学生观察画面，议论画面，评价画面，最后对画面的结论是：景色美丽，牧童可爱。这时，教师把话锋一转："这么美丽的景色，这么可爱的牧童，古代诗人仅用了二十个字来表达。这首诗的题目叫'所见'，请同学们翻开书。"

数学课常令许多学生感到枯燥乏味，令学生害怕，究其原因，主要是因为数学具有高度的抽象性，因此图像形象化的方式在数学教学中同样具有非常显著的效果。美国视觉学习专家斯图尔特·J.墨菲一直致力于在美国和全球推广数学阅读，他通过多年的研究和教学实践发现，如果数学问题是以有关学生生活的事物为线索和背景呈现出来时，那些讨厌数学的学生会慢慢喜欢上数学。他认为，对抽象的数学概念的理解，离不开"看"这些概念是如何得出来的能力，"学生通常能把一个问题想象成一组图像，往往会自然而然地使用视觉模型来解答数学问题"。他说，只有用更贴近学生、图文并茂的表达方式，学生才会更容易理解数学概念，"是美丽的图画和生动的故事教会了我什么是数学"。①

案例1： 利用电路图使学生正确而深刻地理解"充要条件"②

充要条件是高中数学中的一个重要概念，也是教学的一个难点，学生不易理解。教师可巧妙地结合物理课中的"电路图"向学生形象地展示充分和必要的关系，很好地突破这个难点。

下图所示的电路图，视"开关A的闭合"为条件A，"灯泡B亮"为结论B。

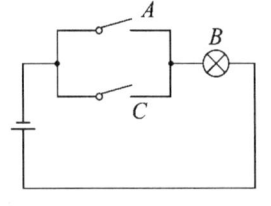 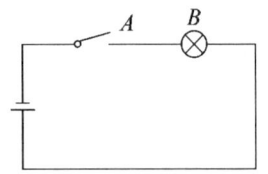

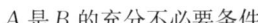

A是B的充分不必要条件　　　A是B的充分必要条件

---

① 邰云雁. 带给孩子不一样的数学世界［N］. 中国教育报，2011-03-31（8）.
② 张雪萍. 化抽象为具体形象［J］. 福建中学数学，2006（7）.

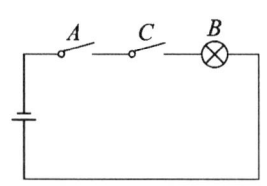 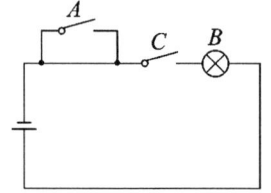

A 是 B 的必要不充分条件　　A 是 B 的非充分非必要条件

教师灵活地运用了跨学科的图表来解释数学概念，而且用得恰到好处。只要能看懂简单的电路图，无需过多的语言，就让学生一目了然、心领神会，这就是图像化的魅力。

案例 2：教学生"画"应用题

应用题是不少学生望而生畏的痛处，很多学生只会照例题模式生搬硬套，条件或问题稍有变动就束手无策，许多教师也为此而发愁。苏联教育学家苏霍姆林斯基曾经说过："如果哪个孩子学会'画'应用题，我就可以有把握地说，他一定能学会解应用题。""画"应用题可以让看似复杂的表述关系直观清晰起来，不失为理清思路的良策。有些应用题，按常规方法作图，不利于找到正确的解题途径；若能运用假设、转化等思想方法，通过灵活改变作图方法，则可化难为易，一举成功。

请看以下几则灵活作图的案例。[①]

例 1　变"相向"为"同向"

客车从甲地到乙地，货车从乙地到甲地，两车同时从两地开出，当客车行了距乙地还有全程的 $\frac{1}{9}$ 时，货车行程已超过两地中点 30 千米，已知这时客车比货车多行了 40 千米。甲、乙两地间的距离是多少千米？

这是一道分数应用题，解题的关键是找出题中"数量"与"分率"的对应关系。按照常规，根据题意直接画出如下线段图：

---

① 陈鸿. 灵活作图化难为易 [J]. 小学教学研究，2004（1）.

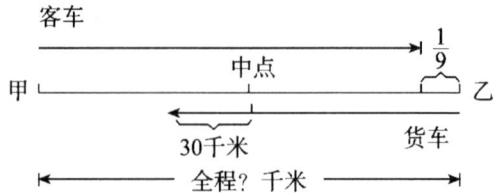

上图无法直接标出"客车比货车多行40千米",这就很难找出题中的"量"与"率"的对应关系,给解题带来一定的困难。我们不妨假设客车与货车都是从甲地开往乙地,变"相向而行"为"同向而行",那么可作出如下线段图:

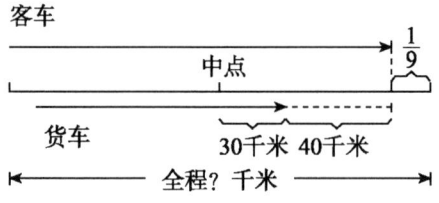

列式为:$(30+40) \div (\frac{1}{2} - \frac{1}{9}) = 180$(千米)

例2 变"同向"为"相向"

A、B两地的距离是350千米,甲、乙两车同时从A地到B地,甲车每小时行30千米,乙车每小时行40千米。乙车到达B地后立即返回,在途中与甲车相遇。两车从出发到相遇经过了多少小时?

按一般方法作图为:

由题意可知,两车相遇时,它们行的路程正好是AB两地路程的2倍。因此,可以假设把AB两地路程延长为实际路程的2倍,让两车同时从相距$(350×2)=700$千米的两地相向而行。这样就可以作图为:

所以两车从出发到相遇经过的时间为：

350×2÷（30+40）=10（小时）

案例3： 画图巧解算术题

一位小学三年级的学生请一位数学专家帮忙解下面这道算术题：在一个减法算式里，减数、被减数与差的和等于90，差是减数的两倍，那么差是多少呢？题中概念太多，这位专家让孩子读两遍，学生还是把握不住。专家改用图（见图1）来表达，图给孩子直观感和整体感，容易把握。

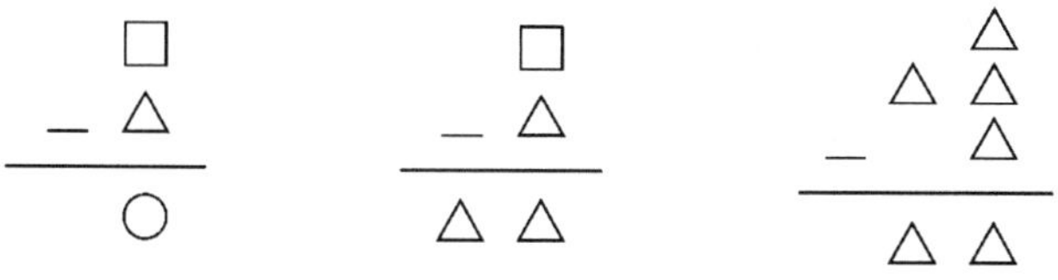

图1　　　　图2　　　　图3

专家与孩子商量：既然差是减数的两倍，我们能否将图1改为图2呢？孩子高兴地说，它是减法算式，干脆把图2改成图3吧！根据"减数、被减数与差的和等于90"，有△+△△△+△△=90，就可知道△=15，那么差等于30。[①]

可以认为，这三张图是一种特殊语言，它给人以直观感和整体感，它比普通语言要容易把握得多。因此，美国数学家斯蒂思说："如果一个特定的问题可以被转化为一个图形，那么，思想就整体地把握了问题，并且能创造性地思索问题的解法。"

三、动作的形象化

人们习惯性地认为，身体运动是体育课或音乐课特有的教学内容。在语文、数学、科学等学科的教学中，身体动作常常是被排斥在学习过程之外的。实际上，人的身体运动时，大脑也在积极地运转。"当人们具有了通过运动或

[①] 余文森. 当代课堂教学改革的理论与实践[M]. 福州：福建教育出版社，1998：307.

在运动中传递信息的需要时,当把身体运动作为表达或理解事物的工具时,人的身体运动智能就会被充分激活。"① 教学中,多数学科的教学可以与身体运动整合起来,学生获得一定的机会体验运用身体运动的方式进行学习和理解。动作直观可分为表演直观和演示直观等。

表演能够活灵活现地展示教材内容。如教学《董存瑞舍身炸碉堡》,一位教师讲到董存瑞昂首挺胸,站在桥底中央,左手托起炸药包顶住桥底时,面色严峻,刚劲有力地举起左手,好像托起了沉重的炸药包,同时"两眼放射出坚毅的光芒"。这一雄壮的造型,把董存瑞誓歼顽敌的万丈豪情表露得淋漓尽致,使英雄的光辉形象深深地刻在学生的脑海里。实践证明,对于形象思维占优势的儿童来说,生动、直观的模拟性动作,最易触及他们的精神世界,并使其产生积极的情绪体验。教学中除教师表演外,也可让学生表演,特别是教学童话、寓言时,让学生戴上狼、大公鸡、小山羊、狐狸等头饰进行表演,有助于学生更直观更深刻地理解教材内容。

演示模型也能创设直观情境。模具不仅具有实物的直观性,还有其独特性,它便于操作,能够突出观察对象的主要部分,能更好地反映数学概念的关键特性和数学原理的普遍规律。数学教学中正确、合理地运用教具和学具,可以达到事半功倍的效果。例如,在探究平行四边形周长与面积的变化规律一课时,教师可以自制一个长方形框架,教学时通过动手拉一拉,直观演示长方形变化为平行四边形的过程。由于四条边没有变化,所以周长也没有变。但对于面积,底没有变还好说,高变短了学生拉来拉去都体会不出来。如何解决这个难题呢?学生的难点在于不清楚拉的过程中高是如何变化的。可以利用两个一样大小的长方形来解决。先把两个图形重叠,然后拉动上面一个,学生自然而然就观察到了底不变,拉成的平行四边形的高比原来的长方形的宽短的现象。于是,根据平行四边形和长方形的面积公式很快就得出:拉成平行四边形的过程中面积越来越小的规律。简单的教具操作帮助学生解决了

---

① [美] David Lazear 著,吕良环译. 多元智能教学的艺术 [M]. 北京:中国轻工业出版社,2004:110.

一个相当有思维难度的抽象问题，直观的操作使数学知识化难为易的效果显而易见。[1]

一位数学教师在讲授"数学归纳法"时，便是通过演示模型引入归纳法的。一上课，教师出示袋子，从袋子里摸出来的第一个是红玻璃球，第二、三、四、五个均是红玻璃球，问："这个袋子里是否全是红玻璃球？"学生答："是。"教师继续摸，摸出一个白玻璃球，问："是否全是玻璃球？"学生相互争论，高度兴奋（少部分学生说）："是。"教师再摸，摸出一个乒乓球，（大笑）问："是否全是球？"学生答："不一定。"教师小结："这个猜想对不对：若知道袋里的东西是有限的，则迟早可以摸完，当把袋里的东西全摸出来，当然可以得到一个肯定的结论。但当东西是无穷的时候，那又怎么办？"（学生陷入思考中）"如果我约定，当你这一次摸出的是红玻璃球的时候，下一次摸出的也肯定是红玻璃球，那么袋子里是否全是红玻璃球？"学生答："是。"……

这种直观演示有助于学生真正地理解数学归纳法的实质。

案例1： 动手体验"长方形和正方形的周长"

在教学时，学生对"周长"的概念以及长方形和正方形周长之间的联系难以想象和理解，教师在充分估计学生思维特点的基础上，可以采用小组操作的方式进行引导。

每个小组一根铁丝，要求把这根铁丝先围成一个长方形，再改围成一个正方形，思考：长方形、正方形之间有什么联系？如果知道了长方形的长和宽如何求正方形的边长？学生以小组合作的形式，用自己的方式演示了长方形改围正方形的过程，拉直铁丝，将铁丝等分，折一折……学生参与的热情全面迸发，智慧的火花也不断绽放。[2]

---

[1] 张素卿. 直观教学让数学化难为易 [J]. 初等教育，2011 (12).
[2] 张何梅. 由一道习题教学而想到的 [J]. 小学教学（数学版），2010 (9).

案例 2： 手指动一动，智慧齐涌动[①]

如何有效提升 40 分钟课堂的精度和厚度，让学生学有所得？我和许多教师英雄所见略同：课前预习！究竟用什么样的方式进行预习才能起到既激发学生学习兴趣，又能有效提高课堂教学效果的双重作用呢？当然要选取学生最喜爱的学习和探索方式——做手工。

(1) 材料准备中，融入知识学习——预备中重温旧知

做手工，准备工作可不少。而这细致的准备工作，恰恰是学习新知的好机会。例如：在教学长方体与正方体的知识时，我布置了"自己动手制作小学具"的预习作业。要想制作出长方体和正方体，学生必须先画出长方体和正方体的每个面，而画面的前提是画棱。学生在画的过程中就将长方体、正方体都有六个面这一知识自然习得，同时对于每个面都是长方形或正方形等知识有初步感知。

(2) 制作过程中，积累感性认识——创作中探究新知

当画完每个面之后进行粘合时，学生一开始不知道如何去拼接。在摸索中他们会很快发现，要想粘合成一个长方体，这六个面之间有着很紧密的联系，即使不能很明确地表述，也会积累感性的认识。因此，制作手工的过程便成为了深入探索新知的学习过程，难度并不亚于课堂上的探索，这样的学习方式，一定是学生所喜闻乐见的。

(3) 完成作品时，形成思维转换——成品中提升思维

经过绘制、剪拼、粘合的一系列过程，当学生拿着由一张平面纸张做成的立体模型时，由平面图形到立体图形的空间思维转换，已经在学生的头脑中慢慢清晰起来。空间想象能力的发展就这样不断实现。

(4) 克服困难中，积累宝贵经验——挫折中完善品质

创作过程中，学生不可避免地会遇到不同程度的困难和挫折，甚至有可能经过了艰辛的过程却仍然无法做出完美的成品，但这个极其艰难的探究过程却恰恰是建构新知、培养新技能的重要过程。在一次次实践中，学生将

---

① 郭金：手指动一动　智慧齐涌动 [N]. 现代教育报，2011-4-13 (7).

建立起坚忍不拔的学习品质。

（5）预习反馈中，抓住教学重心——课堂中收获真知

之前这一切的铺垫和安排，最终的目的是充分地提高课堂的学习效果。因此，结合学生手工制品的完成情况以及记录情况，教师能清晰地了解学生，进行有针对性的讲解和训练。很多知识点的教学都可以采用"做手工"的预习模式，如讲可能性之前布置学生制作摇奖转盘，认识时间之前布置学生制作钟表模型等。通过"做手工"，学生的学习兴趣一定会大大提高。

形象化的问题反思——

从教学目的来看，要发展学生的直观能力，更要发展学生的抽象能力。感性的、直观的结果一般只把握现象，理性的、必要的抽象才可能上升到概念、原理，才可能把握本质，"一切科学的抽象，都更深刻、更正确、更完全地反映着自然"[①]。教育的目的固然也包含着发展人的感性认识能力，但教育的根本目的更在于发展人的理性认识能力，这是使人成为理性的人必不可少的内容。发展理性认识能力就包括发展抽象思维能力，发展理论分析能力，不能以直观要求为主。相应地，还需要培养学生的理论兴趣，思辨的兴趣。

有不少科学概念是不可能经由直观来把握的。例如"辩证法"这一概念就不可能直观，你有可能运用比较浅显的事例来说明，但无法直观，而且这些事例本身绝无可能就是"辩证法"，还要对这些事例想一想，才可能"看"到站在这些事例背后的"辩证法"，没有抽象就不可能"看"到。又例如，"π是一个超越数"，你没有可能让学生直观地看到这一点，要费很大的理性思维力气才能"看"到。直观也不一定必然导致科学，反而可能导致错误，乃至严重错误。最简单的例子莫过于两条一样长的线段，一条横着，一条竖着，那么看上去竖着的更长一些，而事实却并非如此。有时，感性认识可能欺骗我们，而摆脱这种欺骗的必经之路是理性认识。

人之所以为人，最奇妙的一点是，人通过思辨能"看"到肉眼所看不见

---

① 中共中央马克思恩格斯列宁斯大林著作编译局. 列宁全集（第38卷）[M]. 北京：人民出版社，1959：181.

的东西，能"看"到一百年内看不到而一百年后可以看得到的事。三百年前根据牛顿定律就预测到人造卫星可以上天，三百年后人们看到了；1845年10月21日一位剑桥大学的学生通过思辨"看"到了海王星，1846年9月23日柏林天文台的工作人员果真看到了这颗行星。

人的直觉能力是比直观能力更重要的能力，前者包括后者。狭义上的直觉或直觉思维，就是人脑对于突然出现在面前的新事物、新现象、新问题及其关系的一种迅速识别，敏锐而深入的洞察，直接的本质理解和综合的整体判断。直觉作为一种心理现象贯穿于日常生活之中，科学的发展、教育理论的发展、使得教学理论应以更集中的目光考察直觉能力。

从历史的角度看，对直观的重视程度之高莫过于夸美纽斯，他比今天的不少学者更重视，但他所处的科学时代是以实证科学为主导的，观察、实验具有特别重要的地位，而理论科学尚处在较低的水平，所以夸美纽斯的直观性原则反映了时代的进步，同时也带有时代的局限性。后来，凯洛夫继承了夸美纽斯的观点，赋予了直观性原则为五条原则之首的地位。时代发展了，科学发展了，实验科学、理论科学都有了巨大发展，无论哪一类科学，都要求人们有更强的思辨能力、抽象能力。科学发展了，在很大程度上是抽象程度更高了。这对于教学所提出的要求是：应在一定程度上借助于直观，尽可能地尽快地有效地发展学生的思维能力。不能再孤立地把直观性作为一个一般原则。事实上，学生从小学到中学，到大学，大量训练的是抽象思维能力，大力发展的是思维能力，孤立地把直观性或抽象性作为一个原则都是不妥的。[①]

第二节　化理论为实际

理论知识来自实践经验，又高于实践经验。因为"高"，学起来难度自然就大，所以教学时应尽可能联系实际，联系学生的生活，让学生通过自己的

---

①　张楚廷. 教学论纲 [M]. 北京：高等教育出版社，1999：185.

实践活动来学习和掌握理论知识。

先进教师们的经验告诉我们：儿童在学习中遇到困难的原因之一，就是知识往往变成了不能移动的重物，知识被积累起来似乎是"为了储备"，它们"不能进入周转"，在日常生活中得不到运用，且首先是不能用来去获取新的知识。在许多教师的教学和教育工作实践中，形成了这么一种惯例：要求学生掌握知识，就是为了能够正确地回答问题或者能够完成作业。这种观点迫使教师片面地评价学生的脑力劳动和他们的能力：谁能把知识保存在记忆里，一旦教师提出要求，就能把它们"倒出来"，谁就被认为是有知识、有能力的学生。[①] 这正是由于缺乏理论联系实际的教学理念，一味强调对"死"的知识的掌握。教师在教学过程中应尽量让学生理解知识，将知识学活，化理论为实际。

化理论为实际，那么实际指什么呢？"实际不仅能深刻地验证理论，而且能'浅化'理论，即，将理论变得通俗易懂。""用实际做铺垫。"在这里"实际"指理论（语言文学）反映的客观事物或真实情况，对理论起"验证"、"浅化"、"铺垫"的作用。实际是"要求学生在学习书本理论知识的同时……培养学生的动手能力"。这里的实际，即实际动手，即让学生通过动手操作进行学习。理论联系实际是"为防止单纯从书本到书本、从概念到概念的教条主义教学"。这里的实际，是实践的意思，指的是让学生亲自参加实践。

我们认为，理论与实际是相对而言、相比较而言的。"理论联系实际"的精神本身包含了对理论与实际这两个概念也要相联系来理解。

有必要结合一些实例再稍详分析一下。

给学生讲拖拉机的结构、性能、用途，这算不算实际？可说算，因为相对于拖拉机的一般原理，例如机械原理、力学原理等，结构、性能等是比较实际的了；但又可不算，因为相对于如何驾驶、如何修理，结构、性能等问题又是具有理论性的内容了。如何修理、如何驾驶的问题相对于性能、结构等问题是比较实际的，可是，如果以仅在课堂上讲讲（或在黑板上写写画画，所谓"在黑板上开拖拉机"）如何修理、如何驾驶，与到拖拉机工厂去参观，

---

① 苏霍姆林斯基. 给教师的建议 [M]. 北京：教育科学出版社，2000：101.

并在拖拉机驾驶员培训基地上开开拖拉机相比，仅在课堂上讲讲显然又具理论性一些，而在基地上开开拖拉机则又相对实际一些。然而，还可以说，到田野、到公路上去开拖拉机比在基地上开开更实际一些。

一般原理（机械原理、力学原理等）——拖拉机性能、结构——拖拉机的设计与制造——拖拉机的维修与驾驶（课堂上的讲解）——基地上的驾驶训练——实地的驾驶，这六个环节，尤其是其中的中间环节，是理论的还是实际的，只有在相对的意义下才说得清楚。①

一、生活性——联系生活实际和生活经验

《第三次国际数学和科学研究》（TIMSS）指出，学生对科学的消极态度会随着年级的增加而增强，造成这一结果的原因，除了被动的教学方法外，主要在于课程内容与生活无关。② 现实生活是教学的源泉，是科学世界的根基，教学只有首先关注人的现实生活，才能使人真正体验和理解生命的意义和价值。因此，现实生活应该是教学的基础和前提，教学应与现实生活连接。具体而言，首先，教学应该关注人的生存状态。教学本来是为了使人过更有意义的生活而形成发展的，然而，现实的教学却远离了现实生活，远离了真实体验。教学应当赋予"生活"的意义，关注教育生活中人的生存状态和生命意义，了解人的生活感受，丰富人的情感体验，充盈人的生活经历，使人幸福地生活。教学应该提供适合人自由展示天性和个性的空间，使人能够深刻地体会到人的价值和意义。其次，教学应该加强与社会生活的联系。教学是一种培养人的社会实践活动，必须以现实生活为基础，加强与社会生活的联系，以促进人的社会化进程。教学要改变过于重视书本知识的传授，忽视学生已有生活经验的呆板、机械状态，要加强教学内容与学生生活和现代社会及科技发展的联系。教学不仅应为将来生活做准备，还应关注人现在的生活。在教育史上，杜威曾提出的"教育即生活"是将"生活引进学校"；陶行知提出的"生活即教育"是在"生活中进行教育"。在当今时代，更应加强学

---

① 张楚廷. 教学论纲 [M]. 北京：高等教育出版社，1999：189、192.
② 胡继飞. 试论学科课程"十化"教学策略 [J]. 现代中小学教育，2012（3）.

校教育与生活世界的沟通，为学生创设广阔的体验场域。

实际生活对于促进学生的有意义学习有特别重要的教学价值。有一次，一位小学教师与著名小学数学教学法专家邱学华交谈时，不停地埋怨自己教的学生"笨得像石头"。邱学华让他请个"笨得像石头"一样的学生来。学生来了，邱学华笑眯眯地说："今天不让你做题，你能帮我办件事吗？"说着拿出两角钱，请他去买两本作业本、两支铅笔，而且要便宜的。孩子高高兴兴地跑了，一会儿就买来了本子和铅笔，还找回了4分钱。谁知，邱老师说少了1分钱，孩子着急地申辩说，"本子一本5分，二五得十；铅笔一支3分，二三得六；2角减去1角6分，还剩4分，怎么不对呢？"不料，他刚说完，邱老师却高兴地笑了。学生走后，邱老师对那位教师说："你看他多聪明呀，在实际生活中能解答复杂的多步计算应用题，而且还带着小括号呢！"这个"笨"学生之所以能解答这种复杂的多步计算应用题，正是因为他有实际生活作为认知基础。

杜威从教育与社会生活的关系出发，提出了"教育即生活"的教育本质观。他认为，生活这个词表示个体的和种族的全部经验，包括习惯、制度、信仰、胜利和失败、休闲、工作。"生活的更新通过传递"[①]，"社会通过传递过程而生存"[②]。因此，杜威认为，教育与社会生活密切相关，教育就是人类社会生活延续和交流的工具，通过教育，人类社会经验可以不断更新、传递，不断地丰富和发展。杜威分析了学校教育，他认为随着文明的进步，成人所做的事情在空间和意义方面越来越遥远，游戏性质的模仿越来越不足以再造它的精神，所以正规教育非常有必要，它能传递一个复杂社会的一切资源和成就。然而，杜威认为，从间接教育转到正规教育，"总有一种危机，正规教学的材料仅仅是学校中的教材，和生活经验的教材脱节。永久的社会利益可能被忽视"[③]。因此，杜威要求教学与生活相连，特别是与儿童的现实生活相连。杜威认为当时课程的最大流弊是与儿童的生活不相沟通，他主张改造课程，以儿童的社会生活经验为中心来重新编制课程。他说，学校科目相互联

[①][②][③] [美]杜威. 民主主义与教育. 王承绪译. 第2版. 北京：人民教育出版社，2001：6，8，13.

系的真正中心,不是科学、不是文学、不是历史、不是地理,而是儿童本身的社会活动。杜威也不赞成斯宾塞把教育看做未来生活准备的主张,认为如果教育是为未来生活作准备,必定会忽视儿童此时此刻的兴趣和需要,他认为教育是生活的过程,而不是将来生活的预备。因此,他要求教育不应只重文字教学,而应着眼于儿童的现实生活,从培养人的直接经验开始,以使人具有现实社会的适应能力。

教学应该源于生活,寓于生活,用于生活,根据学生的认知特点,将学科知识与学生的生活实际紧密结合,那么,在学生的眼里,所学知识将是一门看得见、摸得着、用得上的学科。陶行知说:"教育只有通过生活才能产生作用并真正成为教育。"那么,如何在课堂教学中紧密联系生活实际、探索知识的应用价值、培养学生的实践能力呢?可以从以下几个方面着手:

1. 联系生活情景,引入新知教学[①]

教师在课堂教学中要善于挖掘生活中的教学素材,把抽象的问题转化为学生熟知的日常生活现象,使学生感受到书本知识其实就在自己的身边,自己的生活实际与所学知识本身就是融为一体的。例如,在教学《圆的认识》时,教师可以这样提问导入:"在生活中,你们见过哪些物体上有圆?"学生举了很多例子:圆桌的桌面是圆的,一元钱硬币的面是圆的,光盘是圆的,汽车的轮胎是圆的……教师又问:"车轮为什么要做成圆的而不做成正方形的和椭圆形的?"学生回答:"做成正方形和椭圆形的车轮滚动起来就不平稳。""为什么做成圆形的车轮滚动起来就平稳呢?"教师的追问令学生难以用学过的知识做出科学、准确的回答。教师就此引入新课:"今天研究了圆的特征,同学们就会对这个问题有一个清晰的认识。"学生带着寻求实际问题答案的急切心情进入了新课的学习。如此,在教学中让学生知道,学科知识与生活实际是紧紧相连的。教师不仅可以从生活实际引入知识,而且还要让学生在多种多样的活动中,在丰富多彩的现实生活中轻松愉快地学习。

2. 运用生活经验,解决当前问题

学科教学,特别是数学教学以培养学生解决实际问题的能力为目标,要

[①] 王绍钰. 源于生活 寓于生活 用于生活[J]. 教育实践与研究,2010(3A).

求教师在教学中要引导学生带着问题走向实践，即学以致用。这样的教学，让学生感到有些数学知识是自己在生活中会运用的，虽没有找到规律，但可以运用经验，通过创设活动，充实和改善自己的认知结构。

教学小学六年级数学"比例尺"这节知识，感受"比例尺"的意义是学习的重点，要掌握这一重点，关键靠教师利用学习材料激发学生产生自主探索这一数学知识的需要。据此，将学生自己的照片作为学习的第一材料，会取得很好的效果。

上课伊始，先让学生拿出一张自己的近期全身照片，小组合作解决以下几个问题：(1)你的实际身高是多少？照片中的"你"身高又是多少？(2)怎样才能将你的实际身高拍在这么小的相纸上？(3)要想使别人能从照片上了解你的实际身高，你可以写上一句什么话？

学生顺利地回答了前两个问题，对于第三个问题，他们提出了解决办法。

生$_1$：实际身高是照片中身高的 15 倍。

生$_2$：照片中"我"的身高只有我实际身高的 1/16。

生$_3$：实际的身高比照片中身高多 1 米。

生$_4$：实际与照片中的"我"身高比是 175∶15。

生$_5$：照片中的我与实际身高之比为 8∶155。

……

此时，时机成熟，教师顺理成章地引出"图上距离"和"实际距离"，揭示比例尺的概念，使学生初步感知比例尺。这里的学习材料是学生生活中所常见的，自然容易激发学生的学习兴趣，既达到了感知新概念的目的，又将数学与生活、学习有机地联系起来，提高了学生学习概念的有效性。

3. 结合生活实际、注重实践参与

在学生掌握了某项知识后，让他们应用这些知识去解决身边的某些实际问题，他们是十分乐意的，这也是教学所必须达到的目标。让学生用学过的知识来解决日常生活中的问题，不仅激发了学习兴趣，而且能提高学生用所学知识解决实际问题的能力，让数学走进生活。教师要鼓励学生运用原理及技术解决生产和生活中的实际问题，参与社会公众事务的讨论与决策。生活化情境策略主要是通过现场考察、方案设计、书面作业、实践操作和项目研究等形式来进行问题解决,所以常常与探究性学习结合起来进行。

学校是学生学习和活动的主要场所,要引导学生善于发现校园中的数学问题,如课桌的排列,大门的形状,演唱会的男女生人数,上学放学的时间等等,素材多的是,要将它们尽可能地搬进课堂,让学生感到数学是有趣的,数学就在自己的身边。另外还有各种各样的社会活动,如果留心的话,也会发现许许多多的数学问题,如逛公园时的购票问题,走亲访友时的购买礼品问题,买书时的打折问题,走路开车中的行程问题……从中都可以提出一些数学问题,然后搬进课堂,让学生自行解决。在解决这些问题的过程中,让学生体会到生活中处处有数学,从而增加对数学的亲切感,使他们更加热爱数学。不同的学生有着不同的家庭环境,家里住房面积的大小,经济收入,水电费支出等等,以这些为教学内容,学习相关数学概念,会使学生感到数学知识与现实生活的联系是那么的密切,数学来自生活又能运用于生活以解决最实际的问题。[①]

案例1:《图形的相似——比例的性质》[②]

师:将一大杯糖水分别随意地倒入三个小杯中,每个小杯的糖的质量分别记为 a_1, a_2, a_3 千克,糖水的质量分别记为 b_1, b_2, b_3 千克,这三杯糖水哪杯更甜?

生$_1$:一样甜。

师:就是含糖比例一样,即 $\frac{a_1}{b_1}=\frac{a_2}{b_2}=\frac{a_3}{b_3}$,那么,小杯的糖水与原来那一大杯糖水相比,哪个更甜?

生$_2$:老师我明白了,还是一样甜,即 $\frac{a_1}{b_1}=\frac{a_2}{b_2}=\frac{a_3}{b_3}=\frac{a_1+a_2+a_3}{b_1+b_2+b_3}$。

师:很好,这就是等比定理。再问:$m>0$,比例式 $\frac{a}{b}=\frac{a+m}{b+m}$ 成立吗?

---

① 晏露珍. 数学教学生活化、游戏化的尝试与体会 [N]. 现代教育报,2011-5-11 (7).

② 郑辉龙. 从细节设计看数学教师的教育智慧 [J]. 福建教育(中学版),2011 (1-2).

生$_3$：不成立。因为糖水中加入 m 千克的糖（假设加入的糖能完全溶解于水）后变甜了，所以应该是 $\frac{a}{b} < \frac{a+m}{b+m}$。

教师独具匠心的设计，点燃了学生智慧的火花。相信无论是优秀生还是中等生、学困生，都明白了这两个重要的比例关系式。这杯平凡的糖水，让人久久不能忘怀，事实上，这杯不平凡的糖水还可以延伸到高中的不等式中：把原来的糖水（淡）与加糖后的糖水（浓）混合在一起，得到的糖水比淡的浓，比浓的淡。因此有：若 $b_1 > a_1 > 0$，$b_2 > a_2 > 0$，若 $\frac{a_1}{b_1} < \frac{a_2}{b_2}$，则 $\frac{a_1}{b_1} < \frac{a_1+a_2}{b_1+b_2} < \frac{a_2}{b_2}$。

案例 2： 回归生活的政治

政治课在学生的记忆中通常是枯燥乏味的，更体会不到它跟实际生活的联系，然而当教师真正将生活引入政治，将收到意想不到的效果。

初一的第一堂政治课上，老师没有急着讲书本上的内容，而是先让我们谈谈"什么是政治，政治对我们有什么用"。一些同学壮着胆子说："政治没什么用。""政治就是《新闻联播》上每天大官开会。""政治就是很无聊的东西……"没想到，老师听到大家的回答不但没生气，还哈哈大笑起来，说："同学们对政治有误解。其实政治既不枯燥也不神秘，政治就是讲人为什么要生活在一起，以及如果人一定要生活在一起，怎样才能不吵架、不打架、不发生矛盾并且和睦相处的学问。只要你不能忍受一个人生活，那么就一定离不开政治。接下来，大家可以想一想，你一个人待着的最长纪录是多长时间呢？你能永远一个人生活吗？"突然间，"政治"两个字不再像以前那样拒人于千里之外、遥不可及，一下子变成了生活中离不了也甩不掉的事。我不由得伸直了脖子，对接下来的课充满期待。

在后来 6 年的政治课堂中，这位老师经常把社会热点新闻、校园大事、班级小事引入课堂，时而用书本上的知识来讲解我们身边的事，时而又让我们展开联想把不同单元甚至不同年级的知识联系起来。在我的记忆中，老师从来没有跟我们提过考试分数，但我每次都名列前茅，这里既有对知识本身感兴趣的因素，也有对老师敬佩和感激的因素。上大学甚至上研究生后，我还多次主动选修政治学原理、中西方政治思想史、政治社会学等课程。事实上，这里所说的仅仅是我遇到的众多拥有神奇力量的教师中的一位。但我发现，好教师最重要的共同点在于，他们深刻理解课程与学生生活的联系，并能将这种联系有效地传达给学生。

将政治课的内容同学生的生活实际联系起来，打破学生对政治课内容的传统认识，并不是"无聊的东西"、"事不关己的国家大事"，用书本上的知识讲解学生身边的事，让学生感受到政治和大家的生活是息息相关的，并对政治课充满了期待。

案例3：让化学走进生活[①]

中学化学新课程标准强调："注意从学生已有的经验出发，让他们在熟悉的生活情境中学习化学。"因此，学生的生活经验成了非常重要的课程资源。教师在教学中，要着重体现"从生活中走进化学，从化学中走进社会"，将学生对化学知识的学习置于生活的场景之中。只有把化学课程内容与学生的生活实际联系起来，将知识放到社会背景中学习，学生才能感受到化学知识的应用，体会到化学理论的物质力量和化学科学技术的价值，才能使学生通过学习去适应现代社会生活，并能对与化学有关的社会现象进行思考和决策。

在学生接触化学课程时，以他们最熟悉的食品添加剂为切入口，让化学教学真正地走进学生的生活世界。带领学生到超市查看一些食品的标签和说明书，了解食品的营养成分和食品添加剂，比如方便面中含有 BHA、BHT 等抗氧化剂，海藻酸钠等增稠剂，肌苷酸、味精等风味剂，磷酸盐等品质改良剂。

通过对食品添加剂的探究性学习，学生可初步认识到化学对食品加工的双重作用。食品中人工合成的化学物质，可能是人们有意识添加到食品中以改进食物的色、香、味，或改进加工质量和贮存期限，或补充食品的营养物；

---

① 凌玉. 从生活中走进化学，从化学中走进社会[J]. 教学月刊（中学版），2009(2).

也可能是不法分子以次充好的人为添加，或者是意外污染所致。我们只有掌握化学知识，掌握化学检验手段，才能有效地检验出食品添加剂是否有利于食用者的健康，是否符合国家的相关规定。

初中化学教学要注重在社会背景中认识化学物质，引导学生"从生活中走进化学，从化学中走进社会"，使化学教学真正走进学生的生活世界，走向社会生活的广阔天地，使学生从化学的角度逐步认识自然与环境的关系，分析有关的社会现象，理解化学对社会发展的作用；使学生切身体验到化学对社会、对自身的重要价值，从而真正激发学生的社会责任感，提高他们学习化学的积极性和主动性。

二、活动性——通过活动操作进行学习（做中学）

中国历史上关于"知"和"行"的精彩论述不可谓不多，当代中国关于学生实践能力弱的呼吁也不可谓少。然而在教育实践和社会生活中，我们的广大学生仍然自觉不自觉地沿着"书呆子"的路线重复着"两耳不闻窗外事，一心苦读圣贤书（或教科书）"的传统。古人说："知言而不能行，谓之疾；此疾虽有天医，莫能治也。"因此，学校教育培养学生的实践能力，要让学生在学习的过程中，有尽可能多的经历，有尽可能多的"做"。

杜威也曾提出：传统教学是灌输式教学，只让儿童静听，忽视了学生的个性、个人经验以及学生自由的、直接的和主动的活动。他认为，教育最根本的基础在于儿童的活动能力。因此他提出了"从做中学"的教学基本原则，要求教学领域的各个主要问题都要以"做中学"为基础。他认为"做"事是人的主要本能，其他本能均可在"做"的过程中得到充分的体现和发展。因此，杜威提出学校要遵循儿童本能发展及获取经验这种自然途径，要提供实际的经验情境，使学生由做事而学习。

杜威认为，过去的多数人对学校中的活动有偏见，认为是浪费时光，他认为这种错误看法产生的原因在于仅把活动作为娱乐。他认为学校应重视活动，简单地说活动是知识之自然的起首，它对人的发展有重要的意义。首先，活动可以促进人的身心发展。杜威认为，活动是自由的活动，人的能力、思想和活动能以令人满意的游戏形式体现人自己的意向和兴趣。同时，杜威也认为,大部分活动要求眼、耳、口、手、足等各部分动作可以相互协调,成为智能活动。活动还能促进儿童的社会化,因为活动代表社会的情境。活动在集体中进行,因此可以养成共同工作的技能和习惯。杜威认为,儿童的活动越多,他们的生活就越丰富,他们可以从活动中学到成人世界中种种作息情形,能发现成人所处世界向前进行的许多动作和方法。

美国华盛顿图书馆里有这样一句话:听过了就忘记了,看过了就记住了,做过了就理解了。这句话很好地阐明了孩子的思维方式:直接行动思维接受知识的速度优于具体形象思维,更优于抽象逻辑思维。现代教育理论明确指出,任何教育都存在于各种活动之中,并通过活动表现出来,数学教学也不例外。荷兰数学教育家弗赖登塔尔认为:数学学习是一种活动,这种活动与游泳、骑自行车一样不经过亲身体验,仅仅从看书本、听讲解、观察他人的演示是学不会的。所以在数学教学中,教师要引导学生主动地从事观察、实验、猜测、验证、推理,鼓励学生主动参与、主动探索、主动思考、主动实践,以实现学生多方面能力的综合发展,使学生真正成为学习的主人,发展的主人。

组织多种活动,鼓励学生主动探究。"说一说""数一数""认一认""摸一摸""摆一摆""画一画""写一写""猜一猜"之类的内容,正是教师组织数学活动的引导语。[①]

活动性教学,主要可以分为以下几类:

1. 游戏性的活动

数学游戏是一种非常重要的活动形式,是孩子们喜闻乐见的活动,特别是低年级的学生,他们正处在由"玩"到"学"的过渡时期,因此,游戏对孩子们始终是很有吸引力的。在学习新知之后组织数学游戏,一方面可以促进新知的巩固,另一方面也可以进一步激发学生的学习热情,让学生在玩中学、在学中玩,不知不觉地更喜欢数学,更喜欢学习了。游戏的形式是丰富多彩的,关键是教师要善于开发、善于捕捉生活中的教学资源,以满足小学

---

① 杨絮飞. 让学生在数学活动中得到充分发展 [J]. 教育实践与研究,2010 (10A).

生的心理需要。如"对口令""猜一猜""摘果子""夺红旗""找朋友"等等，都是很好的游戏项目。

一位数学教师在教行程问题时，感到学生对"同时"、"不同地"、"相遇"、"相遇时间"等概念难于理解，于是他通过活动帮助学生理解。他组织两队学生分别在操场两边竞走，老师哨子一吹，两人同时从两地对走。这时，老师让学生理解"同时"、"相向"的含义。要求两人碰上时停止，告诉学生这是"相遇"。然后让同学们看在相遇时谁走的路程多，让学生理解在同一时间内两位同学各走多少距离。活动后，老师在讲授这部分知识时，学生想起活动的情景，以活动中获得的感性材料为支柱，进一步分析思考，便掌握了相遇问题的知识。[①]

2. 操作性的活动

低年级学生的思维以直观形象思维为主，听几遍不如说一遍，说几遍又不如动手做一遍。教师应努力为学生创设一些动手操作的机会，让学生通过大量的操作活动，动手、动口、动眼、动脑，多种感官协同参与，直接感知，形成对周围世界的鲜明表象，为学生的创造性思维打下基础。

数学教材中蕴藏着丰富的操作性素材，如教学"图形的对称"时，可用多媒体出示蝴蝶、蜻蜓、枫叶、建筑物、大红"喜"字等学生熟悉的画面，引导学生观察，初步感知对称图形的特征。这样把数学学习与学生的生活融合起来，慢慢让学生感受到生活中处处有数学，数学就在每个人的身边。接着，通过指导学生动手画一画，折一折，剪一剪，并观察、比较，发现"沿着一条直线对折两边能完全重合"这一对称图形的本质特征。这样引导学生利用生活原型，结合自己的实践与反思，上升到数学知识，让学生获得充满生命力的数学知识，体验数学创造的无穷乐趣。例如"认识钟表"一课，可以让学生动手拨针，熟悉具体的时刻；"认识物体"一课，可在新课后设计一个捏橡皮泥的活动，让学生用橡皮泥捏出正方体、长方体、圆柱和球，然后再搭成自己喜欢的东西，这样在做中学，学习更有价值。虽然这样的活动比较费时，但时间花得值，学生在操作过程中获得的知识是有价值的。

[①] 余文森. 课堂教学[M]. 上海：华东师范大学出版社，2006：125.

教学"三角形面积计算"时，有教师不是把"底乘以高再除以2"这一现成公式告诉学生，再让学生在大量练习中强化巩固；而是让学生先复习旧知识，了解从长方形面积计算到平行四边形面积计算的推导过程，然后提出探究性问题：利用手中的三角板、三角形学具，你能否从已经学过的图形面积计算公式推导出三角形面积的计算方法呢？这样，学生通过摆、拼、移，通过观察思考，发现了三角形面积计算与平行四边形面积计算的联系，推导出了三角形面积的计算公式。又如，在教学"同分子分数大小比较"时，有教师让学生比较$\frac{1}{4}$和$\frac{1}{3}$的大小，因为刚刚接触分数，学生比较难理解，就让学生拿出两张同样的长方形纸，一张折出它的$\frac{1}{4}$，另一张纸折出它的$\frac{1}{3}$。折完后涂上颜色表示，并重叠在一起，比一比谁大谁小。学生在操作过程中通过动眼观察，动手摆、拼、折和动脑思维的自主探究，把抽象的知识转化为可感知的内容。[①]

在做手工的"玩"中融入了数学学习内容的精心设计，这样拥有"含金量"的手工制作，会让看似"娱乐"的教学方式成为学习事半功倍的"好帮手"。

数学知识比较抽象，教师要善于结合课堂教学内容，引导和帮助学生编设符合儿童心理特征，令学生感兴趣的游戏。通过玩游戏，让学生动手和动脑相结合，帮助学生感悟和领会所学知识的内涵，在轻松愉快的游戏中掌握抽象的数学知识。教师平时要多与学生接触，留心观察学生喜闻乐见的活动，把数学知识恰当地与学生的生活紧密结合起来。比如，教学五年级上册"梯形的面积"时，就可以利用学生平时玩的七巧板，让学生用手中的三角形、长方形、正方形等图形来做拼图游戏，看看是否可以拼成新课所要认识的图形，再用已经学过的面积计算知识，自己思考如何计算新认识的这种图形的面积。再如教学五年级下册第三单元"长方体与正方体"这一部分内容时，可以让学生把魔方、积木和各种可组合成正方体、长方体的玩具带进课堂，

---

① 孙悦. 创设有效数学情境促进学生自主发展 [J]. 教育实践与研究，2010 (6A).

直观、形象、快乐地学习长方体和正方体的面积及体积知识。[①]

3. 观察、实验、推理、交流活动

《义务教育数学课程标准》明确指出，要让学生"经历观察、操作、实验、调查、推理等活动，在合作与交流的活动中，获得良好的情感体验"。

如"解决问题的策略"一课有这样一道习题：小军收集了一些画片，他拿出画片的一半还多1张送给小明，自己还剩25张。小军原来有多少张画片？这道题是教学中的难点，学生错误率较高。一位教师在教学这道题之前，为了降低学生的认知难度，安排两名学生到讲台前，按要求做拿粉笔的小活动：

（1）先请王艳从粉笔盒中拿4支粉笔（举起给全班学生看），接着要求王艳把手中的粉笔拿出一半送给赵兰（学生判断），然后让王艳再给赵兰1支。提问：王艳手中还剩几支粉笔？（生：1支）"谁能把刚才两位同学拿粉笔的活动过程叙述一遍？"（生$_1$：王艳有4支粉笔，先给赵兰1半，又给赵兰1支，还剩1支）"谁能用最简短的语言概括出两次送粉笔的过程呢？"（生$_2$：王艳有4支粉笔，送给赵兰一半多1支，还剩1支）

（2）教师板书"一半多1支"，接着问："'一半多1支'是什么意思？"（学生回答：就是先拿出一半，再拿出1支）学生理解"一半多1支"的含义后，再一次组织学生做拿粉笔的活动。

（3）王艳有一些粉笔（王艳手中拿着8支粉笔，教师用书本挡住，不让讲台下的学生看到），先送给赵兰一半多1支（王艳按要求拿5支粉笔给赵兰），王艳手中还剩3支粉笔（王艳把剩下的3支粉笔举给全班学生看），你们知道王艳原来有几支粉笔？（生争先恐后：原来有8支粉笔）你们是怎样想的？（生：一半多1支是5支，把5支退还1支给王艳还剩4支，4支就是王艳粉笔支数的一半，4乘2得8支，所以王艳原来有8支粉笔）两次拿粉笔的活动，使学生对题意有了深刻的理解，答案自然生成。通过这种方法，学生解答此类问题时几乎没有出现过错误，而且还能讲清思考过程，真正收到

[①] 晏露珍. 数学教学生活化、游戏化的尝试与体会[N]. 现代教育报，2011-5-11(7).

了化难为易之效。①

再如对于厘米的认识，学生在初步感知后可以通过实际操作、观察、比较，加深认识，摒除以往感性经验的误导。有教师是这样设计验证环节的——

师：我们都知道厘米，而尺子是找到厘米的地方，老师想问一下，你尺子上的1厘米和你同桌尺子上的1厘米一样长吗？

生：不一样长的。

师：为什么？

生：我的尺子这么长（6厘米），他的尺子那么长（11厘米），所以1厘米也不一样长。

师：好，我们来验证一下好吗？

（学生操作：两把尺子叠或对起来观察）

生：一样长的。尺子可以不一样长，1厘米是一样长的。

师：（拿出米尺）大家尺子上的1厘米跟老师尺子上的1厘米一样长吗？

生：不一样。我们的1厘米这样长（比划），你尺子上的1厘米这样长（比划，大约5厘米）。

师：是吗？我们也来比比看。

（每小组发一根米尺，由学生操作）

生：噢，也是一样长啊。

师：还有一个问题请思考一下。咱们金华的1厘米和北京的1厘米一样长吗？

生：不一样，北京那么大。

生：一样，都是这种尺子。

……

从以上片段可见，学生体会到的是两个层面的内容。第一，单位是一种规定，不论是什么尺子，不论在哪里，同一单位都是一样的。以此感悟"标准"的意义。第二，单位与整体的关系和部分与整体的关系不同。在学生的

---

① 黄朝群. 学习"有趣简单 力所能及"的数学［N］. 现代教育报，2010-12-28.

经验中，部分总是随着整体而长大的。比如树变大了，那树枝也变大了；人长大了，那么鼻子也变大了。因为，在学生眼里，一切都是有生命的。可是单位与整体的关系却是单位越多，整体越大；整体再大，单位还是不变，这是标准的第二层意思，也是经验改造中的一个主要内容。①

这节课将数学知识植根于学生的经验之中，深耕细作，不怕花时间。许多教师担心这样上完不成教学任务，其实"磨刀不误砍柴工"，刀要磨透自然要费时一些，但后面会省时间，在教学效果上这样的时间花费是值得的。

4. 实践应用性活动

数学新教材中还开辟了许多实践性的小栏目，如整理房间，整理书包，小调查之类的。结合各阶段的学习重点，可给学生布置一些实践性活动任务，例如学习了数数后，让学生在家里数一数各种物品，作记录，进行大小比较；学习了物体形状后，留意家里、学校、超市里各种东西的形状；学习了分类方法后，试着自定标准整理书包、文具和房间，帮忙把冰箱里的东西分类放好。通过经常性的实践锻炼，学生应用数学的意识和动手实践能力会大大增强，还能深刻地体会到数学来源于生活，又能应用于生活的道理，从而奠定正确的价值观。

这样，通过各种现实的、有趣的数学活动，使学生积极主动地动手、动口、动脑、动眼，亲历数学知识的建构过程，获得良好的情感体验，同时也为师生互动发展开拓了前所未有的空间。

活动性教学应注意以下几个问题。②

第一，操作活动应立足新知的生长点。

著名教育家布鲁纳的认知序列学说指出，孩子的学习从动作开始。实践证明，操作活动为学生积极探索、主动获取知识提供了机会，为学生感知具体数学知识的现实背景、来源创造了条件。

---

① 俞正强. "种子课"：给知识以生长的力量——从小学数学"计量单位"的教学谈起[J]. 人民教育，2011（2）.
② 沈百军. 教师应如何提高学生的操作能力[M]. 张彦春，雷玲主编. 特级教师的特别建议. 福州：福建教育出版社，2009：155～161.

比如《有余数的除法》这节课，教师为学生提供一定数量的小棒，让学生拼自己喜欢的几个相同图案，然后在小组内交流（如下图）。

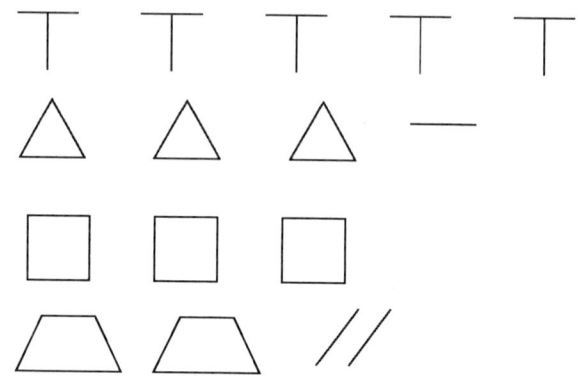

通过操作和观察，学生看到拼图时有的正好用完小棒，有的还有剩余，理解了剩余的小棒是不够拼成一个图形的，这就为认识余数的含义提供了现实生活原形，也为进一步探索"余数比除数小"提供了学习素材。教师只要引导学生用语言、算式表示上述不同的结果，余数的概念就会顺势建立起来。

第二，操作活动应目标导向明确。

一位年轻教师执教教研课《认识物体》（一年级上册），其中有这样一个环节。

师：下面我们来做一个游戏活动（请四个小朋友分别拿了球、圆柱、长方体和正方体，蹲在教室中间的同一条线上，其余学生围观），比一比，看哪位同学手中的物体跑得远。

一位手拿长方体的学生迫不及待地扔出去，结果最远。

师：同学们注意，不能这样扔，而是要轻轻地推（边说边做示范）。第一次不算，现在重新开始。（此时，已经有一些围观的学生走神了）

由于学生推出去的力量不一样，结果圆柱滚得最远。

师：刚才同学们用力太大，我们再来一次，要轻轻地推（再次示范）。

终于，球滚得最远。

师：通过刚才的游戏，你们发现了什么？

举手的同学并不多，学生的答案也不统一。

这个操作活动环节的设计意图是很好的，也符合新课程的理念，让学生在具体的操作活动中感悟、体验，获得新知识，改变了教师讲授学生被动接受的不良做法。但遗憾的是教师缺少对学生学习心理的关注，设计的问题和组织的活动方式不利于学生通过操作发现所要掌握的知识。首先，这样的组织方式很难保证所有的学生都参与到学习活动中来；其次，教师的问题是"比谁最远"，导致学生的注意点是结果而不是四种物体的本质特性，因而很难从活动中发现并归纳知识要点；最后，教师的关注点是四个学生的活动，对其余学生的关注不够，未能很好地组织学生认真观察和积极思考，导致学习活动的效率不高。

第三，操作活动应及时调整。

操作活动因学习内容的不同也有难易之分，如制作长方体模型、圆锥的体积计算方法等探索性较强的内容就比较难，摆小棒、拼图形、分东西等相对比较容易。对于较难的操作活动，教师不仅要在活动之前给予提示或示范，明确操作活动的方向和必须注意的地方，更要在具体的操作活动过程中给予及时的指导。如探索长方形面积计算方法时，一开始学生都用小正方形（面积1平方分米）摆满整个长方形来获知长方形的面积，于是教师故意拿走一些小正方形，学生合作尝试后就能拼出下图的结果，为抽象出长方形面积计算公式提供了关键性的结构图。

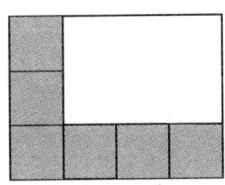

此外，教师还要关注班级学生的差异。同样简单的画角或测量书本的长和宽，在完成时间上就有较大的差距。因此，教师在设计操作活动时要考虑相对薄弱的学生，不仅要让他们有动手参与的机会，还要及时帮助他们解决操作中的困难，指导他们根据操作进行思考并获得新知。

比如在《2、3、4的乘法口诀》这节课中，师生共同学习了2、3的乘法口诀并梳理出"先摆图形，再写乘法算式，最后编乘法口诀"的学习方法后，教师提供材料让学生同桌合作操作并编写4的乘法口诀。这一设计的意图非常好，但在实际教学中发现有部分薄弱学生在课堂上表现得无所适从。这时教师及时给予指导，提醒学生先摆一个正方形，写出 $4 \times 1 = 4$ 的算式，接着继续摆正方形、写算式，学生的操作才得以顺利地进行。

第四，操作活动后应有反思。

操作不是目的，只是探索新知的过程，操作活动后的交流反思是从中提取数学知识和方法的重要环节。首先应要求学生用语言描述操作的过程和结果，其次则要引导学生观察比较不同的操作结果，提取共同属性或一般方法，最后再让全体学生分享集体的学习成果。

比如教学《十几减9的退位减法》时，教师为每个学习小组提供10个一串的回形针、10元的纸币和10根一捆的小棒，让学生操作演示"14－9"的过程。尽管使用的材料不同，但"破十"是所有操作活动的共同属性，教师引导学生在观察、倾听、交流的过程中归纳出来，为学生理解退位减法的算理提供支撑。

另外在一些测量和实验活动中，因为材料、工具和方法的原因，学生经常出现误差，对此教师不能轻描淡写地一笔带过，而要指出产生误差的原因，帮助学生树立严谨的数学学习态度。

根据上述操作策略，教师重新设计了前述《认识物体》的那个教学环节，在实践中取得了很好的教学效果。

首先，教师从袋子里取出长方体、正方体、圆柱和球四个物体，平放在讲台上。提问：如果老师用教鞭轻轻地敲这四个物体，它们会怎样动呢？（学生独立思考后自由发表想法。）教师追问：如何来证明你们的想法是正确的呢？（学生迫不及待地说：实际尝试一下）接着，学生以小组为单位，把四种物品放在围起来的桌子上。每个学生轮流操作一次，要求敲击的方向不同，其余学生观察每次操作的结果有什么不同。比一比哪一个小组既安静快速地完成操作任务，又能发现其中的秘密。最后，交流各组的操作和观察结果。学生能清楚地表述：球能向各个方向滚动，圆柱能在一个方向轴上滚动，长方体、正方体不能滚动，但可以移动。那些事先猜中的学生表现出非常高涨的热情。

教学中无论采取何种教学形式，其目的都是力求改善学生的学习方式、提高学生的学习兴趣和学习效率。上例中对操作活动实施的调整，正是基于有明确的目标导向、纪律要求，先思考后操作，操作后及时交流和提炼数学知识，因此很好地发挥了操作的效能。

三、走向社会，走向自然

传统的基础教育课程教学，重视提供给学生完整的知识体系，要求学生掌握现成的知识，而忽视培养学生主动获取信息的兴趣和能力，学生处于一种相对被动和封闭的学习环境中，其主体地位难以体现。教学基本局限在校园里，学生虽有了解社会、体验社会的愿望，但缺少相应的机会。我国著名教育家陈鹤琴先生指出："大自然、大社会都是活教材。"他主张带儿童到大自然、大社会中去，让儿童扩大视野，增加经验，发展丰富的观察力、想象力和创造力，培养儿童"尊重事实，求真求是"的科学人生态度。自然是科学认识的源泉，科学讲的是关于自然的故事，人类的很多科学知识的产生即是从自然界中采撷了灵感。当一个人徜徉在自然里，不仅能够陶冶性情，还可以启迪心智，在欣赏自然的审美过程中，同时也会伴随着理性和创造性的思维活动。通过书本，把"世界"带到课堂通常是比较容易的。但是，实践证明，把学生带出校园、走入现实世界后所学到的东西，是任何课本以及影碟所提供的知识无法代替的。英国诗人华兹华斯曾说："一朵微小的花对于我，可以唤起不能用眼泪表达出的那样深的心思。"学生虽然不及诗人心思的深邃、观察力的敏锐，但与天地花草树木昆虫融合在一起时，心也会随着大自然的脉搏一起跳动。苏联著名教育家苏霍姆林斯基十分重视实地考察的教育作用，他经常带领孩子们到大自然中去，细心地观察、体验大自然的美，从而使学生在轻松愉快的气氛中学习知识，激发学生的学习兴趣，发展学生的想象力和审美能力。他说："我力求做到在整个童年时期内，使周围世界和大自然始终都以鲜明的形象、画面、概念和印象来给学生的思想意识提供养料……"

教育的目的是使人准备好在一个自由的社会负责任地生活，因此教育应当鼓励学生参与社会文化生活，在开阔视野、增长新经验的过程中长大成人。

对于学生的培养，不是为了以最少的烦恼传授知识或获得技能，而在于扩大和丰富经验的范围，保持智力发展的兴趣活跃有效。春游之类走向社会、走向自然的活动，有助于开阔眼界、锻炼人际关系品质、磨练意志，恰恰是学生全面发展与社会化过程当中重要的一课。某些学校为了"安全"而取消这些活动，学生就缺少了与同伴一起接触自然、观察社会、快乐成长的机会，也缺乏一个增强实践能力、培养集体意识和团队精神的平台。教育活动的内容与范围逐渐变得单调和狭窄①。

昔日鸟语花香、流连戏蝶的春游记忆总是令人难以忘怀，现在的学生却难得再有如此美好的感受了。出于对学生安全的考虑，学校组织学生春游，必须报请教育主管部门层层申批。批准了，学校才能组织学生春游，绝不允许学校、教师擅自行动。乍听起来，只是加强了对学生春游的管理，并没将春游封杀。但是出于对安全责任的承担，春游逐渐被"吓退"，与学生"绝缘"了。春游可以让学生走进自然、拥抱自然、亲近自然，培养热爱大自然的情感，同时也可以开阔学生视野，开发思维，培养集体主义精神和爱国主义情感……春游的益处远在春游本身之外！学校和各级教育主管部门，应当在安全第一的前提下，周密安排，严密组织，全方位考虑，将春游的不安全因素降到最低值。同时要对学生加强安全教育，提高学生的自我防护能力，让学生学会在遇到危险时进行自我救护。②

苏霍姆林斯基曾说，学校的任务就是要使人们在少年时期就生活在美的世界之中；要善于把永恒的美展现在孩子们的面前——第一批春天花朵的开放、幼芽的萌发，第一批嫩草破土，第一只蝴蝶飞舞，第一声蛙叫，第一只春燕飞来，第一声春雷，麻雀第一次春浴……这一切教师都要当作永恒生命的美展现在孩子们面前，让他们学会发现和感受美，而待他们有了这些能力之后，则要教会他们终生保持心灵的赞美之情和善良之意，要培养他们对美好事物永不止息的向往。③ 新一轮课程改革已经逐步关注到教学内容与社会

---

① 马玉洁. 学校为什么不春游了 [J]. 湖南师范大学教育科学学报，2010 (9).
② 李玉柱，孙丽芳. 别让安全"吓退"了春游 [N]. 现代教育报，2011-4-13 (6).
③ 唐文红. 那些美好的春游记忆 [N]. 现代教育报，2011-4-13 (6).

生活、与学生个体生活之间的关系,也注意到要建立民主、平等、对话的师生关系。但是丰富学生与自然的体验,也是促进教学过程变化流动的一个重要源泉。例如,在教学过程中将知识与自然相结合,让学生在自然的情境中体会知识、领悟知识。教学过程中注意强化学生对自然的观察和体验,把学生从自然中产生的体验纳入到他的整体经验里,实现教学过程的知识、体验的和谐统一。

案例1: 让"蒲公英"开满校园每个角落[①]

在原田当班主任的三年级教室里,有个学生拿了一棵蒲公英来,说是他上学途中在路边发现的。这是一棵长在厚厚水泥道路边上,只靠很少很少的一点泥土生根、开花的蒲公英!"在哪里发现的呀?"围绕着这个问题,教室里一直谈论着蒲公英的话题。班上有一个男孩的父亲是研究植物学的,这个男孩发表了自己关于蒲公英的调查结果,说被拿进教室的这棵蒲公英是西洋蒲公英。了解到这一情况的学生为了要找到日本蒲公英,就在放学、下课后到附近一带探寻,想采到日本蒲公英,结果找来找去全都是西洋蒲公英。在这一过程中,原来连作文也没写过的学生,竟然也以蒲公英为题开始写作文了;过去不关心学校的妈妈们在星期天也去郊外游玩,旅行时也去寻找日本蒲公英,想采到后让孩子带到学校来;有的妈妈还去图书馆查阅,发现除西洋蒲公英和日本蒲公英外,还有七种其他种类的蒲公英,于是她们积极地协助孩子去采集。

这样一来,原田实在没法与年级"齐步走"了。终于,她号召学生"把空牛奶盒带来,用牛奶盒当花盆,尝试一下把蒲公英绒毛上的种子栽在盒子里"。

于是,和学生一起,原田开始了自己的第一次体验——"蒲公英学习"。为了不引起同年级其他教师的注意,他们把30多个牛奶盒并排放在了教学楼边美工室的侧墙根。不久,从那一个个牛奶盒中长出了小小的双叶片,于是

[①] 赵国忠. 外国优秀教师最有效的建议[M]. 南京:南京大学出版社,2009:150.

他们开始培育"蒲公英小宝宝"。原田和学生们谁都没想到,蒲公英一粒粒绒毛般的种子竟然都能够生长成一棵棵蒲公英。蒲公英就因为有这种顽强的生命力,才能在城市的水泥缝隙间茁壮成长,开出美丽的花朵来。于是,在接下来的日子里,学生们用诗、用文章来表达自己的感动,并用蒲公英的写生画来观察和记录它的成长。

可是到了暑假,这样投入过的"蒲公英学习"被学生们淡忘了,连原田自己也把美工室墙边的牛奶盒中的蒲公英忘得干干净净。9月1日开学典礼那天,原田在班上与学生谈起了上学期愉快的"蒲公英学习",突然,她叫了起来:"啊!忘记了!"顿时,教室里谁也不说话了,因为暑假里谁也没去浇过水!而且,牛奶盒放的地方是墙边,那里的蒲公英是受不了炎炎夏日的。这时,静悄悄的教室里站起来一个男孩,他战战兢兢地说:"老师,我去看一下!"说罢就跑出去了。一会儿,楼下传来咚、咚、咚的脚步声,那男孩跑回来大声呼叫着:"蒲公英全部都活着!"大家一下都跑出去看,果然,蒲公英的叶子虽然蔫了,但所有牛奶盒里绿色的蒲公英都长得很精神!如此强壮的生命力让所有的学生都感动了。他们还试着把牛奶盒弄破观察,结果看到蒲公英的根从盒子的一边到另一边挤得紧紧的。

不经意的教育活动,却能得到意想不到的收获,小小的蒲公英让学生体会到生命的坚强,同时帮助每个孩子找回内心深处那份最简单最深挚的爱,而且警示每个孩子追寻生命成长的进程中保护培植那颗爱的种子,滋生出爱的能量。

案例2: 驯养椿象

美国认知心理学家奈瑟(U. Neisser)强调,学生学习应在真实的自然情境中进行,而不应该在抽象的、虚构的环境中展开;应该将概念性知识看作一整套工具,它们只有在真实环境中被运用才能被完全理解,而且通过活动和应用,可以提高学生的学习兴趣,也可促进知识的广泛迁移。[①] 台湾优秀教师苏明进老师让学生驯养椿象的教学活动,让我们看到了自然情境为学生

---

① 阮红珍. 关注生活,引领课堂,走进社会[J]. 学苑教育,2011 (13).

提供的良好教育机会①：

  班上的外扫区域，是在学校那排最美丽的台湾栾树下。往往孩子们在打扫时，总会拂着轻风、伴着缓缓飘落的树叶，在树下嬉戏、流连。孩子的心灵，是随着大自然四季更迭的美景而一同成长的。但不知从何时起，那排台湾栾树下出现了超大规模的椿象族群。数量之多，十分惊人，简直只能以"寸步难行"来形容。为了让班上孩子体认人与大自然共存的法则，我让他们饲养这些红姬缘椿象，并且在课程结束时，为学校打造了一条专属于学校的"椿象学习步道"。孩子们还对着全校十几个班级，进行椿象生态的解说。

  初夏的午后，孩子们在拥挤狭小的树下，开始了他们与椿象的第一次接触。女学生们永远畏惧着这些未知的生物，只能用手抓着树枝，勉强拨弄着这些椿象；而男同学们，则是兴高采烈地玩着他们的新宠物，即使椿象在他们身上爬上爬下的，他们依旧乐此不疲。

  我限定他们每人只能抓五只椿象，并且以"如果我是一只被抓到的椿象"的心态来布置饲养箱。

  回到教室后，孩子们兴高采烈地观察着彼此的饲养箱。小小椿象的一举一动，此刻似乎比什么新款的电玩都来得新鲜。甚至放学了，孩子们还舍不得离去，一放学就运用教室的电脑火速上网，想要快些找出椿象的食材的秘密。我与孩子们倾听着大自然的谜语，再次进入了人与大自然接触的深刻感动之中。从今天起，孩子们的眼中看到的，将是不一样的世界，因为他们驯养了椿象，同时椿象也驯养了他们，于是那一扇窗被打开了，窗外满是柔软与包容……

  在联络簿中处处可以发现班上孩子和椿象有了密不可分的亲密关系：有个孩子为椿象盖了一个五星级的高级饭店，他自豪地说这里有一楼、二楼，还有地下室，是专属于椿象的房子；也有孩子每天为了"看起来恶心但却跟它有感情"的椿象，与"极度恐惧昆虫"的妈妈进行观念沟通的长期抗争；也有孩子因为死了一只椿象，而深深责怪自己未尽好主人的责任。

---

  ① 苏明进. 希望教室——教孩子一生最受用的36种能力[M]. 北京：首都师范大学出版社，2009：48~55.

每天批改联络簿，我总有新奇的发现与无限的感动。我深深地感谢自己，能想出这么棒的点子，让我的教学生涯，有了全新的感动与再生！

驯养椿象的活动让孩子们更深入地领略了来自生命的尊重与感动，在与大自然的亲密接触中感受到一份责任与包容，同时培养了孩子们自主搜集资料、相互协作交流的学习习惯。根据学校环境、实际社会情境设定教学活动，可以让学生在真实可感的、饶有兴致的活动中潜移默化地得到思想上的熏陶和提升。这样的良好教育契机，得益于教师的善于发现与组织，和师生共同合作营造出的和谐氛围。

案例3： 走进社会大课堂[①]

有责任就有希望、就有未来，有理想就有成功的追求。教育要让学生在美好的憧憬之中，去了解社会、认识社会、思考社会、评判社会，进而使学生懂得自己的未来在社会、责任在社会、奋斗在社会、成功在社会、幸福在社会。辽宁省丹东市实验小学创设了多种实践活动，让学生有机会亲近社会，增强社会意识和责任感。体验一种社会角色，是其中一项非常有意义的活动。

体验一种社会角色，是让学生接触社会、认识社会的好途径。为此，学校开展了"和爸爸妈妈上一天班"活动，组织学生体验爸爸妈妈的社会角色。学生跟随父母工作一天，了解了父母工作的性质、内容以及责任。五（2）班白洪宇同学的日记"走进列车员妈妈的生活"中写道："为了创造优美舒适的旅行环境，妈妈和叔叔阿姨们一年到头都在重复着扫地、倒水这些单调而枯燥的劳动，还要为旅客排忧解难。他们太辛苦了！可是他们让出门在外的旅客感受到了家一样的温暖，他们的工作是那么重要。我为有这样的妈妈而骄傲！"

随后，学生又纷纷当起了"小小交通员"，和交通协管员一同组织小同学过马路、指挥车辆；当"小老师"和老师一同备课、上课、辅导、批改作业、家访……学生积极参与体验，从实际生活中发现问题，在体验活动中找到岗

[①] 殷丽娜. 走进社会大课堂——辽宁省丹东市实验小学"六亲近"活动纪实［J］. 辅导员，2011（9）.

位，在心灵感悟中提高素质。

化理论为实际的反思——

自小学、中学至大学，从教学目的、教学内容、教学过程看，无可辩驳的事实是，在校学生是以学习理论为主的。现在，包括美国在内的西方国家已经注意到，中国教育的一大优点是更重视基础，这也是无可否认的事实，中国的中学生、大学本科生的基础理论知识在世界上确属上乘。这并不否认在基础教育阶段应注意理论联系实际。教育者必须精心选择联系实际的内容，安排实践性教学环节，逐步培养学生把理论与实际结合起来的能力。而今日以更集中的精力于理论学习是为了在明日"来日方长"的活动中能更好地理解实际、分析实际和处理实际问题，亦即在一个更广阔的时空中考虑理论联系实际。理论与实际总是相互区别但又相互影响、相互依存的，即使在以理论学习为主的学生阶段（尤其是普通学校的学生）也会在相应的条件下（但也力争有效地做到）理论联系实际。[1]

第三节 化未知为已知

人类知识的积累始终遵循"从已知领域扩展到未知领域"的认识规律，有效教学也要运用化未知为已知的策略，引导学生学习未知的知识。"未知"就是学生不知道的知识和方法，"已知"就是学生已经知道的知识和方法。学生对新知识的学习是以旧知识为基础的，新知要么是在旧知的基础上引申和发展起来的，要么是在旧知的基础上增加新的内容，或由旧知重新组织或转化而成的，所以利用旧知学习新知是最直接最常用的教学策略。苏霍姆林斯基说得好："教给学生能借助已有的知识去获取新的知识，这是最高的教学技巧之所在。"

---

[1] 张楚廷. 教学论纲 [M]. 北京：高等教育出版社，1999：193.

关于新旧知识的相互作用、相互联系，我们还可以从纵横两个维度加以进一步解剖：一是理清新知识在知识结构中的纵向联系，分析学生原有认知结构中是否含有同化新知识的制高点（在概括性、抽象性、包容性水平上高于新知识），现在的新知又是后继学习哪些知识的制高点？所谓制高点就是上位观念，新知识是原有观念的下位观念，这样新旧知识便构成上下位关系，相应的学习便为类属学习。奥苏伯尔认为，这种学习最符合有意义学习的同化机制。为此，他甚至主张，如果学习者头脑中缺乏上位观念时，可采用先行组织者的教学策略。二是理清知识在知识结构中的横向联系，分析新知与原有认知结构中哪些旧知有横向关联，连接它们的知识纽带是什么。如平行四边形与梯形两者就属于横向联系，而连接两者的知识纽带便是平行线。对于具有横向关联的知识，教师一定要引导学生比较它们之间的相似、相同、差异、不同等意义，这样会帮助学生消除知识间的混淆和矛盾冲突，并使知识间真正相互配合和重新组织，从而达到综合贯通、触类旁通、左右逢源。

我们认为，创设旧知停靠点，第一要找准旧知。课堂教学中的复习往往被看作是例行公事，不得要领的复习不仅浪费课堂上宝贵的时间，而且会影响学生有意义学习的进程。复习一定要有针对性，要准确把握新旧知识的联系，为学习新知找到最直接的旧知。例如，有位教师在教"两位数乘多位数"时，一开始出示口算题：$12\times4=?$，$12\times30=?$。当学生答出$12\times4=48$，$12\times30=360$后，教师又出示$48+360=?$，一名学生回答$48+360=408$。教师高兴地说："我们要学的例题，你们已经把结果口算出来了。"学生们很惊喜，情绪格外高昂。然后教师板书：$12\times34=?$，后问学生："你们看12×34与我们口算12×4，12×30以及$48+360$有什么关系？"学生纷纷议论，最后一致认为：12×4是求4个12是多少，12×30是求30个12是多少。4个12再加上30个12恰好是34个12，求34个12是多少？列成乘法算式是：$12\times34=408$。这样复习旧知，就抓得准、引得妙，旧知过渡到新知直接、自然，从而为学生的有意义学习创造了很好的条件。

第二要温故知新。温故的目的是为了知新，但简单地复习已有知识，并不能自然而然地获得新的知识。所以导入新课复习旧知，不能机械地重复，而要从不同角度，增添一些新的信息或问题，使学生获得新的知识。有意义学习过程就是新旧知识相互作用的过程。每堂课都要合理安排复习已有知识和教学新知识的比重，有些课以复习已有知识为主，有些课以教学新知识为主。一堂课如果完全是复习已有知识，不教学新的知识，就不是有意义学习，学生就会感到厌倦，也就失去了教学的意义；如果一节课全部是教学新的知识，而且教师又不是从学生已有知识中引出新的知识，学生便不易接受，很难进行有意义学习，这样就收不到良好的教学效果。因此，要把复习旧知识和教学新知识有机结合起来。在学生已经理解了已知知识和方法的基础上，教师应及时启发学生去探索未知内容，教师和学生在教学中要处于协作关系，这样学生能够比较积极能动地展开思维活动，对未知部分内容提出质疑。教师需根据具体的情况争取学习者的主动，使他们由"半发现"到"引导发现"，直到"独立发现"。

案例 1：利用已知的倍数问题学习"分率"[①]

分数应用题长期以来一直是难教难学的内容，到目前为止仍然如此。尽管教材降低了学习难度，但是从一线教学的实际情况看，情况仍不容乐观。原因就在于教师将分数应用题人为地另起炉灶，"单位'1'、对应量、分率"等专用术语让学生晕头转向。事实上分数形式呈现的倍数问题，其数量关系、分析方法与过去所学的倍数问题完全一样，打通这两类问题的联系，完全可以收到事半功倍的效果。有一次，朋友的女儿向我抱怨："不懂老师讲的分率是什么意思。"我请她做三道题：

1. 男生有 20 人，女生人数是男生的 2 倍，女生有多少人？
解答后请她指出一倍数、倍数等基本概念与数量关系。
2. 男生有 20 人，女生人数是男生的 1.5 倍，女生有多少人？
比较前一题，只存在倍数由整数变为小数这种外在变化。
3. 请将第二题中的 1.5 改成分数。

将一倍数与单位"1"、倍数与分率进行比较，建立联系，她立即就明白了分率和倍数只是意义相同的两种不同说法而已。

[①] 王凌，余慧娟. 关于数学教育若干重要问题的探讨[J]. 人民教育，2008（7）.

要想实现化未知为已知，需在对教学要求把握准确的前提下精心组织教学材料、选择教学方法，而要做到这两点，必须对学生的学情有准确的了解，这也再次说明，有效教学是教材、学情、教法的三维统一。

案例 2： 一个数乘以分数的意义[①]

围绕新旧知识的连接点复习旧知识后，应及时抓住新旧知识的连接点即共点，引导学生以旧探新，展开主动的探究活动，顺利实现知识的迁移。

"一个数乘以分数的意义"教材的安排是：一桶油重 100 千克，(1) 求 3 桶油重多少千克。(2) 求 1/3 桶油重多少千克。这两道题的数量关系式都是"每桶油的重量×桶数＝总重量"。这个数量关系式就是它们的"共点"，即知识的连接点。从意义上看，一个数乘以分数的意义是整数乘法意义的扩展，也是分数意义的延伸，两种意义有着内在联系。因此，分数意义也是知识的连接点，在教学中可紧紧抓住这两点引导学生进行探究。在让学生列出第一题的算式"100×3"并说出数量关系式后，问："如果每桶油的重量不变，求 1/3 桶油重多少千克，又怎样列式呢？"学生根据数量关系式进行推理，列出算式"100×1/3"。接着引导学生看图进行思考："求 1/3 桶油重多少千克，是什么意思？"引导学生回答："是把一桶油的重量 100 千克平均分成三份，求其中一份的重量，也就是求 100 千克的 1/3 是多少。"即"100×1/3 就是求 100 的 1/3 是多少"。在学生理解的基础上，进而迁移到求 1/3 桶油重多少千克。

第四节　化深为浅，化复杂为简单

化深为浅，化复杂为简单，意味着要在教学过程中做到深入浅出。所谓深入，从教师的角度讲，就是在教学过程中要深刻揭示事物的本质、内在的

[①] 陈清华. 注意培养学生的"迁移"能力 [J]. 读写算（教育教学研究），2011 (42).

联系、辩证的发展。所有学科都无一例外地要体现这种要求。从学生的角度讲，则是要达到深刻的理解，获得清晰的概念，进行准确的判断、合乎逻辑的推理，作合乎情理的推测，并掌握基本的技能技巧。总之，所谓深入，既包括教得深入，又包括学得深入。

浅出主要是教师的任务。所谓浅出，就是对于抽象的概念、深邃的理论、繁难的技巧，能利用相对浅显的内容为起点，采取通俗易懂的办法，引导学生达到较高程度的认识。这既是一个从学生实际出发寻求适当的知识起点的问题，又是一个问题的两个不同侧面。引导学生从相对浅显的此岸到达相对深入的彼岸，这是教学中具有普遍意义的要求。

对教师来说，没有深入就不可能做到浅出，没有对教材深入的理解，没有对学生认知特点的深刻认识，没有对教学的各种有关实际情况的深入了解，便无法做到浅出。从这个意义上讲，浅出不是肤浅，浅出是深入的一面镜子。深入难，浅出亦不易。

有一句人们常说的刻画深入与浅出关系的话："不深入就不能浅出。"这是对教师说的，也就是说，深入是浅出的必要条件，善于浅出的教师往往是因为对问题有更深刻理解的缘故。深入而不能浅出，把问题讲得很玄乎，教师自己觉得奥妙无穷，学生却很费解，甚至使一部分学生产生望而却步的心态，产生负效应，这就与深入的目的背道而驰了。

浅出不能违背科学性。越过了科学性这个界限，就不是我们所说的浅出了。浅出是达到科学的桥梁，但相对预定要求的高度而言则尚未达到科学性要求。浅出应是接近或近似的，逐步逼近科学结论的，而决不能与科学结论有相悖之处。由浅出到深入，不是由不科学到科学。引导学生去鉴别某些错误或不当的概念和命题，这是试误，这正是科学性的体现，与有悖于科学性的"浅出"是两回事。在浅出过程中所涉及的内容，可以暂时是模糊的，却不应是错误的；可以暂时是肤浅的，却不应是荒诞的；可以暂时是片面的，却不应是负面的。深入浅出原则像其他教学原则一样都受制于科学性要求，不能违反科学性，而应为了更好地体现科学性，更有效地走向科学性。

深入浅出的教学原则有其认识论依据，深入浅出，由浅入深，是符合认识发展一般规律的，不仅是对文化科学知识传递的考虑，而且也与发展学生认知能力的目的有关。

如果教师的讲授使得学生感到过于深奥，难以捉摸，那么不仅不易引起注意，而且难以引起学生的兴趣；只有肤浅的理解而不能进一步深入也只可能有短暂的兴趣。有效的浅出与应有的深入相配合才可能形成相对持久的兴趣。"老师所讲的事和理竟然是我似曾经历过的和体验过的"，这种感觉会使学生贴近教师，对教师所教产生兴趣；"这种事理如此奇妙，条理如此清晰，逻辑的力量如此独特"，这种感觉近乎一种欣赏的结果，这是一种更深切的感受。理解的深入与兴趣的加深相伴而行。如果教学只停留在深奥，可能是教师的教艺还不到家；如果只停留在浅层，则可能是教师对知识的掌握尚有缺陷。①

从对教师的要求来说，"为了顺利地完成自己的任务，一个教师应当掌握深刻的知识"（赞科夫）。教师把教材钻得深，悟出来的道理就透彻，这样讲起课来就简单，也能讲在点子上。正所谓"一语破的，一语解惑，一语启智，一语激情"。教师一句精辟的话，常使学生萦绕于脑际而终生难忘；一个生动的比喻，常使学生抓住了知识的关键而茅塞顿开；一句幽默的批评，常使学生放下包袱又惭愧不已。言不在多，贵在精当；语不在长，贵在适时；要语不烦，达意则灵。简洁是天才的姐妹，智慧的象征。一个科学家曾说过这样一句话：科学的秘密就在于把复杂的东西演变成为若干简单的东西去做。教师把课上得简单，实在是一种智慧、一种艺术、一种能耐、一种功夫、一种水平、一种境界。这绝不是把教学简单化了，而是艺术化了、精良化了、高效化了。就像一个杂技演员走钢丝的过程，走钢丝较之于走马路，其精熟精巧之异显而易见。教书匠常常就不是把课上得简单，而是上得复杂了，把学生弄得无所适从。

从思维角度来说，化复杂为简单是一种高层次的求同思维，这种思维使人能够从不同的知识内容中看出相同的东西，从而化繁杂为明了，把书读薄。一位小学教师在上"面积的计算"复习课时这样引入——

教师首先告诉学生："我们已学过了长方形、正方形、三角形、平行四边

---

① 张楚廷. 教学论纲 [M]. 北京：高等教育出版社，1999：228~233.

行和梯形,找到了求这些图形面积的各自公式。其实,我们只要记住梯形面积公式就行了,因为用它就可以求出其他图形的面积。同学们一定会想:真能这样吗?是什么道理?如果行,那可方便了!"开场白激起学生的疑问、好奇。"不信吗?请看下面的题目。"

教师出示题目:一梯形,上下底和8厘米,高4厘米,它的面积是多少?请你画画算算。

学生情绪高涨,动手动脑,算出梯形面积:8×4÷2=16(平方厘米)

梯形的上下底分别是多少?学生会排出上下底分别是:1、7,7、1,2、6,6、2,3、5,5、3,4、4。(0、8可以吗?)

当出现"4、4"一组时,教师及时问:"这还是梯形吗?为什么?"学生会醒悟,此时实质上是平行四边形。同时引导学生将梯形面积公式进行演变:(上底+下底)×高÷2(上底长=下底长)=底×2×高÷2=底×高(即为平行四边形面积公式)。如果腰变成高,则变成长方形面积公式:长×宽。如果长和宽相等,则变成正方形面积公式:边长×边长。

再引导:"这图形还会是什么图形呢?当一条底边越来越小……"

学生马上会想到是三角形。此时面积公式演变为:(上底+下底)×高÷2=底×高÷2(上底为零或下底为零),即为三角形面积公式。

一公式引出了多公式,学生初步释疑,并为发现"面积计算"的知识链而兴奋不已。

著名特级教师于永正先生提出简简单单教语文,语文教学应该力求做到:第一,教学目标简要。教师一定要搞明白"学生为什么要学语文"、"语文教什么"这两个问题。第二,教学内容简约。阅读教学要做到"三个留下",留下语言,留下形象,留下情感。有了这"三个留下",一堂课的教学才是有效的。"三个留下"的关键是朗读。学生把课文读正确、流利,有感情,才会做到"三个留下"。第三,教学过程简洁。第四,教学方式简练。大师就是那些下最深的工夫研究,用最浅显的表达方式表达研究成果的人。一句话:深入浅出。第五,作业简化。正如课标所说:"少做题,多读书,好读书,读好书，读整本的书。"简化作业，留给学生更多的读书时间。①

然而，有些教师一味追求多样化解答，化简为繁，使得学生越学越难，越学越复杂，看似为体现新课程理念，实则与之背道而驰。如一位教师执教人教版三年级下册的《口算乘法》，课堂中出现了这样的教学片段——

师：咱们先来解决第一个问题，你会列算式解决吗？

生：300×10。

师：（板书算式后）像这样的算式如何进行口算呢？今天我们就来学习整十数、整百数乘整十数的口算乘法。

师：（板书课题：口算乘法）你能说说算式表示的意义吗？

生：10个300是多少？

师：你能口算出这两个算式的结果吗？先自己口算，然后和同桌进行交流。（师指名汇报口算方法。）

$生_1$：$300 \times 10 = 3000$，因为 $300 \times 1 = 300$，10后面还有1个0，所以再添上一个0是3000。

$生_2$：$300 \times 10 = 3000$，先算 $3 \times 1 = 3$，因为300和10后面一共有3个0，所以添上3个0是3000。

$生_3$：$300 \times 10 = 3000$，因为10个100是1000，10个300是3000。

师：大家再想一想，还有没有其他算法？

（课堂出现了短暂的沉默，学生面面相觑）

师：大家想一想，10能不能分成9和1呢？

生：能。

师：9个300是多少？

生：2700。

师：再加上1个300呢？

生：3000。

课堂气氛马上又活跃起来了，有学生立即发言，10还可以分成8和2，8个300是2400，2个300是600，加在一起是3000。于是接着又出现了下面

---

① 于永正. 简简单单教语文 扎扎实实求发展［J］. 教育实践与研究，2010（7A）.

几种算法。

生$_4$：把 10 分成 3 和 7，$300 \times 3 = 900$，$300 \times 7 = 2100$，$900 + 2100 = 3000$。

生$_5$：把 10 分成 4 和 6，$300 \times 4 = 1200$，$300 \times 6 = 1800$，$1200 + 1800 = 3000$。

生$_6$：把 10 分成 5 和 5，$300 \times 5 = 1500$，$1500 \times 2 = 3000$。

又有学生接着说"10 还可以分成 6 和 4"，教师打断了学生的话，说"分成 6 和 4，与分成 4 和 6 计算方法是一样的，所以就不用再说了"。同样，在下面处理 300×30 时，这位教师还是启发学生把 30 分成 20 和 10，以期待得到更多的算法。

数学课程标准要求教师尊重学生的想法，鼓励学生独立思考，提倡计算方法多样化。所以，有的教师认为，既然提倡"算法多样化"，算法就应越多越好，越多越体现课改精神。但在课下和学生交流时，学生一致认为，用分成的方法把 10 分成 9 和 1，9 个 300 是 2700，再加上 3 个 100 是 3000，这种方法太麻烦了，他们不会用这种笨方法计算的。之所以把 10 继续往下分是为了迎合教师的引导而想出来的，他们不喜欢这种方法，更不会这么用。

学生的话令人沉思。学生都知道太麻烦，可教师却一味地为了体现"课改精神"，人为地增加学生的负担，反而把简单的问题复杂化了。算法多样化只是一种态度，是尊重学生个性化思考的一种体现。这位教师引导学生独立思考，放手让学生自主探索、自己解决问题的方法是对的。但一味地让学生寻求算法多样化，引导学生去寻求麻烦的算法，看似为了体现课改精神，其实恰恰与课改精神背道而驰。数学课程标准提出"人人学有价值的数学，人人都能获得必需的数学，不同的人在数学上得到不同的发展"，所以，那些与实际生活脱离的、复杂的、学生不需要的算法，教师是没有必要引导学生掌握的。我们在提倡算法多样化时，一定要在理解课标精神的基础上，让学生学简单的数学，从而更好地体现数学的工具性，让数学真正为我们的日常生活服务。①

---

① 贾玲. 简约：课堂教学的理性回归[N]. 教育时报，2011-9-14（3）.

"大道至简"，课堂教学就是要追求"简约"的境界——以简洁的线条拉动学生丰富的情感体验，以简捷的方式让学生获得丰厚的收成，以接近学生的起点带领他们走向离他们最远的终点。教师不仅要研究教材，更要研究学生，从学生实际出发，从教材实际出发，选准目标，巧设问题，化繁就简，突出重点，激活学生思维，调动学生研讨的积极性，从而实现教学目标，达到有效教学，真正提高课堂教学质量。

案例1:《植树问题》的同课异构[①]

简约的教学方式既是一种教学理念、一种教学智慧，也是一种教学能力、教学魅力。以下两位教师对基础性知识"间隔"的不同处理方式引发了我们的思考。

M老师的教学片段——

首先，教师在问题情境创设环节利用多媒体出示了校园平面图和一则招聘启事（学校为了美化校园环境，特诚聘环境设计师数名，要求设计植树方案一份，择优选用，并提出了设计要求）；接着，学生四人为一组进行小组合作探究；最后，教师通过多媒体演示了"间隔"，并作解释性说明。

后面的教学证明了绝大多数学生对"间隔"并没有理解，特别是在推导"间隔数与棵数、全长、间距的关系"时，学生显得很茫然。教师又多次解释"间隔"，但学生始终似懂非懂。

N老师的教学片段——

师：同学们，我们先做个游戏。大家想做吗？

生（众）：想做。

师：请把课前准备的长50厘米的绳子，每隔10厘米打一个结，看看你能给这条绳子打多少个结。（3分钟之后）

师：谁愿意来演示你的做法？

生$_1$：我打了4个结。（举起绳子，边指边说）用直尺从绳子的一端开始，量出10厘米，打一个结，继续量，每隔10厘米打一个结，一共打了4个结。

---

① 蒲大勇，曹丽. 用简约的方式教学［N］. 教育时报，2011-9-14 (3).

师：请把你的做法用线段图画在黑板上。（生$_1$在黑板上画出了线段图）

师：不错，用一条50厘米长的绳子，按照要求每隔10厘米打一个结，一共打出了4个结。很好！还有不同的吗？

生$_2$：我打出了6个结。

师：哦，你又是怎样做的呢？

生$_2$：（跑到黑板前面，拿起粉笔，边讲边画）在绳子的一端先打一个结，用直尺量出10厘米，再打一个，直到最后还剩10厘米，在绳子的另一端也打一个结，一共打了6个结。

师：这样也是按要求每隔10厘米打一个结，一共打了6个结。

师：还有不一样的吗？

生$_3$：我打了5个结。（同样跑到黑板前，边讲边画）从绳子的一端开始，用直尺量出10厘米，直到最后剩10厘米，在最后打一个结，一共5个结。

师：还有不一样的吗？

生$_4$：我也打了5个结，和他不同的是，我在前面打了一个结，最后一个结没打。

师：大家都是在50厘米长的绳子上打结，而且都是按每隔10厘米打一个结的要求做的。（教师指着黑板上的线段图：10厘米、10厘米、10厘米……）每隔10厘米打一个结是指什么呢？

生：两个结之间的距离是10厘米。

生：每两个结间隔10厘米。

师："间隔"这个词语说得非常好。都是间隔10厘米打一个结，为什么打出的结的个数不一样呢？这就是我们要学习的问题——植树问题。

接下来，学生很快推导出"间隔数与棵数、全长、间距的关系"。

对比这两位教师的教学，在处理相同的基础性知识"间隔"时，M老师可谓"兴师动众"，从情境创设到问题提出，从课堂气氛渲染到关键知识点的处理，多媒体占据着课堂。同时，小组合作学习等体现新课程理念的教学方式也派上了用场，但这些对学生理解"间隔"的意义究竟起到了什么作用？不可否认，从备课和课前准备环节来看，M老师作了大量的准备工作，教材挖掘较深入，教学资源开发和利用较透彻，并积极利用现代教育手段。问题在于 M 老师在教学准备乃至教学过程中都以"物"为中心，忽视了教学的关键因素"人"——学生的认知规律。小学生以直观形象思维为主，而教师通过多媒体把直观的问题抽象为空间图形，让学生在抽象的图形中理解"间隔"，这样增加了学生的学习难度，教学效果不尽如人意也就不可避免了。

案例 2：徐长青老师的《猜想与操作》[①]

徐老师的课以学生喜爱的魔术开始，引发学生思考：1 张纸，每次只能撕成 4 片，再从撕成的 4 片中选出 1 片，照这样连续撕下去，能撕成 2006 片吗？能撕成 2008 片吗？在学生面对这样庞大的数字无所适从时，教师巧妙地引用数学家华罗庚的名言——"复杂的问题要善于知难而'退'，大踏步地'退'，'退'到最原始而不失去事物属性的地方"，并充分发挥自身表演的才能，将华罗庚的名言用表演的方式加以创造性地运用："退——退——退，进——进——进，回头看，找规律。"然后从 1 张纸开始，先撕成 4 张，然后是 7 张、10 张……引导学生从前面撕的张数中发现规律，寻找解决问题的方法。在此基础上，引导学生探究 1 000 000 004 边形的内角和。学生很容易地接受了退到事物起点的探究方法：从三角形、四边形、五边形、六边形的内角和开始寻找规律，从而将一个看似复杂的问题简单化。学生在操作中解决了问题，更重要的是他们在探索中学会了思考，培养了思维能力，这对他们来说将是受益终生的。这时，徐老师说："答案已经不重要了，记住今天的学习法宝，碰到难题时，'退——退——退，进——进——进，回头看，找规律'。"

在徐老师的引导下，学生经历猜想、验证，在实践中提炼真知，体验寻求知识的快乐。教不是告知，而是当学生的智慧迸发时，学会期待和等待，让他们自己发现真理。这不仅能大大提高学生的学习兴趣，而且将学生的认知需求提高到精神需求的境界。

[①] 陈海滨，徐丽华. 有效教学 66 个经典案例 [M]. 上海：华东师范大学出版社. 2011：253.

案例 3:《哪吒闹海》"简"出的精彩①

教师通常需要在限定的时间内完成既定的教学内容,这就要求教师说出来的每一句话,都具有一定的信息量和知识度,要尽可能减少重复和啰嗦,这就必须简洁。恩格斯说:"言简意赅的句子一经了解,就能牢牢记住,变成口号,而这是冗长的论述绝对做不到的。"② 著名特级教师薛法根老师的《哪吒闹海》一课,让人真切地感受到简约的精彩。

1. 简出清晰的"路"

薛老师共设计了四个板块,即练习朗读,学习概述,学习讲述,学习转述。练习朗读为学习概述作好铺垫,概述为讲述打下基础,讲述又为转述埋下伏笔,每个教学环节紧紧围绕学生学习这一主旨,由浅入深,由表及里,环环相扣,一目了然。教学中,教师紧紧围绕三个动词"一摆、一扔、一抖"组织教学,先让学生找出这一组动词,用朗读、默读、领读等多种形式,让学生感受哪吒是如何与龙王作斗争的。在读好读懂的基础上,教师利用这三个动词讲述,让学生把如何闹这一细节讲述得清清楚楚、栩栩如生。在复述时,教师又让学生抓住这一组动词,借助自己的生活经验进行联想,想象画面。这样引导重点突出,层次分明,激活了学生思维,学生说得兴趣盎然。

2. 简出精妙的"言"

薛老师在训练学生语言表达能力上,一是让学生把书读"薄",二是引导学生把书读"厚"。读"薄"是用自己的话说出课文的主要内容。薛老师引导学生概括课文内容这一环节,先是引导学生读出三句话,再让学生顺畅地把三句话说成一句话,扎扎实实地训练了学生组织和运用语言的能力。这就是把书读"薄"。同时他又力求让学生把书读"厚",读出自己的理解和感悟。教学中,薛老师利用了这样的句式:"夜叉从水底里钻出来,只见_____便大喝一声_____。哪吒转身一看,只见_____便笑着说_____。夜叉一听便_____。"学生说出了许多精妙的语言:"夜叉从水底钻出来,只见

---

① 伍怀林."简"出的精彩[N].教育时报,2011-8-31(3).
② 黄波.恋上你的课[M].桂林:广西师范大学出版社,2007:29.

一个白白胖胖的娃娃在洗澡,便大喝一声:'咄,你这个臭娃娃,居然敢在龙王的地盘上撒野,看我不把你收拾了。'哪吒转身一看,只见一个红毛的怪物凶神恶煞地盯着他,便笑着说:'哈,哈,你想打我?还嫩了点。'夜叉一听便火冒三丈,暴跳如雷,举起斧头便向他砍去。"……我们看到的是学生智慧的火花、创造的激情。一个个精彩的故事,有力地训练了学生的言语智慧,让学生在语言中进行了一次美妙的航行。

3. 简出丰实的"情"

薛老师引导学生紧紧围绕课文,让学生反复阅读体味,让人文精神润物无声般地熏染着学生。他紧紧围绕"称霸一方、兴风作浪、胡作非为,害得老百姓不敢下河捕鱼"一句,通过朗读追问"夜叉该不该死",让学生清楚"做坏事是没有好下场的"这一定论。学生情动而辞发,发自内心地谴责该死的夜叉。为了让学生了解神话的特点,编者就让哪吒治一治龙王父子:你们会兴风作浪,我的混天绫也能掀起滔天巨浪,使水晶宫都摇晃。这就以其人之道还治其人之身。当凶神恶煞般的夜叉挥起巨斧不问青红皂白死命砍来时,哪吒才被迫反击,这叫"该出手时就出手"。就这样塑造了一心为民、不畏强暴、嫉恶如仇的哪吒形象。

4. 简出不息的"味"

薛老师通过简单的一句"你们怎么知道这个故事的"这一追问,为他教学找准了起点,调动学生的学习兴趣,更是为激发学生大量课外阅读作出了引领。他问学生:"你最早是怎么知道'哪吒闹海'这个故事的?"学生有的说是听爸爸妈妈讲的,有的说是在电视上看到的,有的说是看了妈妈给自己的书。薛老师看小朋友对这个故事都很熟悉了,便告诉学生这个故事出自明朝许仲琳的《封神演义》。课堂结束时,他又说:"一个故事有三种说法,目的不同说法不同。那么,'哪吒闹海'这个故事的真相到底是怎样的呢?还是让我们回去读原著《封神演义》吧!"这节课留给学生的是浓浓的"课外阅读味"。

虽是简简单单的四个板块,却也能构建出清晰的思路;精妙的语言表达设计,让学生在创编故事的过程中体会到作者的独具匠心;抓住关键词汇引导阅读,让学生自读自悟主人公的思想性情。薛老师用心良苦的简约设计,让学生体会到了丰富的深层内容。

再来看一则令人啼笑皆非的案例,他们的做法非但没有化繁为简,反而将问题复杂化,让人摸不着头脑、不知所云。

反例: 订机票,脑子一定要好使[①]

小弟目前在某大航空公司当客服人员,其实就是接订票电话的,工作说难没多难,说简单要操心的事也不少。最令人头痛的,是客户脑子不好使,而且这种白痴客户有日益增加的趋势。

最普遍的,叫做"答非所问型":问他行程他给你大名,问他大名他给你身份证号,问他身份证号他给你电话,问他电话他反问你票价,问完票价以后他说太贵了他要坐火车……

还有一种也很普遍,叫做"特殊造词型":这种常常出现在帮人代订机票的客户身上,他们通常不太会形容朋友或客户名字里面的字。例如"英"这个字,我想大部分人会说"英雄的英",大不了说是"英语的英",偏偏我就接过一个美眉的电话,她想了十多秒,跟我说是"李英爱"的英——哇噻!好险啊,幸亏我看过《大长今》,不然鬼知道李英爱是谁啊!

还有一种叫做"自以为很有文化型",他不会跟你说是"英雄的英",他会跟你说是"英雄所见略同的英",有一次,一位好像是历史学家的中年男士,居然跟我说是"八国联军俄德法美日奥意英的英"……

还有一种叫做"只会拆字型",他也不会跟你说是"英雄的英",他会跟你说是"中央的央加上草字头"。还有人把事情搞得更复杂,说是"草上飞的草去掉早安的早,然后换成一个中央的央"……

如此化简单为复杂,让人忍俊不禁的同时,是否有一丝不安?回看我们的课堂,越教越复杂的情况也不鲜见:如何记住"菜"字?"草"字头,加上采花的"采"。学生第一反应便给出了最便捷的记忆方法。我们的教师往往意犹未尽:"还有什么不同方法吗?""苦字去掉下面的古,加上彩色的彩去掉右边的三撇。""花朵的花去掉下面的化,加上彩色的彩去掉右边的三撇"……

---

① 曹彬. 订机票 [J]. 大众文艺 (快活林), 2006 (2).

这不正是"买机票"在课堂上的翻版吗?一位主播对飞了"一周"的解释,同样让人哭笑不得:"昨天在加拿大有一架飞机,因为某些事故在空中绕了七天之后降落。"事实上,当时字幕上写的是"一周",他为了让大家"了解",径自把它改为"七天"。试想一般的飞机怎么可能在空中绕七天?自作聪明的画蛇添足,反倒让听众如坠云里雾里。

第五节　化枯燥为活泼生动

教学中,许多教师苦于教材陈旧,认为有些说明、应用类的文章枯燥无味,毫无美感可言,要营造生动的课堂更是难于上青天。其实美的意义是相当宽泛的,教师若善于挖掘教材中蕴含的美去吸引学生,激活其思维,那无疑会使课堂教学大放异彩。

生动活泼的课堂首先源于学生的求知欲与积极参与。学生在具有饱满学习的热情后才会不知疲倦、不畏困难地学习。叶澜老师在论述重建课堂教学过程观时指出:"我们的认识是,新的教学过程的形成,首先必须让学生的内在能量释放出来,让他们在课堂上'活'起来,从原有的静听模式中走出来。如果没有学生的主动参与,就缺乏重建过程的基质。"皮亚杰在论述发现法教学时认为,儿童只有对自我发现的知识才能积极地同化,在自我发现的学习过程中,才能对知识有真正的理解和有所创造。皮亚杰反对教师在学生的探索过程中千方百计地诱导学生得出从一开始就是教师头脑中的答案。诸如教师提出的"你认为这是对的吗""你相信这一点吗"之类的问题都是虚假的现象,仍然是教师而不是学生在操纵答案。大教育家孔子的"不愤不启,不悱不发"教学思想正是对学生在学习过程中的内心世界关照,让学生处于"跃跃欲试"的精神状态。学生在课堂上的兴奋、激动、百思不得其解的焦虑、创造性的紧张才是真正的身心活动。

生动的课堂氛围绝不是教师一人唱独角戏所能形成的,学生的积极参与才是构筑生动活泼的课堂教学大厦的决定因素。有了学生的积极参与和出色表现，才能创造出课堂教学的最高境界。一个好教师，就应该鼓舞起学生参与课堂教学的积极性。只有参与，学生才不寂寞；只有参与，学生才会积极思维，能力才会得到锻炼、得到提高。另外，生动活泼的课堂应是平等而自由的。不管是师生的话语活动还是学生的动手操作，真实的活动不应有教师太多的细微预设。①

生动活泼的课堂，是学生积极表现的课堂。学生在教学中产生的想法，可以藉由言语信息、文字、线条、音符等不同表现手法表达出来。由于个体认知方式和智力特点的差异，每个人会有自己所青睐的表达方式。然而在教学中，使用最多的是言语和文字的表达，单一的表达方式限制了主体成为富有创造力和反思性的实践个体。因此，当许多内容无法用语言符号直接来表述，或者学生不擅长数字、文字的表达方式时，教师就要积极鼓励他们选择不同的符号系统进行思考，采用线条、形体等其他表现手法来搭建主体与意义之间的关联。例如，教师可以鼓励学生以线条写日记、用身体说故事，或以舞蹈诠释诗文等，在多种符号系统中体验思考的力量并表达意义。藉由文字、音乐、戏剧等不同的表达方式，学生可以从中获得美感经验，激发参与积极性，也使教学过程更为丰富多彩。

在《和教师的谈话》这本著作中，赞可夫专门谈到了课堂上的生活。他突出了课堂教学不仅要在内容上反映生活，更要注意"儿童在课堂上的生活"，"不要忘记学生本身生活"，应当从精神生活（人们思想、感情、愿望）的意义上来理解生活。走进课堂，学生应有一种掉入充满自由幻想的迷宫、融入温馨的大自然一样的惬意、舒畅。学生主动、自由地呼吸新鲜空气，感受思维跳跃所带来的愉悦。学生不是陷入了一个狭小的物理空间，全然没有被教师牵着鼻子走的感觉。只有在一种平等、自由的环境中，学生的主体性才能真正活现，接着才会有主动性、求知欲、创造性的迸发。

真实的生动活泼不应缺少学生的积极思维。"活"与"动"不能仅仅停留在外在的形式上，只是追求各种感官愉悦，学生的动手、动嘴重要，但更重要的是学生要动脑，且是真实地在参与课堂教学，大脑在积极地思考着、行

---

① 贺武华. 让课堂真实地生动活泼［J］. 教学与管理，2004（3）.

动着。如果教学只是按照预定的步骤让学生不知不觉或心甘情愿地跟下去，直至走进教师的视界，很难想象学生有多少真实的生动活泼，在这样的教学中，学生的思维、创造哪怕是有，也多半是教师给的。皮亚杰的名言"思想是动作的内化"，说的正是此意。真实的生动活泼是学生的"表里如一"，外部的"动"与内部的"动"有机融合在一起，是身心的同步运行。如果学生思想已游离课堂，"形似"而"神不似"地和教师互动，或离开教学的主题漫无边际地说、练、做、试验，同样不是真实地在参与课堂的教与学。真实的生动活泼应该是学生的动机意向、情绪感受、创新意识、探索精神、科学态度等等的"多合一"。

案例 1： 历史课上的精彩[①]

高中历史课，在文科班和理科班的讲课中，感受是不一样的。历史课对于理科班的学生来讲，不是主科，属于可听可不听、无所谓的课。对于一些历史事件、过程式的内容，如二战的爆发、抗日战争、解放战争等，学生还比较感兴趣，而对于历史人物的思想内涵、心路历程等，学生倍感枯燥，厌学心理严重。所以在讲述《康梁维新变法思想》一课时，我的心里直犯愁。该课重点讲述康有为和梁启超思想特点、形成背景、如何指导实践等，是中国民主宪政探索的一个重要组织部分。

我精心进行了设计，重点放在如何营造或再现一个跌宕起伏的历史情境上。我认为，只有调动学生的积极性，他们才会爱学历史，积极思考。

上课开始，大屏幕上列出四个人物的画像（不列出他们的姓名）。让学生以小组为单位任意挑选一个人物，说说他是谁，历史上做过什么事，对社会有哪些贡献。一个人回答，其余组员补充，答对加分，若被别的组纠正错误或补充资料等，别的组有加分，最后分数多的组获奖励。这立即激起了学生的兴趣，积极翻书、讨论、总结，推选回答问题的人选等等。

这实质上就是课前我们每个教师经常做的对上一节或上几节内容的提问，

[①] 刘世斌. 名师讲述如何提高学生课堂学习效率 [M]. 重庆：西南师范大学出版社，2008：169~171.

原先只涉及一个学生或几个学生，而现在这种情境的设计，用小组竞赛的形式调动了大家的积极性，取得的效果要好得多。

上课一会儿后，学生的兴奋细胞逐渐消失，处于低谷时，我又创造了一个情境。讲述梁启超的思想时，想象模拟梁启超的神态、语气，以配乐诗朗诵的形式朗读梁启超的文章。当优美的音乐响起时，一下子激发了学生"书生意气，挥斥方遒"的感受。学生"感同身受"，这样对于梁启超甚至其他变法人物的思想内涵理解得就比较深刻。

历史人物的思想认识了，如何指导实践？一个新的情境登场了。利用课程资源之一——热播的电视剧《走向共和》，学生对这部电视剧感兴趣，平常也有很多议论。课上我选取的一个片段是"公车上书"，学生看得津津有味。然后，我引导学生进行换位思考："如果你是当时的一名举人，你会不会在上面签字？在一些人看来，上书变法就是'造反'，如果签了字，可能会失去功名利禄，妻离子散，甚至失去生命，你还会不会签字？"学生的昂扬斗志一下子被激发出来，课堂上很是热烈，也让我深受感染，仿佛从学生身上看到当年那个"热血"的我。

一段讲述之后，有不少学生好像还在期盼着。我的感觉就是，我所营造的氛围，让他们感到还有些不过瘾。于是一个高潮出现了：让学生模拟改革派与保守派进行论战，要求学生围绕双方人物的主要思想、神态、语气阐述主张变法与反对变法的论点、论据。学生的反应更加强烈，论述、批驳此起彼伏，不少学生举了古今中外许多例子，个别学生甚至引经据典语惊四座，他们所表现出来的情绪之热情、语言之犀利，让我感慨万千。

这一节课下来，学生们积极参与课堂，兴趣盎然。获得奖励的学生到别的班去炫耀；感觉课上辩论得还不透彻的，下课围着我接着辩论。对学生来讲，开始喜欢上历史课了。对于我来讲，情境的营造激发了学生的兴趣，学生的兴趣促进了教师授课的热情，师生关系达到了和谐，从而使得课堂效率得到提高。学生掌握了基本知识，也从亲身"参与"历史活动中升华了情感、态度和价值观。

此后的历史课堂上我也经常采用这种情境教学，并不断丰富。比如，组织学生表演一个历史短剧；为历史人物设计一段台词；收集并播放一些有趣的历史动画,感受历史人物的心路历程,凝神思考他们的博大情怀;从当前的历史戏剧中找破绽等。

将历史教学融入丰富的情境活动中,让看似枯燥乏味的内容顿时生机盎然,不仅调动起学生的积极性,教师教学的热情也被激发出来,师生都沉浸在教学的乐趣中,课堂自然生动活泼。为了讲好一堂课,教师要做充分的准备,课上得越吸引学生,学生的小动作、睡觉、看课外书等与课堂无关的事越少,老师停下课去批评学生的时间越短,课堂效率就越高。

案例2: 加法"随便结合律" 发明记[①]

四年级数学的加法运算定律是比较重要的,但也比较简单。这节课,我打算和学生一起复习巩固一下加法的两个运算定律:加法交换律和加法结合律。

我对学生说:"为什么要学习加法的运算定律?因为在实际生活的应用中我们发现,有时候交换两个数的位置,是因为这两个数相加(结合)起来刚好是整百,整千……给我们平常的计算带来很大的方便,在应用中,这两个运算定律通常是配合着用,比如——"(和学生一起算)

(1) $15+68+85=15+85+68$(加法交换律)$=(15+85)+68$(加法结合律)$=……$

(2) $15+68+85=15+85+68$(加法交换律)$=100+68$(运算顺序)$=……$

(3) $15+68+85=68+(15+85)$(加法交换律和加法结合律)$=……$

交换的目的就是为了两个数的相加的和刚好是整百,整千……所以,"双剑合璧"的威力是无穷的,我们这交换律和结合律的合作,也是威力无边的。

例:$15+28+85+70+2+37=$

怎样算会比较快得出结果呢?

喜欢和故事打交道的学生心情欢快了,领会起来也特快,只听见整个教

[①] 刘世斌. 名师讲述如何提高学生课堂学习效率[M]. 重庆:西南师范大学出版社,2008. 124~128.

室里，笔尖在沙沙地响着……

一会儿，就有心急的孩子举手了。

15＋28＋85＋70＋2＋37＝(15＋85)＋(28＋70＋2)＋37（加法交换律和加法结合律）＝……

有人就在下面嘀咕着，说"这太容易了"，竟有很多孩子赞同地附和着。

林德金同学干脆就举起手："老师，两个加法运算定律太麻烦，我们想个法子把它们合并起来吧。"

我笑了，学生真会异想天开。转念一想，合并，对啊，不都是加法嘛。没想到学生反应强烈，竟马上有人举手赞成。

林鸿祥同学最近成绩进步飞速，从上学期期末数学成绩就总是名列前茅，所以他的热情来得最快："三个数相加，可以先把前两个数相加，或者先把后两个数先加，也可以先把第一个数和第三个数相加。"

林玲玲同学上学期参加数学竞赛获了奖，也是不甘落后："三个数相加，可以随便把其中两个数相加，再加上另一个数，和不变。"

其他学生也表现不俗，争先恐后地发表了意见，虽然语句不完整，但基本上也说出了意思。

在学生发言的基础上，我帮他们作了总结："几个数相加，随便把其中的几个先加，再与其他数相加，和不变。这叫什么呢？我们给它也起个名吧。"

经过一番讨论，定了个名字，叫"加法随便结合律"。

我说："老师'纵横'教坛十几年，今天才和你们'多剑合璧'创造出了'加法随便结合律'，当然，此招适用的范围，是在加法中，切记使用范围！"

接下来是应用举例：减法的简便算法 $a-b-c=a-(b+c)$ ——以前叫减法的性质。

我对这部分作了大胆的资源重组，教给了学生负数的概念（我发现四年级的学生接受起来都特别快，不了解为什么以前的教材没有引入负数的概念），把它归入了"加法随便结合律"的范畴：$a-b-c=a+(-b)+(-c)=a+[(-b)+(-c)]$（加法结合律）＝……

当然，这部分内容与生活的联系也是非常密切的。

我举了例子：我欠了我们班林玲玲同学8块钱，又欠了林丽贝同学2块钱，现在我有了 15 块钱，我得一个一个还。15－8－2＝7－2＝5。

但可能出现问题一：丽贞同学现在不在，所以我就托玲玲同学一起帮我尽快还清这笔债，那我得先算一共给玲玲多少块钱，再从 15 块里付出（减去）。

问题二：我们三个人现在都没零钱，丽贞和玲玲家又离得很近，我刚好有十块的钱还他们两个。

可以这么理解：$15+(-8)+(-2)=15+[(-8)+(-2)]=\cdots\cdots$也就是：$15-8-2=15-(8+2)=\cdots\cdots$

我发现，学生很兴奋，大概是因为才四年级就能学七年级的内容，学生的亢奋和激情从表情上是看得出来的；另一方面把它归入加法运算定律的范畴，我注意到学生接受起来特别快。

下课的铃声响了，学生还意犹未尽的，沉浸在"发明"的快乐中……

原本可能枯燥无味的加法交换律和加法结合律复习课，在民主活泼的气氛中上得热火朝天。书本知识是死的，如果要学生生吞活剥地记定律，苦海无边地做习题，只能诱发学生的厌学情绪。何不尝试着让课堂生动起来，换一种形式，多一些学生自主，枯燥的内容也能瞬间变身。

案例3：枯燥原理"被包装" 实践中"活学" 物理[①]

4月13日，北京市初中物理新课程教改研讨会在北京市第五中学分校举行。与以往"严肃"的教学研讨会不同的是，环保乐队、气压式喷水火箭、排雷机器人等学生科技物理展示，热热闹闹地拉开了研讨会的序幕。

近 200 名来自全市的物理教师观摩了由五中分校教师孙旭芳、丁仲凯进行的《认识声音》、《焦耳定律》公开课。课上，实验环节占到课堂教学时间的 50%。为了让学生明白"震动发声"原理，教师引导学生在多根试管中倒入不同体积的水，尝试发声实验。有的学生向试管吹气，震动空气发声，有的敲击，震动玻璃发声，一根根并排的试管，俨然变成了一支独特的"排

---

① 吕晓. 枯燥原理"被包装" 实践中"活学"物理[N]. 现代教育报，2011-04-25（4）.

箫"。原本以灌输概念为主的物理课，变成了"玩中学"的快乐课堂。就是这样的物理课，既教会物理知识，又引入创意思维。五中分校学生把差点儿进了垃圾箱的空椰子壳、旧羽毛球拍重新利用，制成椰壳沙锤、球拍琵琶，并组成环保乐队，最初的创意就来自《认识声音》。

为了激发学生对物理的兴趣，学校在初一年级开设了"科学物理"校本课程，推出了由本校教师编写的校本教材。在初二年级加入"创意思维"课程，综合物理、化学、科技等学科，启迪学生打破思维定势。"这是水火箭，'大名'叫气压式喷水火箭，用了物理压强的知识。这就是将来的'高科技玩具'。"初二年级的柴雨稷同学说。水火箭的制作材料，除了用作火箭筒的饮料瓶，从旧自行车、洗衣机上拆下来的气门塞、阀门也派上了用场。如果在火箭筒中加入300毫升水，再打入3、4个大气压，打开发射开关，水火箭就能在不用火药的情况下射出300米。承重100斤的木梁、排雷机器人等学生实验项目，无不运用了滑轮、杠杆等原理。实践活动在提高学生物理成绩、增强学生动手能力的同时，还融入了音乐、化学等综合知识。

如此生动的教学活动，让物理知识变得趣味盎然，学生在实践操作中发挥各种想象力，利用日常生活中常见的物品作为素材，创造性地制作出各种高科技玩具。物理课上的教学知识，成为学生创意思维的知识基础。

第二章 增进学习结果的教学策略
——让学生学得深、学得透的教

增进学习结果的教学，指的是让学生学得深、学得透的教学。没有教师的教，学生也可能学会，但这种会可能是知其然而不知其所以然；抑或是一知半解的会，即懂得不深、不透，没有真正领会教材内容的深刻内涵和内在本质。

那么，教师怎么教有助于学生学得深、学得透？具体的策略有很多，但这些策略一定有其共同的特点和秘诀：化浅为深。化浅为深意味教学不能只停留在知识的表层上，浅尝辄止，而是要深入到知识的内核中去，理清知识的来龙去脉，把知识学深、学透。

让学生"学得深、学得透"应注意的几个问题。

激发学生的自主性。"学得深、学得透"不同于"讲得深、讲得透"。讲深、讲透是以教师为主的传授式教学。有些教师为了实现"讲深、讲透"的目的，把教材中所有内容巨细无遗地讲述、板书，有时还要加进教材中没有的一些内容，课堂安排得很满很紧，教师语速很快，板书密密麻麻。这实际上是"满堂灌"的教学，这种全堂紧逼的教学方法破坏了教材内容的思维价值，毁灭了学生的自主性，冲掉了学生课堂练习的环节，双边活动也难以展开。让学生"学深、学透"则是要发掘学生认识、理解和应用知识的潜力，发掘学生热爱学习、乐于求知的情绪潜力，鼓励学生学深（不超负荷地）、学透（做到融会贯通），培养具有创造精神的人才。

挖掘教学内容的思维价值。一位老师指出：语文课改来改去，在教法上花样翻新,却不在教材的钻研上下功夫,以至于无论教多少年,教多少遍,对一篇课文仍无新的发现,仍无独到发掘,一如既往地停留在对教学参考书简单重复的浅层次、低水平上,学生怎么会买账呢?一篇课文,在阅读的基本面上固然有其客观一致性,但发掘的深入程度是无止境的……而现在的教师,不要说深入发掘了,就是文本的基本阅读面,也没有自己的理解,完全变成了一个毫无理性判断力的知识现成结论的搬运工。[1]

第一节 由结论到过程

让学生学深学透的第一要义就是要展示知识本身的产生和形成过程,同时也要让学生的思维深入参与知识的获得过程。结论与过程的关系是教学过程中一对十分重要的关系。

从学科本身来讲,过程体现该学科的探究过程与探究方法,结论表征该学科的探究结果(概念原理的体系)。二者是相互作用、相互依存、相互转化的关系。什么样的探究过程和方法论必然对应着什么样的探究结论或结果,概念原理体系的获得依赖于特定的探究过程和方法论。如果说,概念原理体系是学科的"肌体",那么探究过程和探究方法就是学科的"灵魂"。二者有机结合才能体现一门学科的整体内涵和思想。当然,不同学科的概念原理体系不同,其探究过程和方法论也存在区别。但无论对哪一门学科而言,学科的探究过程和方法论都具有重要的教育价值,学科的概念原理体系只有与相应的探究过程及方法论结合起来,才能有助于学生形成一个既有肌体又有灵魂的活的学科认知结构,才能使学生的理智过程和精神世界获得实质性的发展与提升。

从教学角度来讲,所谓教学的结论,即教学所要达到的目的或所需获得

---

[1] 崔茂新. 语文课的魅力来自于对课文的深入发掘[DB/OL]. http://www.pkucn.com/viewthread.php? tid=161638. 2005-12-2.

的结果；所谓教学的过程，即达到教学目的或获得所需结论必须经历的活动程序。毋庸置疑，教学的重要目的之一，就是使学生理解和掌握正确的结论，所以必须重结论。但是，如果不经过学生一系列的质疑、判断、比较、选择，以及相应的分析、综合、概括等认识活动，即如果没有多样化的思维过程和认知方式，没有多种观点的碰撞、论争和比较，结论就难以获得，也难以真正理解和巩固。更重要的是，没有以多样性、丰富性为前提的教学过程，学生的创新精神和创新思维就不可能培养起来。所以，不仅要重结论，更要重过程。基于此，新课程把过程方法本身作为课程目标的重要组成部分，从而从课程目标的高度突出了过程方法的地位。从学习角度讲，重结论也即重学会，重过程也即重会学。学会，重在接受知识，积累知识，以提高解决当前问题的能力，是一种适应性学习；会学，重在掌握方法，主动探求知识，目的在于发现新知识、新信息以及提出新问题、解决新问题，是一种创新性学习。

现代教育心理学研究指出，学生的学习过程不仅是一个接受知识的过程，而且是一个发现问题、分析问题、解决问题的过程。这个过程一方面是暴露学生产生各种疑问、困难、障碍和矛盾的过程，另一方面是展示学生发展聪明才智、形成独特个性与创新成果的过程。正因为如此，新课程强调过程，强调学生探索新知的经历和获得新知的体验。当然强调探索过程，意味着学生要面临问题和困惑，挫折和失败，这同时也意味着学生可能花了很多时间和精力结果却一无所获，但是，这却是一个人的学习、生存、生长、发展、创造所必须经历的过程，也是一个人的能力、智慧发展的内在要求，它是一种不可量化的"长效"、一种难以言说的丰厚回报，而眼前耗费的时间和精力应该说是值得付出的代价。

好教学就应是向"好过程"要"好结果"，知其然，更应知其所以然。教学时，教师应该争取让每个学生弄明白每道题的真正意思和来历，而不是把很大的精力花在让学生得到所谓的准确答案上，让学生一味地机械模仿、走套路、套公式，逐步形成教学定势。为讨论而讨论、为合作而合作、为活动而活动、小组合作学习流于形式等只求"表面热闹"的教学,使课堂教学华而不实。[1]

就数学学科而言,强调过程意味着:

1. 积极展示知识发生、形成的尽可能充分和丰富的历史及现实背景,使学生在这种背景中产生认知冲突,激发认知需要和探索欲望,同时也使学生能够以更广阔的视野多侧面多角度地理解数学知识的意义。

2. 立足于教材,适度地再现和引入数学家思维活动的过程,把"发现过程中的数学"返璞归真地交给学生,让学生的思维深度参与知识再发现的过程,即概念的形成过程、命题的产生过程、结论的推导过程、方法的思考过程、问题被提出的过程、规律被揭示的过程,等等。

有这样一道题:有37个同学去公园乘坐游船,船分大船和小船两种,一条小船每次坐5个学生,一条大船每次坐8个学生,选择怎样坐船比较合适,说说自己的理由。在教学这样的题目时,不能仅仅两眼紧盯着是坐大船还是坐小船,要通过教师的引导,由学生提出假设,再让他们自己探究,验证自己的想法,最终得出最佳结论。

生$_1$:我认为坐小船比较合适,$37÷5=7$(只)……2(人),7只小船还多两人,至少需要8只小船。

生$_2$:我觉得坐大船合适一些,$37÷8=4$(只)……5(人),4只大船还多5人,至少需要5只大船。

这时学生觉得坐哪一种船都是一样,坐满几只船后都多几人。多数学生陷入了疑问:坐什么船都不是最合适的。

此时的学生就有了求知的欲望,已经生疑,教师就可以抓住学生求知生疑的固着点适当点拨,引导学生思考。这时提出一个有价值的问题比解决一个问题更重要。

师:同学们,你们怎么看"选择怎样坐船比较合适"?

学生似乎有所悟,问教师可不可以大船小船都用。

---

[1] 蔡军成. 好教学就应是向"好过程"要"好结果"[J]. 教育实践与研究,2010(11A).

生$_4$：37÷8＝4（只）……5（人），可以用4只大船，另外5人可以再坐一只小船呀。

往往学生在答错的时候，也觉得自己是对的，这是因为学生是站在自己的角度思考问题的，所以有问题的探究才是有意义的。亚里士多德说："思维自疑问和惊奇开始。"这就是说，质疑是思维的导火索，是学生学习的内驱力，它能使学生的求知欲由潜在状态转入活跃状态。对于疑和问，疑是条件，问是结果。因此，课堂上要使学生乐于提问，教师就要培养学生质疑的兴趣，教给学生质疑的方法，使他们自觉地在学中问，在问中学。

3. 引导学生通过展开独立的充分的思维来获得知识。孔子说过，"学而不思则罔"。教师一定要引导学生经过认真和充分的思维把教师讲的和书本上写的想清楚，以至想"活"起来。教师一定要让学生有机会暴露自己在思维过程中所必然要碰到的各种疑问、困难、障碍，同时要给予时间加以解决，切不可贪图方便，舍不得时间，而以讲解乃至直接的灌输代替引导和启迪。那样会导致学生以听讲代替思维，从而听起来好像什么都明白，事后自己动手做起来却又昏昏憒憒，什么都不明白。

有人发现已裂开一条缝的茧中蝴蝶正在痛苦地挣扎，他于心不忍，便拿起剪子把茧剪开，帮助蝴蝶脱茧而出。可是这只蝴蝶却因身体臃肿，翅膀干瘪，根本飞不起来，不久便死去了。蝴蝶必先在痛苦中挣扎，直到把翅膀练强壮了，再破茧而出，才能飞得起来，省去了过程看似为其免除了痛苦，但结果却是适得其反。学生的学习不也是这样吗？重结论、轻过程的教学排斥了学生的思考和个性，把教学过程庸俗化到无需智慧努力只需听讲和记忆就能掌握知识的那种程度，于是便有了掌握知识却不思考知识、诘问知识、批判知识、创新知识的"好学生"。这实际上是对学生智慧的扼杀和个性的摧残。夸美纽斯指斥中世纪学校"变成了儿童恐怖的场所，变成了他们才智的屠宰场"；恩格斯批评英国的爱北斐特中学虽然经费充足，但由于它"流行着一种非常可怕的背书制度，这种制度半年时间就会使一个学生变成傻瓜"；毛泽东批评旧的教育"摧残人才、摧残青年"，使学生"越读越蠢"，指的都是这种情况。①

案例1： 孩子们的精彩②

春天，我和孩子们一起读了首写春天的诗。诗很精彩，孩子们的表现更精彩。这首诗是这样写的：

五月的雨滴

像熟透了的葡萄

一颗、一颗

落进大地的怀里

到处是蜜的气息

到处是酒的气息

我没有把诗句一下子都展现在他们的面前，而是让孩子们逐句品味诗句，或者故意留有空白，让他们猜猜诗人会怎么写。

诗中说："五月的雨滴，像熟透了的葡萄。"

孩子们说：是啊，是啊，熟透了的葡萄才会掉下来，熟透了的葡萄水分才多呢！

诗中写"一颗，一颗"，我问："一颗，一颗，落下来的是什么呀？"

甲孩子说："落下来的是雨滴。"

乙孩子说："不，落下来的是葡萄。"

丙孩子说："你们说得不对，落下来的是像葡萄一样的雨滴。"

丁孩子说："应该说，像雨滴一样的葡萄。"

多么执著的讨论啊！何必去追究他们谁说得对呢？只需读读他们一脸的认真，我便满足了。

接下去的争论更精彩了，诗中写道"落进……"，还没等我念完后半句，他们又接腔了。

直言不讳："落进我的嘴巴里！"

---

① 余文森. 课堂教学 [M]. 上海：华东师范大学出版社，2006：86~87.
② 杨明明. 孩子们的精彩 [J]. 家庭教育（婴幼儿家长），2000（10）.

反唇相讥:"你的嘴巴盛得下吗?"

争先恐后:"应该落进池塘里!"

"不,落进干旱的土地里!"

"落进沙漠里!"

"落进果园里!"

"落进庄稼地里!"

最后是一个伟大的总结:"落进大自然的怀里!"

我亮出了诗人的原话:"落进大地的怀里!"

"哦!"孩子们欢呼了!他们欢呼什么?是欢呼猜对了吗?不是吧!他们是欢呼自己也有诗人的水平。

最后两句,我是让孩子们填空的。"到处是(　　)的气息,到处是(　　)的气息。"

他们对括号有兴趣极了,答案五彩纷呈:写"葡萄"的,写"香"的,写"糖"的,写"丰收"的,写"喜悦"的,居然也有孩子写出了与原诗一模一样的文句:"到处是蜜的气息!"

真惊讶孩子的能力!他们不仅会读诗,会体味诗,同样也会创作诗。

相比较直接给出诗句的完整内容让学生来体会,教师这样的设计留有空白,给予了学生更多自由发挥的空间,引导学生独立思考,不仅演绎了课堂的精彩,更促进了学生思维的发展,激发了学生学习的热情,体会到参与诗歌创作过程的喜悦和成就感。相信这样的课,教给学生的远远超过了一首意境优美的诗歌,更是学习诗歌的乐趣。

案例2: 学生"未教先知",教师该如何面对[①]

如今学生获取知识的途径越来越多,在课堂教学中我们经常会遇到"未教先知"的情况,即有些知识教师还没有教学生就已经知道了。面对这种情况我们该怎么办呢?教还是不教?如果教,又该怎么做?请看关于《长方体的体积》的一则教学片段——

[①] 徐峰. 学生"未教先知",教师该如何面对[J]. 新课程教学案例,2009 (10).

师：（出示一个用小正方体搭建的长方体图形）大家能用什么办法知道这个图形的体积呢？

生：数出来。（电脑如同学所说的进行了演示）

生：我知道长方体的体积可以用长乘宽乘高算出来。

师：知道公式的举手。（绝大部分学生都举起了手）你们是怎么知道的？

生：看书的。

生：一开始数一数，后来发现数出来的结果与长乘宽乘高的结果相等。

生：我爸爸告诉我的。

师：为什么它的体积可以用长乘宽乘高呢？请同学们自己亲自来验证一下。用12个小正方体（1立方厘米）拼长方体，并记录它的长、宽、高和体积，完成表格。

学生按要求操作之后进行了这样的交流——

生$_1$：长4厘米，宽3厘米，高1厘米，体积12立方厘米。

师：你是怎么知道它的体积的？

生：乘出来的。

生：长6厘米，宽1厘米，高2厘米，体积12立方厘米。

师：你是数出来的还是算出来的？

生：算出来的。

师：那么谁能总结一下长方体体积的计算公式？

生：长方体体积：长×宽×高。

（教师根据学生的回答进行了电脑演示）

教师在进行教学预设时，设想通过操作活动让学生感悟体积公式的由来，但从课堂实际情况来看，学生似乎都不愿意去思考、去领悟他们已经知道的结论。到底有多少人在课前就已经知道了长方体的体积？他们又是怎么知道的？当学生已经知道长方体的体积是长×宽×高时，教师又应怎样调动学生的积极性，让他们主动地探究长方体体积公式的成因？这是许多教师在教学中会遇到的难题。

一般而言，没有教的知识学生已经知道了，往往是他们在书上看到的，或是同伴处听来的，或是父母告诉的……但是，由于学生的生活背景、知识经验以及个性特征的不同，学生的"知道"也有差异。上述教学片段中学生所谓的"知道"，有可能是个别学生知道，其他学生只是附和的因素。对于个别学生的"知道"，也应深思：他们是知其皮毛还是知其实质？教师在进行教学时应认真分析学生之间的差异，把握好教学的真实起点，给那些暂时未知的学生以思考的空间，引导那些一知半解的学生深入思考，使其对数学知识的理解入木三分。

如果教学只是让学生面对现成的答案或结论，而不去思考、探究"为什么可以这样做"、"这个结论是怎么得出来的"等问题，那么学生充其量是获取了知识、技能，很难体会到探索过程中的思想方法，也体验不到独立思考与探索成功的愉悦。我们来看看另一位教师是如何应对如此"未教先知"情况的：

（电脑课件出示由1立方厘米拼成的长方体）

师：同学们，你能数一数它的体积吗？

生：我是一排一排数的：一排有3行，1行有2个正方体，所以1排有6个正方体，有4排，共有24个小正方体，也就是24立方厘米。（电脑随之演示）

生：我是1列1列数的，一共有4列，每列有3行，一共有2层，所以一共有24个。

生：我是按层数数的：一共有2层，每层有3排，每排有4个正方体，所以一共有24立方厘米。

师：能用式子表示吗？

生：$4 \times 3 \times 2 = 24$（立方厘米）。

既然有部分学生已经知道了长方体体积的计算公式，何不让他们先行应用已知结论算一算，避免学生的"一知半解"。当然仅仅停留于会用还是不够的，怎样让学生对长方体体积公式有更深刻的理解，还需要进一步的探究活动。

师：如果现在给你12个1立方厘米的正方体，你能摆出不同的长方体吗？

（学生小组合作之后进行了交流）

生：我摆了1层，每层有2排，每排有6个小正方体，共12个。

师：这里的每排长方体个数、排数与层数分别相当于长方体的什么？

生：长、宽和高。

师：式子可以怎么列呢？1×2×6＝12（立方厘米）。

生：还可以长是4厘米，宽是3厘米，高是1厘米，体积是12立方厘米。

生：长是12厘米，宽是1厘米，高是1厘米，体积是12立方厘米。

生：长是3厘米，宽是2厘米，高是2厘米，体积是12立方厘米。

教师设计了"搭建一个12立方厘米的长方体，并说出你是怎样搭建的"这样的学习活动，把让学生从计算中发现规律改为在操作实践中感悟规律，学生通过实践操作—形成表象—发现规律，自然而然就避免了"超前行为"的发生，使"一知半解"和"暂时未知"的学生都能够充分经历知识的形成过程，都有了思考问题的空间。

师：同学们有没有什么新的发现？

生：体积不变，但长、宽、高都各不相同。

师：这说明了什么？

生：说明长方体的体积与长方体的形状无关，与长、宽、高的长度有关。

师：存在什么样的关系呢？

生：长方体的体积＝长×宽×高。

师：真的是这样吗？我们来验证一下，如果要摆一个长是5厘米、宽是2厘米、高是1厘米的长方体，需要多少个1立方厘米的正方体？

（学生先猜想后利用学具验证，教师电脑演示沿着一条长、一条宽、一条高摆的过程）

师：通过刚才的实验，你知道长方体的体积公式了吗？

生：（异口同声）长方体的体积＝长×宽×高。

教师充分利用了学生已有的知识经验，设计出具有挑战性的学习活动。学生在探索活动中充分调用原有的知识经验，从而体悟出"长方体的体积公式"的规律。学生是带着"怎样才能找到适用于所有情况下都能测量长方体体积的方法"的目标而行动的，目标指向实际问题本身，有一定的挑战性和探索空间，包含一定的知识结构，需要学生经过一番较为激烈的智力活动才能解决。这样的探索才是真正意义上的探索，这种过程才能使学生体验到科学探究过程中的思想和方法。

案例 3："多多少" 和"少多少"

教会学生做数学题很容易，但教学生懂数学题很难。教学应该以概念和规律的得出过程为主线，以习题练习为辅助，而现在有些教师本末倒置，匆匆忙忙拿出概念和规律，就让学生开始大量做题。学生连最基本的知识点都没消化，做题经常是重复错误。只有在教学中强化了概念和规律的得来过程，充分理解了这一过程，习题的辅助练习才能起到事半功倍的效果。在教学"求一个数比另一个数多（少）多少"的问题时，有的教师就遇到这样的问题。

△ △ △ △ △ △ △ △
○ ○ ○ ○

求△比○多多少个？（很好回答，大多数学生都会做）
求○比△少多少个？（没有几个人回答出）
○再补几个就和△同样多？（这下没有人回答了）同样的问题不同的表达方式，却出现反差很大的结果。很显然教学过程不在于形式，要真正让学生在过程中生疑、反思，让学生在过程中学到结论，生成体验，这样才能让学生有所提高。

第二节　由知识到问题

传统课堂教学中，学生所习惯的学习过程是，在教师的训练下一步一步靠近现成的答案，或者干脆等教师把答案告诉自己之后，花功夫背下来或者跟着教师按设定的模式反复操练，逐步掌握由别人设计好的技能和方法。这样的接受性学习当然是必需的，但是，它产生的"被动性"、一定程度上的"强制性"和"简单重复性"等不利因素，也是需要加以改变的。所以，新时代的教师要掌握好提问的技巧，做个会提问的教师。课堂提问不只是考查学生认识状态、调控学生学习的手段，有效提问还能够增强教师与学生之间的理解与互动，推动有意义的、目标明确的教学对话。教师要发展和完善有效提问技能，从广阔的问题域出发设置开放式的、有逻辑性的系列问题，并在动态的提问过程中策略性地推动学生参与教学对话。教师设问的内容和形式决定着学生思考的方向。现在的课堂上，绝大多数情况下，教师提出的问题都是些低水平的、连珠式的记忆性问题，学生通常只需要一两句话便能回答。真正有价值的问题是教师和学生都想探讨的问题，而且能够在探究问题的过程中，沟通不同主体之间的知识建构。教师应该以促成有意义的对话教学为目标，从广阔的问题视阈出发设置开放式的、有逻辑性的系列问题。

有这么一个真实的案例：某语文教师不善言谈，每节课只将一些问题写在黑板上，然后让学生围绕这些问题自己读书、思考。期末考试，该班学生的平均成绩高过上好每一节课的教师所带的班级。把知识转化成问题，让学生带着问题去阅读、思考、探究，并围绕问题进行交流、互动、研讨，这样就能引导学生把知识学深学透。当然，问题要设计得有价值、有意义、有挑战性、有新颖性，使其能够有效引领和刺激学生的学习和思考。

问题教学是以提出问题和解决问题为核心的教学，其前提是课程内容要问题化，也就是将教学内容以问题的形式呈现给学生，让学生在解决问题的过程中拓展认知和获得情感体验。教学内容问题化是有效教学的核心，问题是产生学习的根本原因，没有问题的教学是粗浅的和被动的教学。

问题化的客体是教材和客观实体。教材是由语言文字符号组成的，多采用陈述句式，问题化就是将教材中的陈述形式的知识点转换成疑问句式的问题，然后以问题为先导组织教学；客观实体是学科研究的对象，问题化就是要通过观察和实验从自然界或人类社会中发现欲探究的问题。问题化的主体则是教师和学生。学生主体应优于教师主体，教师可以提出问题，但更多的应让学生成为问题发现者，要引导学生对教材和教师进行质疑。前苏联教学论专家、问题教学理论创立者马赫穆托夫也认为：从内部结构的观点看，"问题性的课"就是教师有意创设问题情境，让学生自己提出问题和解决问题，或由教师提出问题和解决问题，并向学生说明整个探索的思维逻辑过程，而前者的问题性水平较高，后者的问题性水平较低。①

美国优秀教师格蕾塔也曾指出："如果一定要我说教学有什么诀窍的话，那就是问题。我想是的，问题帮助了我。当你成功地不停向学生提问并得到回答的时候，事实上你已经接近你想要的了。孩子具有天生的好奇心，所以问题教学法将百试不爽！"问题教学一直在教学过程中被教师频繁使用。恰当的提问，对于准确了解教育对象，开发学生智力，启发学生思维，活跃课堂气氛，检查教学效果，提高教学质量，都有积极作用。但是，不少教师在运用问题教学法进行教授时，也会因为把握不好方向和度而让教学效果脱离预设，"智者问得巧，愚者问得笨"。有的问题可单刀直入直接发问；有的问题搞点转折间接提出，曲径通幽；有的同一个问题换一个不同角度去问，便于学生听明白问意；有的问题可按序分解成若干个小问题，化解问题的难度，由浅及深层层深入。问题教学不仅需要提出问题，还要提好问题。

在教学中，教师不仅要掌握向学生提问的技巧，同时还要鼓励学生主动提出问题。在大部分教师的课堂上，教师是课堂提问的主体，学生很少提问，即使有问题学生也不愿意在课堂上当场提出，这导致课堂提问变成一种单向的交流。也有些学生的提问，或者被教师忽视，或者因为出乎教师的意料而被轻描淡写地忽略掉。许多教师习惯于对课文进行仔细的讲解，经过教师的详尽解释，学生也就没有什么问题了。犹太民族是世界上极富智慧的民族，他们的教育观念成就了民族的智慧与精神。犹太小孩在放学回家后，父母问孩子的第一个问题是"你今天向老师提问题了吗"，孩子是否具有问题意识是他们的关注点。学生在提问过程中会逐步意识到并不是成人提出的问题才有价值，他们自己也可以控制学习的进程，而且在提问的过程中主动地学习和探究。控制感对于一个人的成功是很重要的，而学生自己提问题则可以增强他们在学习过程中的控制感，激发他们自主学习。教师要赋予儿童"权威"，相信他们自己有能力去探索知识。"只有当知识变成精神生活的因素，吸引人

---

① 胡继飞. 试论学科课程"十化"教学策略［J］. 现代中小学教育，2012（3）.

的思想，激发人的兴趣和热情的时候，才能称之为真正的知识。这样一条规律才开始起作用：一个人的知识越多，他去获取新的知识就越容易。"①

爱因斯坦刚上学的时候，在课堂上向老师大胆地、不断地提出很多问题，老师有些不耐烦了，可是他通过解决自己提出的问题，以后成了著名的科学家，可见问题是成功的第一步。引导学生多问几个"为什么"，教学生学会举一反三是学习的关键。问题是思维的开端，是思维发展的产物，没有问题就无法展开思维活动。有很多学生学数学时，对课本上的定义定理不甚理解，处于模糊状态。即使做对了题也不是很明白，这一次做对了，下一次就不一定能做对。做错题的情况就更可想而知了，仿照别人的答案改正过来，对所学知识仍只知其然而不知其所以然的学生大有人在。

实践活动是学生形成问题的基础和源泉。学生通过实践活动，可以从中受到一定的启发而提出问题。比如教学"角的初步认识"时，课堂上组织学生用两根硬纸条和图钉做成一个角的模型，并用手转动角的一条边，这样学生不仅可以直观地认识和掌握锐角、直角、钝角等概念，而且还会在此基础上提出"当两条边重合时是什么角？如果一条边固定，另一条边按逆时针方向旋转一周后继续旋转下去将得到什么角？如果这条边按顺时针的方向旋转又形成什么角"等一些很有意义的问题，为以后继续学习角的知识打下良好基础。②

然而，有些教师热衷于在课堂上提出一连串学生完全不用思考就能简单回答的问题，这样的问题是毫无价值的。有位教师在教学《草原》一文时，课始即组织学生欣赏一段描写草原风光的课件，而后提问："同学们，草原的景色美不美？你们喜欢草原吗？"学习课文第一自然段时，教师又提问："草原上的空气怎么样？天空怎么样？天底下怎么样？""课文把'羊群'比作'大花'，把'草原'比作'绿毯'，对不对？""'流入云际'一词中的'际'是不是边的意思？""课文把'骏马'和'大牛'当作什么来写的？"可以看

---

① 苏霍姆林斯基. 给教师的建议［M］. 北京：教育科学出版社，2000：101.
② 蔡军成. 好教学就应是向"好过程"要"好结果"［J］. 教育实践与研究，2010(11A).

出，这位教师的提问都是一些简单的、表面的问题，答案要么是预设好的，要么是课本上的，要么是简单的回答对错，根本不需要学生认真思考，如此教学依旧是教师支配下的"填鸭式"教学，提问的价值无从体现。因此，提问并非都是有价值的，问题也并非都是真问题、有意义的问题。

让我们看看以下教师是怎样设计教学问题的——

案例1： 美国中学生作业难倒中国老爸[①]

这是一份美国中学关于南北战争的作业：

①你是否同意林肯总统关于美国不能存活除非它全部解放或全部奴役的声明？请解释。

②解释为什么北方白人反对奴隶制，南方白人拥护奴隶制，但他们都感觉是在为自由而战。

③内战期间，女人开始担任很多以前男人的工作。你能对由于内战造成的社会、经济和政治冲突的问题作出怎样的概括？

④构造一个争论，运用历史证据来支持或反对下面的观点：美国内战是地区差别不可避免的结果。

不是对课本知识的记忆性的考察，没有简单机械的背诵和复述历史内容，而是提出了一个个必须全面了解史实的前提下进行深入思考才能解答的问题。对这些问题的解答不仅能够反映学生对南北战争历史的了解情况，而且更多的是体现学生自身对史实的独立思考。在问题的探究过程中，学生能获得对南北战争更深入的理解。

案例2："异分母分数加减法"[②]

在教学"异分母分数加减法"一课时，吴正宪老师先让学生通过折纸、画图等方法理解算理。学生初步找到异分母分数加减方法后，吴老师出示3

[①] 施也频. 看到题就傻眼：美国中学生作业难倒中国老爸［M］. 实用语文（第3册）. 上海：华东师范大学出版社，2001.

[②] 武维民. 听吴正宪讲课（2）：让思维历险［J］. 人民教育，2011（11）.

道题：$\frac{1}{4}+\frac{7}{12}$，$\frac{1}{4}+\frac{5}{6}$，$\frac{1}{4}-\frac{1}{7}$，请学生任选一题试做。学生做完订正后，吴老师提了这样几个问题——

问题1：3道题同学们都把异分母分数转化为同分母分数，转化时要注意什么？

问题2：转化的目的是什么？

问题3：通过计算，你认为异分母分数加减的计算方法是什么？

问题4：在计算时要注意什么问题？

在这段教学中，吴老师首先给了学生一个自悟自省的过程，然后再通过4个问题巧妙地实现了由理到法的对接，使学生顺利完善了异分母分数加减的方法，并点拨了在计算时要注意的细节，为计算更加准确、迅速奠定了基础。4个连环问题层层深入，紧密相连，巧妙融合，学生的思维在吴老师的设问中飞扬，在追问中变得深刻起来，在反问中变得全面起来。

案例3： 任存娣执教的《中东战争》[①]

"19世纪末，美国作家马克·吐温前往《圣经》中所说的'流着奶与蜜的地方'——巴勒斯坦，结果，他以令人窒息的笔调写到：'在所有景色凄凉的地方中，巴勒斯坦首当其冲——这是一块没有希望的、令人沉闷的土地。'然后，他叹息着离去。令他没有想到的是，因为巴勒斯坦问题，中东在二战结束以后的半个多世纪里，一直沉浸在战火和鲜血之中。今天，战争时断时续，和平的进程曲折多变……对这块千疮百孔的土地，《环球时报》曾经这样描述，那里'已无和平的天使，只有堕落的战神'。现在就让我们走进中东战争，探讨一下，是什么原因使中东战争如此漫长和复杂呢？"

导入新课文辞优美，言简意赅，寥寥数语勾勒出一块命运多舛的土地及其人民的概貌，一下子就把学生的好奇心和求知欲给点燃了。任老师接下来抛出的几个问题，营造了此起彼伏的课堂思考与讨论的高潮。

问题一：阿拉伯代表曾在联合国说，如果世界上所有在古代曾经立国的

---

① 陆安. 精神强健：慧型教师的必由之路［J］. 当代教育科学，2006（20）.

民族都掀起像犹太人那样的"复国运动"的话,地球上将没有一块"净土"。你怎样看待"犹太复国运动"？这场运动的实质是什么？

问题二：联合国的这个决议是怎样解决犹太人和阿拉伯人纷争的？请你评价1947年联合国通过的巴勒斯坦分治决议。巴勒斯坦建国意味着什么？

问题三：最近,中东战争又出现了什么新纠纷,中东局势出现了什么新变化？

环环相扣、层层递进的问题,使得课堂开放起来,学生的思维也活跃起来了。同时教师的适时引导和适当介入也起着非常重要的作用。课程改革之后,"二元对立"的思维方式发展到了极致,似乎课堂上的互动与教师的讲授是对立的,学生的主体与教师的引导是对立的。实质上,舍去了教师的作用、一味强调学生作用的教学,也是与教育的本质背道而驰的。教师应努力设计出能够引发学生探究的问题,引导学生在思考、讨论中求得认识的发展。

第三节 由已知到未知（由熟悉到陌生）

"熟悉的地方没有风景",教学中要善于把学生从熟悉的地方引到陌生的地方,由已知引到未知,让学生处在陌生、未知的状态,以激发学生的思考。建构主义理论认为,教学不能无视学习者的已有知识经验,简单强硬地从外部对学习者实施知识的"填灌",而应当把学习者原有的知识经验作为新知识的生长点,引导学习者从原有的知识经验中生长新的知识经验。教学不是知识的传递,而是知识的处理和转换。教师不单是知识的呈现者,不是知识权威的象征,而应该重视学生自己对各种现象的理解,倾听他们时下的看法,思考他们这些想法的由来,并以此为据,引导学生丰富或调整自己的解释。如何合理把握学生的已知状态,择用更合适的教学引导方式,要因学而定、因生而宜,关键一点,教师要关注学生已知状态,并有意识地创设一些情境、活动,让学生自主发现激活寻找"为什么"的心理需求,即要善于把学生从已知引向未知,才能保证学生的学习兴趣,让学生经历积极且必要的思维体验。

学生在学校里所学的不是零散的、片面的知识,而是"提炼浓缩"又"易于消化"的、系统的、整体的知识。任何知识都是整体网络上的一个点或一个结,离开了网络,也就丧失了存在的基础。知识只有在整体联系当中才能真正被理解、被掌握,从而体现其有意义的价值。这也就是说,学生对新知识的学习是以旧知识为基础的,新知要么是在旧知的基础上引申和发展起来的,要么是在旧知的基础上增加新内容,或由旧知重新组织或转化而成,所以旧知是学习新知最直接最常用的认知停靠点。

美国教育心理学家奥苏伯尔的研究进一步指出,旧知是通过它的可利用性、可辨别性、稳定性(清晰性)三个特性(统称为认知结构变量)来具体影响有意义学习的行程和效果。

所谓可利用性是指:学生原有认知结构中具有用来对新知识起固定作用的旧知识,没有这种旧知识,新旧知识的相互作用(同化)就失去了落脚点,学习便只能是机械进行的。例如,学生没有"商不变性质"、"除数是整数的除法法则"等旧知识,则他们对"除数是小数的除法"这一新知识的学习便只能是机械进行的。

所谓可辨别性是指:旧知识与新知识之间的可分离程度和差异程度,只有当新旧知识能够清晰地分辨时,学生才可能进行有意义的学习。例如,只有当学生清晰地意识到"除数是小数的除法"与"除数是整数的除法"两者之间的相异时,他们对"除数是小数的除法"的学习才是有意义的,否则就会导致学习上的负迁移,从而产生机械学习。

所谓稳定性和清晰性是指:原有起固定作用的旧知本身的牢固度和清晰度。稳定性为学习新知提供同化的固定点,清晰性则为学习新知提供同化的方位点。显然,如果学生对"除数是整数的除法"这一旧知的掌握是模糊和不牢固的,那么对"除数是小数的除法"这新知的学习就不可能是有意义的、顺利的。具体来说,在讲解除数是小数的除法时,教师可首先复习商不变的性质和被除数是小数而除数是整数的小数除法,出示 $37.5 \div 15 = 2.5$ 并让学生说一说是怎样计算的,让学生充分说出算理,再出题"$3.75 \div 1.5 = ?$ $375 \div 150 = ?$",并让学生说说被除数和除数发生了怎样的变化,商是几。学生根据商不变的性质（被除数和除数同时扩大或缩小相同的倍数，商不变），确定答案还是 2.5。学生这样想，正是教师要教的方法，揭示出除数是小数除法的运算方法。这时教师再引导正确的竖式计算方法与格式，进一步深化算理，学生就掌握了计算方法。教师根据知识的内在联系，利用知识的迁移，创设情境，让学生自己探索出计算方法，学生乐学、会学，就能真正成为学习的主体。

案例 1： 两位教师对《从实际问题到方程》的处理①

教材问题 1：某校初中一年级 328 名师生乘车外出春游，已有 2 辆校车可乘 64 人，还需租用 44 座的客车多少辆？

师甲：这是一道课本例题，背景是我们生活中常见的实际问题，我们用方程法能顺利解决，设需租用客车 X 辆，依题意得：$44X+64=328$，解得 $X=6$（辆）。

生：老师，我觉得用算术法更快，即 $\frac{328-64}{44}=6$（辆）（式①）。（学生们鼓掌）

师甲：你的解法还停留在小学！这是中学课堂，要应对中考题就必须学会用方程法，今天的作业谁用算术法做一律算错。

教师甲错了吗？应该说没有。本节课的核心教学目标就是让学生学会"列方程解应用题"。然而，刚从小学升上来的学生总是习惯用他们最熟练的算术法，简单生硬地禁止，显然学生"口服心不服"。有经验的教师在教学设计时是能够预估到这点的。怎么办？请看教师乙对这一环节的处理。

师乙：很好，说明应用题可以用不同方法来解。然而，我们前面学过"用字母表示数"，知道含字母的代数式具有更普遍的意义，从算术到代数是一种进步。如果把①式中的数字 6 改为字母 X，就从算术法层面提升到含代数式的方程法层面了。

---

① 郑辉龙. 从细节设计看数学教师的教育智慧［J］. 福建教育（中学版），2011（1～2）.

师乙：我们还可以很容易得到变形：②$\frac{328-64}{44}=X$，③$44X=328-64$，④$44X+64=328$，⑤$328-44X=64$。你们能分别说出②～⑤式的等量关系吗？（学生们一一回答②～⑤式的等量关系）

师乙：看，这么多的等量关系都可以列出方程解答，而算术法只能列出一个算式来解，是不是方程法更具优势呢？（学生们鼓掌）

教师乙点明了方程法的先进性，学生不但理智上接受，情感上也接受。在后续教材"问题2"教学中，教师乙还进一步分析了"算术法的繁难"和"方程法的简洁"，显然，他是"有备而来"的，充分预设到学生可能出现的问题。

案例2：激活已知，同化新知——用已知提升高效[①]

当学生原有的认知结构中已经具备某些相关的知识信息，足以用来吸收或同化新的学习材料时，教师只需要把学生已知激活，就可以提高课堂效率。

比如《陈涉世家》第一段的"辍耕之垄上"，"之"在课下注释为"去、往"，第二段中"又间令吴广之次所旁丛祠中"又出现"之"，用"辍耕之垄上"中"之"的意思提醒学生，就是激活已知学新知。

再如《小石潭记》中"皆若空游无所依"中的"空"字，字面义是"什么也没有"，虽没写水却希望达到表现水的效果。这句话不好理解。学生刚学过南朝齐梁吴均的《与朱元思书》，其中有"水皆缥碧，千丈见底，游鱼细石，直视无碍"的句子，吴均用看到鱼来反衬水的清澈，柳宗元则用鱼的影子来反衬光亮，反差效果更为强烈。再联系到苏东坡《记承天寺夜游》的"庭下如积水空明，水中藻荇交横，盖竹柏影也"，用影子之黑来衬托月光之明。这样借助《与朱元思书》，再勾连《记承天寺夜游》讲《小石潭记》，激活学生已知，新学的材料就容易被学生同化。

学生的已知还包括学生的情感体验。调动学生的生活体验解读散文能更

[①] 柴荣. 激活已知，同化新知——用已知提升高效 [J]. 中学语文教学参考（初中生版），2011（4）.

好地读出作者的感情。

如鲁迅《藤野先生》中："我先是住在监狱旁边一个客店里的,初冬已经颇冷,蚊子却还多,后来用被盖了全身,用衣服包了头脸,只留两个鼻孔出气。在这呼吸不息的地方,蚊子竟无从插嘴,居然睡安稳了。"这段话营造的语境中,根据常识我们知道:蚊子咬我们很难防范,为了防止蚊子叮咬,作者武装到只留鼻孔出气地步,以致蚊子找不到下嘴的地方。

激活学生的生活体验,学生在想乐的同时,也体味出住宿条件的艰苦,学生就会从情感上很快找到共鸣,进而走进作者的生活。激活已知同化新知,学生在课上有所得,有发展,这样的课堂是高效课堂。

案例 3: 三角形三边关系[①]

当学生发现用已知解决问题有明显局限时,会激发学生的创新愿望。教师若能恰当地设置学习情境,让学生在活动中产生矛盾,则会最大限度地让学生自主突破已知,寻求破解未知问题的办法,产生课堂后续学习动力。

师:同学们,三角形有几条边?(三条)对,如果要围一个三角形,你要用几条边?

师出示三条可固定的硬纸条(两条边的和小于第三边的)。

师:请同学们根据纸条头尾相叠要求,快速围一个三角形。

生$_1$ 很自信跑上讲台,摆出两边后,第三条怎么摆也不够。

生$_2$:(也很自信)老师,我来。(结果,摆弄半天后也不行)

师:还有没有其他同学认为三条边就能围成一个三角形,来试试。

生$_3$:(尝试了一下)哎,不行。(很惊讶地)老师,这两条边合起来都比长边短,围不成三角形的。

师:看来,围成三角形的三条边不是随便选的。长度该有什么要求?(引入探索新知的阶段)

之前学生十分坚信三条边就能围成三角形,对这种已知是自信不疑的。

---

① 白银科. 小学数学教学应引导学生从"已知"到"未知"[J]. 数学学习与研究,2010(10).

但在实践中，几名学生连续败阵之后，在最后一名同学的惊讶声中，大家被惊醒：三角形三条边的长度是有要求的，也就引发了学生探求三边长度关系这个未知的欲望。

第四节 由一元（共性、封闭）到多元（个性、开放）

一元指的是一元标准、共同认识、普适价值，多元指的是多元解释、个性认识、独特价值。学生对于教学内容的理解，可以融进自己的感受、体验、理解，带有自己的价值取向和审美观念。倡导学生认识和思维的多样化和个性化是新课程的重要理念。为此，新课程教学提倡和强调学生对文本的多种解读、对问题的多种解答和对情景生活的多种体验感悟。多样化和个性化激活了课堂、激活了思维，有助于学生学得深、学得透，学出个性来。

多元教学的立足点是尊重学生的个性差异。学生的经验背景存在着不可避免的差异，因而他们对问题的看法和理解经常是千差万别的。这些差异本身就是一种宝贵的资源。立足于差异性的教学，是从尊重学生的差异为出发点，满足学生个性的需要，促进每个学生在原有基础上得到充分发展。学生的差异是客观存在的，每个学生的各方面的发展往往也不平衡，而社会的进步和发展，需要不同层次不同类型的人才。

多元教学强调学生的自主建构。学生接受知识的过程，是一个以积极的心态调动原有的知识经验，尝试解决新问题，同化新知识的积极建构过程，它不是简单地吸纳、记忆。学习不是被动接收信息刺激，而是主动地建构意义，根据自己的经验背景，对外部信息进行主动地选择、加工和处理，从而获得自己的意义的过程。

多元教学鼓励学生的创新思维，鼓励尊重学生的多元思维。教师不再用传统的定论去束缚学生的思维，也不用标准答案去排斥学生的异议，学生可以从不同角度理解教学内容，提出不同见解，这对发展独特个性，培养创造精神，挖掘创造潜能，大有裨益。

鼓励教学的多元性应注意以下几个问题：

第一，提倡教学的多元性并不意味着排斥一元性。我们反对的是片面地强调一元性，因为无条件地求同、求统一，容易导致事物和价值的单一、凝固，导致封闭、循旧、排他甚至专制。

第二，多元教学也需教师的价值引领。课堂上的开放话题，有利于师生与教材发生深层的、有价值的对话，有利于引发学生的积极思考，有利于进行科学方法、健康情趣、积极向上人生观的渗透。在这个过程中，巧妙的引领将会使教师的价值引导和学生的自主建构实现真正的统一，从而全面提高课堂教学效率。① 多元解读文本时出现的不良倾向或价值偏离应该引起教师的重视，否则，有学生解读出拾金不昧者缺少经济头脑，舍己救人者不懂珍惜生命时，就不仅仅是教育的悲哀，而是人类的悲剧了。

案例1：《江雪》②

生：这么寒冷的下雪天，这位老人真的是在钓鱼吗？

一石击起千层浪。是啊，不在钓鱼又是在做什么呢？是照搬教参中现成的答案，还是允许学生的多元解读？说不定有意料之外的精彩呢！

生：老人是在独自欣赏雪景。

万里江山，银装素裹，渔翁之意不在鱼，在乎雪景之美也！

生：老人感到十分孤独、寂寞，每一行的第一个字连起来就是"千万孤独"。

妙！

生：我觉得老人在磨练自己的意志，因为天寒正可以锻炼人。

生：这位老人与众不同，看起来很清高。

诗人那种不愿同流合污的心迹不正隐含其中吗？

生：老人是在钓一个春天！

---

① 赵正富. 多元解读尚需价值引领 [J]. 语文建设，2006 (6).
② 陈正伟. 唤醒心灵 触动生命——语文课教学的思考与追求 [J]. 上海教育科研，2010 (8).

是啊,冬天来了,春天还会远吗?诗人在遭受重重打击之下仍然孜孜以求,不正是等待"春天"的到来吗?至情至性,独具慧眼,精彩!

这样的语文,才能根植于学生的心灵世界,才能给学生的生命铺上一层温暖、纯净的底色。是的,学生也有思考的自由,也有说自己话的权利。教师要放弃"话语霸权",关注学生敏感的心灵,微笑地倾听每一朵花开的声音。教师要创造性地带着审美的眼光处理教材,引领学生走进文本去吟咏、体验、感悟、表达,去自我建构,自我觉醒。

案例2: 周益民老师执教《去打开大自然绿色的课本》[①]

师:同学们读读课文,想想,诗人为什么说大自然是课本呢?

生:因为大自然里充满着知识,充满了科学的奥妙。牛顿就是从苹果落地受到启发,发现了万有引力。

师:哦,那就是说大自然是一本奇妙的科学课本了!谢谢你,你打开了我的思路,我的脑中突然冒出了一个很有意思的话题,咱们不妨来讨论讨论:大自然是本什么课本呢?

生:我认为大自然是本语文课本,当你看到树木的时候,就会想起"木"字。我们倚靠在大树旁,不就是"休"字吗?

生:我认为大自然是音乐课本。小燕子是音符。《燕子》中写过:停着的燕子成了音符,谱出一支春天的歌。

生:我认为是美术课本。它色彩鲜明,线条多样,层次丰富。山川田野,鸟兽虫鱼,都是画上的景观。

师:好美呀,我又想起了一句诗:云是天空的画。

生:我不说课本了,我认为大自然是一本童话书,一本用绚丽色彩描绘成的童话书。春天的童话是嫩嫩的,夏天的童话是碧绿的,秋天的童话是金色的,冬天的童话是雪白的。

师:好浪漫的想象啊!同学们,大自然真是神奇而又美妙,打开它,你

---

① 夏斌. 阅读教学未必要"风顺"——特级教师周益民《去打开大自然绿色的课本》教学片段赏析[J]. 江西教育(教学版),2009 (7).

就会感受到它的魅力。我相信，只要我们用心体会，它还会是数学课本、体育课本，甚至舞蹈课本。我们只要用心阅读，也同样会拥有一本属于自己的大自然课本。

为什么说大自然是绿色的课本？每个学生都有自己的理解，教师给予学生充分的话语权，表达各自对大自然的感悟。相对于一元化的标准答案，如此丰富生动的阐释价值更胜一筹，学生在激烈的讨论中油然而生对大自然的热爱之情，这种情感不是教师强加的，也不是课本所能给予的。在平和从容的氛围里，教学如一幅绿意浓浓的画卷，在亲近的谈话间，学生链接生活体验，激发智慧的火花，舒展思维的触角，展示语言的魅力，习得语文的素养。

第五节　由传承（接受）到创新（质疑）

曾经看过一篇教育随笔，有这样一段话深契我心：教育的主要任务不是叫学生记住别人的思考，而是引导学生产生自己的思考；不是要学生记住课本中的、教参上的或教师讲的思想，而是要让学生产生自己的思想；不是要培养一个会记忆的民族，而是要培养一个会思考的民族。没有自己的思考、批判、探索，就难以有所创新、有所突破。"生活中的重大突破都来自全新的答案，它们来自挑战现状，而不是接受现状。"[①]

学习不仅仅是对课本知识的传承和接受，也是对课本知识的质疑和创新。这样的学习才会学得深学得透。所谓创新学习，指学生在学习过程中，不拘泥书本，不迷信权威，不依循常规，以已有知识为基础，结合当前实践，独立思考，大胆探索，标新立异，别出心裁，积极提出自己的新思想、新观点、新思路，设计新意图、新途径、新方法、新点子的学习活动。这里的"新"，不仅指新发现，也指新发展，因为不可能每个人都能解释新的原理，发现新的方法，只要把他人已揭示的原理和发现的方法应用于不同的问题上，就是

---

① 王丽萍. 给学生一双看世界的眼睛［N］. 中国教育报，2012-4-5（8）.

一种创新学习。①

传统学习过分强调继承和掌握，又由于应试的强化作用，学生唯书、唯师，不敢越雷池一步，思维上墨守成规、循规蹈矩；人格上顺从听话、唯唯诺诺，从而造成了创新素质的极度贫乏。新课程则鼓励创新，致力于把学生培养成为具有创新素质的人。

创新表现为突破和超越，它针对已有的东西，即书本上写的东西，教师讲的东西和学生自己已经掌握的东西。"尽信书不如无书"，"当仁不让于师"。学生不唯书、不唯师，敢于和善于质疑、批判和超越书本和教师，这是创新素质的突出表现；学生不唯己，不守旧，敢于和善于打破已有知识经验的制约和思维定势的束缚，不断否定自我、更新自我、超越自我，另辟蹊径，独树一帜，这同样是创新素质的突出表现。

从意识的角度来说，创新性主要表现为怀疑精神（批判精神）。具有怀疑精神的人有三个特点：其一，怀疑一切，排除偏见；其二，不迷信"永恒的真理"，不相信有绝对的权威；其三，不满足现状，执著追求。

在教育中，学生的怀疑精神突出表现为：不满足于现成的答案和说明，敢于对权威、对教材、对教师提出质问和怀疑。培养学生怀疑批判精神，要特别注意克服理性霸权和教师权威的消极作用。理性霸权所孵化的知识暴力，挤压着学生的心理空间和精神空间；而来自教师权威的压力会导致学生丧失自信，最终使批判精神难以张扬和生发。

从能力的角度来说，创新性主要表现为求异思维（发散思维）。求异思维是创新思维的重要特征之一，这个特征贯穿于创新活动的始终。思维的求异性是指人们在认识过程中着力于发掘客观事物的多质性和差异性，现象与本质、形式与内容之间的不一致性以及已有知识的局限性等，它主要以发散性思维方式来实现。发散思维的基本特征主要有：第一流畅性，思路畅通、流利，能在短时间内发表较多的概念。第二变通性，思考能变换角度，不限于某一个方面，能提出各种不同的解决问题的办法，富有迂回变化的思路。第三独创性，反应与众不同，能提出聪明的解决办法，能产生不同凡响的效果。

---

① 龚春燕. 创新学习：培养创新人才的基石 [J]. 人民教育，2010（13～14）.

案例1: 质疑季羡林[①]

课堂教学中，教师应着力于追求智慧的创生。追求智慧创生的课堂，学生能主宰自己，能与教师平等交流，大胆发表自己的独特见解；追求智慧创生的课堂，学生能对传统的看法和权威定论进行大胆的质疑，有思想的飞翔和生命力的舒张；追求智慧创生的课堂，学生能有独特的个性，说自己所想，写自己所思。允许课堂有不同的声音，学生能与教师展开思想上的交往，语言上的论辩，思维上的碰撞，从而激发学生创造的灵感，催生智慧之花。

《夹竹桃》（苏教版第十二册）一文第六小节，作者由夹竹桃在月光下的叶影参差、花影迷离，产生了许多幻想，幻想成地图、水中荇藻、墨竹。教学中在学生赏析、品味了文中的语言后，我要求大家根据自己的理解，结合文中的句式，帮助作者季羡林想象一下，作者还可能幻想到什么？学生经过沉思之后，纷纷发表了自己的意见。

这时，小溢举手说："我觉得文章有一处地方应改动一下。"

"哦？"大家都不约而同地转过头望着她。有人轻声地嘀咕："季羡林可是一位语言大师啊！"

我也感到有些突然，不过按照惯例，我还是让其他学生安静下来："你说说发现了什么问题？"

"刘老师，作者把月光下的夹竹桃幻想得很美。不过我觉得有一点遗憾，如果在这节结尾处作者不用句号，而用省略号，就更好了！"

"对！"有学生马上就附和了。

"为什么？"我追问了一句。

"因为作者对月光下夹竹桃的幻想不可能就这三种，应该还有很多，所以这儿如果用省略号就能给人以更多的回味。"小溢一口气说出了自己的理由。

听了她的解释，鸦雀无声的教室顿时又变得沸腾起来。

"刘老师，我也有这样的想法。用句号好像作者的想象就到此结束了，这不能尽情地体现夹竹桃的美。如果用省略号，则能给我们留下无限的遐想，

[①] 刘剑华. 追寻有效的阅读教学［J］. 课程研究，2009（2）.

也能充分地表现出作者对夹竹桃的喜爱之情。"小越也滔滔不绝地说出自己的想法。

其他学生也边听边点头。

"我很高兴,小溢、小越能通过阅读思考,发现问题,敢于向教材向大师挑战。这是一个很好的学习习惯。希望每个人以后在阅读中都能成为一个勇敢的发现者。"

小溢、小越的脸上露出了灿烂的笑容。

这样的课堂中,学生不再是知识的"接收器",而成为智慧的"发生器"。他们在对话中思维相互碰撞、思想相互融合、情感相互营养,语文学习有了创造性、生成性,涌动着生命的灵性。这个过程中,学生品读赏析文本中精彩的语句,自悟自得,课文中的语言、情感、文字在心中沉淀,久而久之形成他们的文化基础、思想意识。

案例 2:《松鼠》的结尾是不和谐的音符吗[①]

学习法国作家布丰的《松鼠》,在指导学生反复朗读课文的基础上,我让他们提出自己的疑难问题或是自己感兴趣的问题。

"老师,我认为文章最后一个自然段的最后两句话,是这篇文章中的一个不和谐的音符。"我笑着问:"为什么你会得出这样的结论呢?""我没有亲眼见过松鼠,读了这篇文章,了解到松鼠原来是漂亮、驯良、乖巧的小动物,我感觉自己很喜欢它。可是,文章最后却说:'松鼠也是一种有用的小动物。他们的肉可以吃,尾毛可以制成画笔,皮可以制成皮衣。'我在读到此处时,感到很别扭。如果我们真心喜欢一只小动物,比如说小狗,我们在夸奖它一番后,会告诉别人它的肉可以吃,皮可以制成皮袄吗?"

或许,以前的学生也有这一想法,只不过作为老师的我,从来没有给他们这一机会,让他们畅所欲言。课改后,正因为我们在教学中关注学生,关注学生的问题,尊重学生读书的感受,学生才敢于提出问题,乐于提出问题,能够大胆发表独立的见解。

[①] 单咏梅.《松鼠》结尾是不和谐的音符吗[J]. 语文建设,2002 (12).

当然,并不是学生所有的质疑与创新理解都体现正确的价值观,当学生出现认识偏差的时候,教师可以通过恰当的追问进行委婉的否定性评价,让学生通过进一步深入思考,纠正误解。正确的思想在与学生思维的交流中不断渗透到学生的心灵,在他们的内心深处引发震荡,而这种震荡会给学生带来由内而外的精神洗礼。

案例3: 喜欢王母娘娘①

追问,是否定性评价的委婉方式之一。其价值在于,教师恰当地使用"追问",可以诱发学生的反思,澄清自己的认识误区。

我在执教《牛郎织女》时预设了这样一个问题:你喜欢文章中的谁?学生深入思考后纷纷发言,说喜欢牛郎、织女甚至老牛的,不一而足。这些都是我意料之中的回答,但是偏偏有一个学生说喜欢王母娘娘,而且理由相当充足:她是美丽的使者,是她让仙女们织出彩霞,才有了美丽的天空;她严格执法,织女触犯天条,就应该受到惩罚;她善良仁慈,每年都让牛郎和织女鹊桥相会。

我很欣赏学生个性化的学习行为,也赞赏他们对文本的多元理解和独特体验。但学生的这种理解显然是对文本的误解,他严重偏离、曲解了文本的原意和本质,而且还出现了价值观的偏差。于是我略加思索后,再次提问:"你们认为王母娘娘的'真善美'与牛郎织女的'真善美'在本质上是一样的吗?"一石激起千层浪,经过再次研读文本和交流讨论后,学生明白了:织女织彩霞是王母娘娘狠心逼迫的结果;王母娘娘依天条惩罚织女,是对人世间美丽爱情的摧残;王母娘娘最后的"仁慈",是牛郎织女努力抗争的结果。王母娘娘始终是封建统治者的代表,是一个备受批判的角色。

试想,如果教师一味尊重、迎合学生的"独特体验",势必会误导他们的价值取向;若只是生硬机械地予以否定,又会打击学生思考的积极性,他们的内心会永远结着"疙瘩"。所以,恰当的课堂追问,才能使学生在对自我看

---

① 佘蜀强,岳国忠. 巧设追问,聚焦学生的发展水平[J]. 教育测量与评价,2011(2).

法进行剖析的同时，得出正确的结论。

第六节 由依赖性的学到独立性的学

知识是学会的，不是教会的；能力是做会的，不是讲会的。传统的课堂上学生是被"教会"的，不是自己学会的，这种会往往是表面上的会，即心理学所说的"假知"，而不是真正的会。所以，教师要改变旧的课堂教学方式，变"我告诉你"为"我帮你的忙，你自己去学"，这样，学生才能真正学会，学得深、学得透。没有教的过程，学生或许能够学好；没有学的过程，学生是绝对学不好的。

独立性的培养应做到：给学生一个空间，让他们自己往前走；给学生一个条件，让他们自己去锻炼；给学生一个时间，让他们自己去安排；给学生一个问题，让他们自己找答案；给学生一个机遇，让他们自己去抓住；给学生一个冲突，让他们自己去讨论；给学生一个权利，让他们自己去选择；给学生一个题目，让他们自己去创造。

从人性的角度说，人既是主体性与客体性的统一，又是能动性与受动性的统一，也是独立性与依赖性的统一。传统教学是建立在学生的依赖性的基础上，最终培养的也是学生的依赖性，它表现为学生只能跟着教师学：教师先教，学生后学；教师教多少，学生学多少；教师怎么教，学生怎么学。教支配和控制着学，学无条件地服从教，学生的独立性、独立品格丧失了，教也走向了其反面，最终成为遏制学生成长的力量。低估、漠视学生的独立学习能力，忽视、压制学生的独立要求，从而导致学生独立性的不断丧失，这是传统教学的根本弊端。

现代教学是建立在学生的独立性的基础上，独立性既是出发点又是归宿。从客观上讲，每个学生都有独立的意向和独立的能力。独立的意向主要表现在：学生觉得自己能看懂的书，就不想再听别人多讲；感到自己能明白的事理，就不喜欢别人再反复啰嗦；相信自己能解答出的问题就不愿叫别人提示；

认为自己会做的事，就不愿再让别人帮助或干涉。独立的能力主要表现在：第一，学生已有的知识和能力，许多课堂上没有教过的社会生活知识和能力，绝大部分都是他们在自己的生活和活动中独立学来的；第二，即便是教师教给他们的东西，也是靠他们已经具有的基础，运用他们已经具有的独立学习能力，才能被他们所真正理解和掌握。著名教学论专家江山野据此指出，学生在学校的整个学习过程也就是一个争取独立和日益独立的过程。从主观上讲，学生的独立意识和独立能力还有赖于教师的培养和进一步提高。特别是在基础教育阶段，对待学生的独立性和独立学习，还要有一种动态发展的观点，从教与学的关系来说，整个教学过程是一个从教到学的转化过程，也即从依赖到独立的过程。在这个过程中，教师的作用不断转化为学生的独立学习能力。随着学生独立学习能力的由弱到强、由小到大的增长和提高，教师的作用在量上也就发生了相反的变化，最后是学生基本甚至完全的独立。新课改要求教师充分尊重学生的独立性，积极鼓励学生独立学习，并创造各种机会让学生独立学习，从而让学生发挥自己的独立性，培养独立学习的能力。

案例1：《水乡歌》 两种不同的教学方式对比[①]

《水乡歌》是一篇热情讴歌水乡美景的赞美诗，语言文字优美，读来让人浮想联翩。如何引导二年级的孩子读进文本，走进画一样的诗中，两位执教者颇费心机。一位教师是将文字与画面分割成若干块，一一在孩子面前呈现；另一位教师则把孩子带到文字与画面旁，放手让孩子去品味、欣赏。先将两节课中最具代表性的两个片段节录如下：

【教例一】教师条分缕析，学生亦步亦趋

教师出示第一段文字：水乡什么多？水多。千条渠，万条河，池塘一个连一个，处处绿水荡清波。

师：读一读，想一想，这段话主要告诉我们什么？

生自读。

---

① 林春曹. 学生自读自悟 教师条分缕析 [J]. 中国小学语文教学论坛：全国小语会会刊，2002 (6).

生：我从"千条渠，万条河"中体会到了水乡。

师：这里"千"和"万"说明了什么？

生：说明水乡的渠和河很多很多。

生：我从"池塘一个连一个"中体会到了水多。

师："一个连一个"说明了什么？

生：说明了水乡的池塘很多。

生：也说明水很多。

生：我从"绿水荡清波"中体会到了水美。

师："绿水"是什么样的？

生："绿水"是水碧绿碧绿的。

师："清波"呢？

生："清波"是水很清澈，上面还有波纹。

师：是呀！你们看水乡的水这么多、这么美。让我们朗读并把这段话背诵下来。

生练习有感情朗读、背诵……

本教例中，教师从引导学生了解该段大意，到怎么体会水多、水美，再到有感情朗读，整个教学环节由教师主宰着一切，学生不过是在迎合教师去读、说。教师预设好一条阅读的暗线，每到一个知识点，教师便要适时介入学生的阅读活动，牵着他们往下走，在整个阅读过程中不允许学生有离线、越线之机。学生阅读到底是为了什么呢？只是为了回答好教师所设计好的几个问题，获取课文语言文字中所承载的内容知识吗？当然不是，学生阅读主要是为了学会阅读、发展语言、提高语文素养。那么，怎么进行阅读教学呢？《语文课程标准》中明确指出："阅读教学是学生、教师、文本之间的对话过程。"既然是个对话过程，那么学生在阅读活动中，当他们通过自主的阅读实践与文本及作者交流时，教师就不应该不合时宜地介入、打断，要充分相信学生，要给学生自主阅读实践的机会，要让学生先与文本充分交流之后，再与教师、同学合作交流。像上述教例中这种条分缕析式的教学设计，常常带来的是对教学内容的人为肢解、条块分割。教学中教师不能摆正"教"与"学"的位置，必然会出现重讲解、重理性分析、搞知识的外部搬运的情况。

学生在这种条分缕析式的教学设计中没有自主性，无法主动探究，下一步将要学习什么总是由教师来安排，学生就只能在教师的精心牵引下亦步亦趋。长此以往，只会泯灭学生阅读的兴趣，不利于培养学生探究性阅读和创造性阅读的能力。

【教例二】教师能放能收，学生自读自悟

出示第一段文字（同教例一）

师：好好读读这段话，老师相信小朋友自己一定能读懂的。

生自读。

师：刚才读这段话时，你们的脑海中是否出现了一幅幅水乡的画面。（出示水乡图）

师：请小朋友们再图文对照着读一读、想一想，然后说说水乡的水给你留下了怎样的印象，你的眼前仿佛出现了什么景象。

生自读（读得很投入）。

生：我仿佛来到了水乡，走到哪里都能看到水。

生：我也仿佛来到水乡，我睁大眼睛，想数一数水乡有多少条水渠和小河，可是我怎么也数不过来。啊，水乡的水太多了！

生：我看到了水乡的小河，河水很清很清，连河底的水草我都能看到，有时水草旁还会有小鱼虾游过呢。

生：我看到的水乡小河和朱珠刚才说的不太一样。河水是碧绿碧绿的。一阵微风吹来，河面上就荡起一层一层的小水波，太美了！

……

师：假如现在小朋友们就站在水乡的渠边、河边、塘边，你们最想去做什么呢？

生：我想画一幅画，画下"千条渠，万条河，池塘一个连一个，绿水荡清波"。

生：我想弯腰，捧起水乡的清水喝一口，尝一尝它的味道是什么样的。

生：我想照张相片，把水乡美景留在照片中。

师：小朋友们真聪明，老师什么也没说，你们就自己读进文中去了。水乡的水是这么多，这么美，像画一样。想把这段话读好背下来吗？请在下面认真做准备。

生练习有感情朗读，背诵（情绪高涨）。

本教例中，教师从激发学生阅读动机，到点拨学生想象画面，再到组织学生进行交流，一直到最后鼓励学生朗读背诵，在整个教学环节之中，我们没看到一点师"牵"生的痕迹，教学自始至终处在一种学生要读、愿想、抢说、乐背的良好氛围之中。尤其令人称道的是教者大胆放手让二年级的学生去自读自悟这段话，让学生独自走进文中，充分地与文本进行对话。学生在对话的过程中，各自构建起自己独特的阅读表象，产生了富有个性的阅读体验。教者深谙这样一个道理，那就是学生是阅读的主人，阅读是学生自主的实践活动，应让学生在积极的思维和情感活动中体验与理解。正是有了上述的认识，教者才能放得开；也正是有了教师充分的放，学生才会有自读自悟的机会，课上才会产生多姿多彩的独特感受与体验。

教例一与二的实录虽然教学内容是一模一样的，但由于两位执教者教学思想观念的不同，其课堂教学设计的差异很大，产生了不同的教学效果。阅读教学中教师究竟该扮演什么样的角色呢？《义务教育语文课程标准》中写得清楚："教师是学习活动的组织者和引导者"，"阅读教学应引导学生钻研文本……重视学生独特的感受、体验和理解"。教师同时也是阅读课堂上学生的另一个主要对话对象与合作伙伴。课堂上，教师只放不收，学生便会亦步亦趋；能放能收，学生才能进行自主探究与合作交流。

案例 2：　少点设计多点空间[①]

在课堂教学中，许多教师都把教学过程设计得十分周到，往往导得过多、过细，唯恐稍有遗漏学生就会看不懂，导致学生亦步亦趋地跟着教师走，完全没有思考的空间。请看一位教师教"用字母表示稍复杂的数量关系"一节的教学片段——

出示例 4：某商店一天上午卖出 3 个花瓶，下午又卖出 4 个花瓶。每个

---

① 何正龙. 花费心思不如留些空间——关于教学有效性的一点思考［J］. 吉林教育（中小学教育），2009（8）.

花瓶的单价是 X 元，这一天卖花瓶一共收入多少元？

师指名读题，出示直观图。（略）

师：每个花瓶的单价是多少元？

生：X 元。

师：上午卖出几个花瓶？

生：3 个。

师：那上午卖花瓶的钱数一共是多少？

生：3 个 X 元。

生：$3X$ 元。

师：下午卖出几个花瓶？

生：4 个。

师：那下午卖花瓶的钱数一共是多少？

生：4 个 X 元。

生：$4X$ 元。

师：这一天卖花瓶的钱数一共是多少？

生：$3X+4X$ 元。

师：$3X$ 和 $4X$ 各表示几个 X？一共是几个 X？

生：$3X$ 表示 3 个 X，$4X$ 表示 4 个 X，一共是 7 个 X。

师：那么 $3X+4X$ 就是 7 个 X，7 个 X 可以写成——

生：$3X+4X$ 是 7 个 X，7 个 X 可以写成 $7X$。

板书：$3X+4X=(3+4)X=7X$

师：思考上面的计算过程，这实际是应用了什么运算规律？

生：运用了乘法分配率。

师（小结）：根据运算意义，这里的 $3X+4X$ 是 3 个 X 加 4 个 X，结果是 7 个 X，也就是 $7X$。

这种设计就理解和把握教材而言，应当是无可非议，但问题也是明显的。

首先，不利于学生主体性的发挥。教师主宰了课堂学习，教师一问，学生一答，学生跟着教师跑，缺乏主动性。这种课堂教学失去了学生主动学习的主体性特点，掩盖了学习过程中的矛盾和思维碰撞，僵化了鲜活的学情。

其次，不利于面向全体。由于学生客观存在的差异性，总有一部分学生很快找到了答案，而另一部分学生还在思考，而教师又不可能等到全班学生都想好以后再作交流。结果是中下学生还没想好，就开始讨论，他们只能停下来，听别人说。于是就形成了优等生唱主角，中等生唱配角，学困生当群众演员的局面。一节课下来，学困生没有一个问题能解决掉，自然是学习困难越来越多，成了名副其实的学困生。

最后，不利于学生思维能力的提高。把教学内容分析得过细，提出的问题过小，思维距很短，缺少思维训练，这固然能使学生易于应答，可以保证学生掌握知识，教学环节"有序"进行，但也造成了许多失落，如活跃的想象，模糊的体验，会心的沟通，不可言传的意会等等，淡化了思维在数学教学中的重要功能。

同样是教学这一节内容，在另一位教师的课堂上，却有着截然不同的处理。

教师出示问题：一位商店老板上午卖出了3个花瓶，下午卖出了4个花瓶。晚上回家不会记账，你能帮他把这一天的收入记住吗？

学生思考，讨论。

生$_1$：我觉得可以列表式记账。

生$_2$：我觉得这样只是记住花瓶个数，不能表示出总收入是多少。所以我认为用未知数X来表示每一个花瓶的元数，这一天的收入就是$(3+4)X$元。

生$_3$：这样表示很好，可还是不简单易记。我认为用$7X$元表示更简洁。因为上午3个加下午4个，共7个花瓶，就是$7X$元。

生$_4$：老师，我想补充一点。$3X+4X=7X$其实这里运用了我们学过的乘法分配率：$3X+4X=(3+4)X=7X$。

……

在这里教师只提一个问域很宽、解距较长、思维度较大的问题，放手让学生去思考、讨论，其特点是很明显的。

首先，学生的主体地位得到了落实。这样的问题给学生以充分自由选择的空间，引发学生参与讨论。学生经过深入思考，在答问时，展示的是自己理解、感悟的过程，训练的是思维、表达的能力。且问题面向全体学生，较长时间的思考，为学生理解知识提供了可能，也为中差生感悟知识点，哪怕是一点儿，提供了时间的保证，使他们也有所得，而不是浮光掠影，匆匆而过，一无所获。

其次，教师的主导作用恰到好处。教师都明白教要服务于学，但导得太多，学生就只能依赖教师的导而按部就班地展开学习。离开了导，学生就无法学，教就变成阅读教材，回答问题了。主导作用发挥得太少，就变成了放鸭式教学。只有当学生在向教师指定的目标努力的过程中，遇到了不可逾越的障碍，或考虑问题的深度、广度不够时，教师的引导、指点才显得十分必要，这时放才真正为学服务了。

再次，突出了数学教学的情感因素。数学学科的教育不仅是传授知识技能的单一的行为，而且要对学生进行综合素质的培养，要强调数学文化对个体的塑造，让学生自己去体会数学文化的内涵，去感悟美、表达美，对学生情感进行熏陶与培养。

教师要做到少点设计，多点空间给学生。首先要改变观念，要改革陈旧的"呈现—接受"模式为"诱导—探索—发现"模式，把学生真正置于学习的主体地位。要加强学习，不断提高自身的业务素质，这样才能在教学过程中因势利导，应对各种意想不到的问题。其次，要加强学法指导，不断提高学生的学习能力，努力使学生变"学会"为"会学"。最后，要改变课堂教学评价标准。如果评课看重的是教师的表演，追求表面的热闹，注意的是面面俱到，讲深讲透，那教师还不如照"案"宣科，按图索骥，课堂教学的改革就很难展开。

第七节　由教知识内容到教思维分析方法

宋代学者陆世仪说过："悟处皆出于思，不思无由得悟。"意思是说独立的见解是想出来的，不去想就谈不上什么见解。教给思考方法，让学生会想，学生的独立见解就会如不竭的山泉汩汩流淌。美国教育家杜威也提出："学习就是要学会思维。"我们知道,教材的编写因为要受到书面形式等的限制,总有一定的局限性,这种局限性突出表现在:当教材以定型化、规范化的形式把学科知识内容固定下来时,它必然省略了隐含在其中的、有丰富内容的思维过程,这样就带来一个矛盾,即内容上包含着深刻的思维和丰富的智慧,而形式上是简单、呆板、现成的结论或论证,这也就是说,以书本(教材)形式出现的知识,它的思维和智力价值是潜在的。这就要求教师在传授教材知识内容时,不能只停留在对教材表面的结论和说明的表述上,而是要进一步深入进去,挖掘和揭示这些表面结论和说明的产生与形成的过程,并在教学中引导学生的思维深入到知识的发现或再发现的过程中去。如数学中的公式是怎样被提出来的,又是怎样加以证明的;语文中每篇课文的中心思想,作者是怎样体现的,作者为什么要选择这些材料来表达中心思想,作者在课文中为什么要用某个词,而不用其他同义词。这些在教材中往往不容易直接看到,但它们常常又是创造性思维的典范,是学生最需吸收的精神养料。

潘新和教授曾提出,理想的文本解读"要还原到言语生命体中,破译他的遗传密码,感悟文字背后的一个独特的言语生命存在,从中汲取言语生命的智慧和能量,以滋养、激活自身的言语生命"。

如教《梅雨潭》一课时,对"瀑布从上面冲下,仿佛已被扯成大小的几绺儿,不再是一幅整齐而平滑的布"这句话中的"扯"字,一位语文教师就引导学生讨论,让学生懂得作者用这个"扯"字的匠心:这里的"扯"字用来描写水从上而下,撞击在岩面的石头上,被分成了几绺的情景。这个"扯"字用得极为准确,极为传神,作者不用"分",也不用"撕",而选用"扯",与"绺"搭配用以体现瀑布冲泻下来的巨大力量,极形象地表现了瀑布被山岩石块分割后的壮观景象。显然,只有展开作者这一潜在的思维过程,学生才能理解并欣赏作者用词的匠心所在。

有人说,阅读是读者和作者一起去思考。阅读教学要求教师善于引导学生理解作者思路,并和作者一起思考,能根据作者思路,在具体的语言环境中领悟关键字词句的含义和文句的言外之意。如《孔乙己》最后一句"大约孔乙己的确死了","大约"和"的确"词意矛盾,就有必要引导学生理解这两个词的隐含意义。像孔乙己这样身份低微的多余人,死于何时何地何因,无人关心，无人知晓，所以说"大约"死了。又从他最后一次来酒店的情形和掌柜后来不再提起他，"我"也没有看见他，推断他是"的确"死了。特别是因他欠十九个钱，而唯一记住他的掌柜最后一次把记账的粉板取下，把他名字擦掉后再也不提起他，更是表明这个无足轻重的人物已经消失。文句的言外之意无穷。这样理解，"大约"和"的确"不仅不矛盾，而且合情合理，耐人寻味。

案例1："纵""扑" 两个动词的精彩解读[①]

《守财奴》中有这么一句话：老头儿身子一纵，扑上梳妆匣，好似一头老虎扑上一个睡着的婴儿。

学生阅读时一般都认为这几句文字浅显，一看便懂，没有值得深究的地方，因而不大重视。一位教师在课堂上这样引导学生来理解——

师："老头儿身子一纵，扑上梳妆匣，好似一头老虎扑上一个睡着的婴儿"这句话中的"纵""扑"两个动词，本来是用来形容什么的？

生：老虎。

师：对，是形容老虎的，这两个动词写出了老虎扑食婴儿时的迅猛。那么用在葛朗台身上合适吗？

生：不合适。

师：为什么？

生：因为前文已经提到，此时的葛朗台"刚刚跨到七十六个年头"，是一个十足的"老头儿"，而76岁的老头儿一般是不可能有如此敏捷的动作的。

师：看来"纵""扑"两个动词用在葛朗台身上确实不太合适，可作者为什么要用这两个词呢？

（学生沉默了一会儿）

生：不是，应该合适吧？

师：为什么？

生：表面看来，这两个动词用在76岁的老头儿身上不太合适，不过仔细

[①] 张建国. 还原，让学生看到了不曾预想的精彩[J]. 语文建设，2007（7～8）.

想想，这是用在葛朗台身上，他有如此不正常的举动，完全是因为看到了金子做的梳妆匣。因此，从这两个动词中，我们看到了他为了金子可以不顾一切的性格，可以说，这"纵""扑"恰恰表现了葛朗台对金子的强烈占有欲。

师：有道理！两个看似不合适的动词其实蕴涵着作者的良苦用心。下面请大家进一步思考：老虎一般会在什么情况下才做出这样的举动？

生：应该是在看准了猎物的情况下。

师：那"老头儿身子一纵，扑上梳妆匣"时，他清楚梳妆匣里是什么东西吗？

生：从下文"什么东西？"一句可以看出，他根本不知道里面是什么，"他拿着宝匣往窗前走去"也说明他当时根本就没看清楚。

师：对，葛朗台在没看清、不知道是什么东西的情况下，眼前金光一闪，便做出了近乎疯狂的举动。如果他知道里面装着两斤重的金子，真不知道他会有何种令人惊骇的行动。由此可见，"纵""扑"应该是葛朗台的本能反应，他对金子的占有欲可以说是深入骨髓了。正如作者所说，"看到金子，占有金子，便是葛朗台的执著狂"，葛朗台就是这样一个嗜财如命的人。

看似不经意的两个动词，在教师的引导下让学生看到了人物的内心本质。学生在阅读文本时容易忽视一些文字浅显却大有深意的地方。而经典文本往往以浅显的文字来彰显其魅力。因此教学经典文本时，应注意引导学生关注这些地方。

案例2：窦桂梅老师教学《秋天的怀念》[①]

教《秋天的怀念》时，窦桂梅老师独具慧眼地抓住了这句话："母亲扑过来，抓住我的手，忍住哭声说，咱娘俩，好好儿活，好好儿活！"于是，她把"好好儿活"作为了贯穿整个课堂的主线。围绕着"好好儿活"，窦老师的课堂层层推进：感受"咱俩"的"好好儿活"——体会"我俩"的"好好儿活"——思考"我们"的"好好儿活"。因为不想"好好儿活"，我暴怒无常、伤心欲绝；因为想我"好好儿活"，母亲痛楚隐忍、苦苦恳求；因为践行母亲

---

① 吴卫新. 发现"文本密码" 倾听生命足音[J]. 人民教育，2011（2）.

的遗言,我与妹妹决意要"好好儿活"。她带领学生置身于用泪水与歉疚写成的文字中,深情地朗读,深刻地体验,动情地畅谈,并且演绎开去,在引用了一组来自《合欢树》、《我与地坛》、《有关庙的回忆》、《病隙碎笔》等关于母亲的文字来印证作者"好好儿活"之后,她让学生畅谈"好好儿活"的意义,从而将课堂推向了高潮。这个"密码"的发现与演绎比之通常意义上的"母爱"主题,无疑有着更高的层次,更深的含义。可以这样说,这堂课的文本解读为文字找回了生命气息,让学生倾听到了文本背后的生命足音。

雅斯贝尔斯在《什么是教育》一书中写道:"所谓教育不过是人对人的主题间的灵肉交流活动。"当前语文教学最缺少的正是课堂中的生命气息:文字是文字,教师是教师,学生还是学生,三者不能有机地融合,处于貌合神离的状态。解决这些问题,只有通过对文本反复地研读与琢磨,从发现和破译文本密码开始,建立多向的教学对话,倾听来自文字背后的生命足音,才能教给学生真正的思维方法。

案例3:"颗"和"棵"[①]

师:这节课,我们还要学习一个生字(课件出示"颗"),仔细观察,你们是怎样记住这个字的?

生:"颗"字左边一个"果",右边一个"页",合起来就是"颗"。

师:"颗"有一个好朋友(出示"棵"),比较一下,它们哪些一样?哪些不一样?

生:它们都有一个"果"字,"颗"的偏旁是"页","棵"的偏旁是"木"。

师:你观察得真仔细,这里有一道练习题,你们能把"颗""棵"填入其中吗?

出示:一( )松树 一( )白菜
   　 五( )葡萄 一( )小草

[①] 钱明辉,汤春燕. 寻找支点,生成阅读教学文本的"磁场"——阅读教学中基于儿童立场的行为引导[J]. 教育实践与研究,2010(10A).

两（　）星星　　四（　）花生

　　生说出并齐读。

　　师：我们来把这两行重新排列，看看你发现了什么？

　　生：我发现，植物就用"棵"，而颗粒状一个个的东西就用"颗"。

　　生：看来颗粒状的、一粒粒的东西就用"颗"，树、草等植物就用"棵"。

　　师：是啊，葡萄、星星、花生这些都是颗粒状的东西，我们都用"颗"字来表示了。看老师来写这个字（示范写后，生描红练习）。

　　低年级阅读教学中识字是重点，教师不仅注重了生字词的教学，而且对字词教学的方法进行了大胆的尝试。在这一环节里，教师没有满足于让学生用"拆字法"记住"颗"的字形，也没有简单地告诉"颗"的用法，而是让学生通过观察、分析，自己找出"棵"与"颗"的用法。这种让学生自由观察、自由分析、自我发现的学习效果是显而易见的。

第八节　由传话到对话讨论

　　传统教学极少给学生发表独立见解的机会，长此以往，课堂变成了老师问、学生答的"问答模式"。学生回答老师的问题，特别是关于情感态度与价值观的问题，很大程度上并非学生真实的想法，而是学生揣摩"老师期望听到我什么样的回答"的结果。这样的教学，学生容易变得思想单一，缺少主见，没有创造力。思想只有在交流、碰撞中，才能得到升华。教师要提出有意义的问题，激发、引导学生讨论，使参与共同活动的学生能够交流他们的观点。魏书生曾指出："我上课时，有个想法，教师不替学生说学生自己能说的话，不替学生做学生自己能做的事，学生能讲明白的知识尽可能让学生讲。"[1] 教师要让学生在民主、活跃、热烈的课堂气氛中交流经验，探讨、剖析渗透在知识和问题中的观念、思想、思维方法，形成交流机制，使学生由

---

[1] 魏书生. 教学工作漫谈［M］桂林：漓江出版社，2005：18.

被动听讲转为主动参与，多角度地分析事物和现象，敢于发表自己独特的见解，学会倾听、尊重他人的意见。这样一方面可促进学生观察、记忆、思维、想象、创造等智力因素的发展，另一方面有利于学生社会情感和行为的形成。在具体的教学实际中，建议引导学生学会在发言时用"我认为"三字开头。教学组织可采用"对话模式"、"小组讨论模式"，也可选择一些有价值的选题，采用"群辩模式"。与此同时，教师必须有意识地为学生创设开放的探究空间。具体讲，就是要在教学中从过去追求"标准答案"转到追求"一题多解"，从过去追求"统一认识"转到追求"多种认识"。当出现"多种答案"和"多种认识"后，教师不能简单地如"判官"一样评判"是与非"或"优与劣"，而应引导学生通过自己的比较，做出自己的判断。① 有学生说："老师还是懒一些好，这样逼得我们多思考，越思考我们的能力就越强，感到上课特别有意思，时间过得特别快。"②

对话作为一种认识方式，强调师生间、学生间动态的信息交流，通过信息交流实现师生互动，相互沟通，相互影响，相互补充，从而达到共识、共享、共进。对话的认识意义表现在：第一，促使知识增值。"知识在对话中生成，在交流中重组，在共享中倍增。"师生通过对话分享彼此的思考、经验和知识，丰富学习内容，求得新的发现。教学过程因此成为课程内容持续生成与转化、课程意义不断建构与提升的过程。第二，活跃师生思维。古人言：独学而无友，则孤陋寡闻。缺少交往和对话很难产生思维的碰撞和创造的火花。有些观点是想出来的，有些观点则是"讲"出来的。英国文豪萧伯纳说得好："一个苹果跟一个苹果交换，得到的是一个；一个思想跟一个思想交换，得到的是两个，甚至更多。"对话教学有助于激发学生灵感，产生新颖的观点、奇特的思路，从而增强学生思维的灵活性和广阔性。

我国的传统文化就非常重视天人对话、人际对话。孔子在教学时与学生的谈话就具有对话教学的特征。在古希腊，苏格拉底的"产婆术"就是师生对话共同寻求和探知真理的过程。教学离不开对话，教学本身就是各种形式

---

① 杨东. 新课程教学基本策略 [M]. 北京：开明出版社，2005：17.
② 魏书生. 教学工作漫谈 [M]. 桂林：漓江出版社，2005：18.

的对话。雅斯贝尔斯曾经说过:"对话便是真理的敞亮和思想的实现。对话以人及环境为内容,在对话中可以发现所思之物的逻辑及存在的意义。"[1] 弗莱雷也认为,对话是教育作为自由的实践的精髓。他说:"没有了对话,就没有了交流;没有了交流,也就没有真正的教育。"[2] 他批判了传统教学"银行存款"的方式,批判了使学生成为"存储"知识容器的做法,对对话教学的条件、特征等进行了分析,明确地提出要用解放教育取代储蓄教育,用对话式教学取代讲授式教学。日本学者佐藤学在分析了传统的学习后,也提出了"学习的三位一体论"的思想。他认为,"所谓'学习',就是跟客观世界的交往和对话,跟他人的交往和对话,跟自身的交往与对话。就是说'学习'是构建客观世界意义的认知性、文化性实践,建构人际关系的社会性、政治性实践,实现自我修养的伦理性、存在性实践"[3]。据此,他对教师的作用作了说明,要求教师成为"对话性他者",要求教师在课堂的沟通中促进每个儿童拷问客体的活动和对话性实践,以组织和促进文化性、社会性、伦理性实践。[4] 教学中的对话,不仅需要帮助学生纠正错误概念、强化已有的信念或知识,更需要帮助学生不断进行知识的拓展与建构。

对话讨论的两个重要基础是倾听和反思。[5]

1. 倾听

课堂上只有建立起相互倾听的关系,才能创设出使每个学生都能够安心发言的教室环境,课堂的语言表现也才会丰富起来。要建构互相倾听的、和谐融洽的教学环境,既要求教师仔细聆听每个学生的发言,也需要每位学生养成善于倾听的习惯。教师倾听学生,不仅是用耳,更是用心,用整个身心,

---

[1] [德] 雅思贝尔斯. 什么是教育. 邹进译. 北京:三联书店,1991:12.

[2] [巴西] 保罗·弗莱雷著,顾建新等译. 被压迫者教育学. 上海:华东师范大学出版社,2001:41.

[3] [日] 佐藤学著,钟启泉译. 学习的快乐——走向对话. 北京:教育科学出版社,2004:20.

[4] [日] 佐藤学著,钟启泉译. 学习的快乐——走向对话. 北京:教育科学出版社,2004:46.

[5] 刘冬岩. 和合而生:和谐课堂的文化构建 [J]. 福建师范大学学报(哲学社会科学版),2008(4).

不仅是把学生作为教育对象来接纳，而是把学生作为一个鲜活的生命来接纳。通过倾听，教师领悟了学生首先是一个生命的存在，不是物质或观念的存在。生命不是抽象的生命，它具体体现在个体各种欲望、需求、情感、思想上，体现在个体生命的差异和区别之上。因而师生相互倾听的内容也是复杂多样的，包括倾听个体的欲望和需求，倾听个体的情感，倾听个体的思想，倾听个体间的差异和区别，倾听个体与他人之间的关系等。每个学生的学习活动都是从身心向他人敞开，接纳异质的未知的东西开始的，倾听是让学习更有效的重要基础，善于学习的学生通常也是善于倾听、善于思考的学生。那些只关注自我的学生的学习，因为缺少对他人的关注而走向孤陋寡闻的封闭空间。

2. 反思

师生还要在倾听的基础上展开反思性思维，促进个体思想的发展变化。每一个人的深思熟虑，是促成课堂教学对话的源头活水，师生在省思自我、省思他人的思维过程中，自己的思想会与他人的思想展开对话与交流，最终生成新的认识。反思性思维的实质是个体与自我的对话，也是经验转变为思想的动力。师生在倾听他人思想的基础上"反求诸己"，唤醒心灵深处鲜明的"自我感"，引发主体的心灵觉醒继而追求自我价值的实现。

传统的教学观使师生关系变成了主客关系，教师成为教学的主宰。教师权力的过于泛化，导致：

（1）过于强调"教"的主导和权威。传统教学观认为，教师处于先知先觉的地位，教师在教学过程中肩负着社会的责任，按社会的要求来教育学生。因此，教师必须对教育的方向、内容、结果等负全部责任。因此，教学应以教为中心，教师教什么，学生就学什么，教师怎么教，学生就怎么学，教师对教学过程全程监控，不允许学生思考和分辩，不允许学生表达不同的见解。教支配学，学必须无条件地服从教。这种教学观使教学的双向活动变成了单边活动，教代替了学，学生是被教会，而不是自己学会，学生丧失了学习的主动权和独立性。

（2）学生话语权的异化。话语权是人的基本权利之一。但是，在传统的教学里，却出现教师话语霸权的现象。在现实的教学中，教师的话语具有绝对的权威，教师控制了课堂对话的内容、方式、时间和频率，话语具有独白性和独断性。学生没有说话和说自己话的权利，只能悬置自己内心的想法、意见和态度，忠实地聆听教师的话语，无须讨论和交流，只需按照标准答案回答，甚至回答的话语形式也被程序化、固定化。

如苏教版小学第三册语文教材上有一篇课文《水乡歌》："水乡什么多？水多……水乡什么多？船多……水乡什么多？歌多……"有教师让学生自己读课文，然后提问："水乡什么多？"学生回答："水乡鱼虾多。"而教材上只说到了水乡水多、船多、歌多，既然教材上没讲鱼虾多，该教师就"理所当然"地挥挥手叫学生坐下："不要乱说，听听其他学生的正确意见。"[①] 学生话语的异化，使学生丧失了自由表达的渴望，丧失了思考的激情，抹杀了生命对自由的需求。

案例1： 我心目中的玛蒂尔德[②]

在讲解莫泊桑短篇小说《项链》时，我就在思考：这篇小说的主人公玛蒂尔德的形象，一直是理论界争论不休的话题，我该如何向中学生们讲解这个问题并在课堂上激发他们主动探究的兴趣呢？

上课伊始我就对学生们说："今天我们来分析玛蒂尔德的形象，希望大家各抒己见、踊跃发言。你们可以随时站起来发表自己的看法，其他同学也可针对某位同学的观点提出不同意见。我们也来个百花齐放，百家争鸣。"

课堂气氛一下子活跃起来。我趁热打铁，问学生："读完这篇小说以后，你对玛蒂尔德的印象如何？你喜欢她吗？"

学生很快形成针锋相对的两派，有人说"喜欢"，有人说"不喜欢"。抓住这个机会，我把学生分成两大组，要求观点相同的、坐得比较近的同学互相讨论，然后推举代表站起来谈谈自己为什么"喜欢"或为什么"不喜欢"，

---

① 赵文超，陈卫春. 对课堂教学中生成性问题的探讨 [J]. 当代教育论坛，2006. (24).

② 董文. 在多元对话中教语文——《项链》教学实践及反思 [J]. 基础教育课程，2005（3）.

最后集体评议看看谁说的道理更充分。

几分钟以后，我首先让"不喜欢"玛蒂尔德的学生说说理由。

甲同学说："玛蒂尔德整天奢望得人欢心，被人艳羡，被人追求。说明她不能正确面对现实，想入非非，心中充满了空想，我不喜欢她。"

乙同学说："玛蒂尔德追求奢华生活，幻想挤入上流社会，渴望能过上养尊处优的富裕生活，她贪图享受，虚荣心太强，我不喜欢。"

丙同学说："十年的艰辛就是对她虚荣心的惩罚。活该！"

等到他们再也没有什么补充意见时，我又请"喜欢"玛蒂尔德的学生发言。

A同学说："她诚实守信，当她确信项链的确是再也找不回来时，她想的依然是如何按时还上，从没有想过赖着不还，或是买个假的还上，体现出她高尚的人格。"

B同学说："她有自尊和自爱，丢失项链后她决定靠自己的劳动来还债，决不出卖自己的灵魂和肉体，比现实生活中那些以不正当方式不劳而获的人不知要强多少倍，在她的身上闪耀着人性的光芒！"

C同学说："她还有坚韧、忍耐、吃苦的精神，丢失项链后，面对巨额债务，勇于向命运抗争，值得尊敬。"

双方争执不下。我便对学生说："先撇开自己观点，想想对方刚才所说的，你觉得有道理吗？"

"好像都有道理啊！"学生小声地谈论。

"的确如此。"我连忙肯定，"双方同学所说的都言之有理，这也就是我们所说的人物性格的多样性和复杂性。"随后，我又对双方观点作了简评和总结，同时不失时机地赞扬了双方的学生："这说明大家的确认真阅读了文章，并认真思考了，双方的发言都很精彩。"我看到有些学生脸上露出了笑容，我的内心更是高兴。因为学生在自主、合作、探究的过程中既掌握了知识，又体味到学习的乐趣。

这时，有一个学生突然站起来问："老师，像您这样说，我们对人物的分析不是丧失了一个标准了吗？"

这也正是我想要说明的问题。作为本节课的结束，我向学生点明了文学鉴赏中的一个重要原则："对文学作品的鉴赏和评价历来是仁者见仁，智者见智，没有统一的标准答案，而具有某种未定性和模糊性，给我们带来无尽的阅读快感和遐想，这也正是文学经典的魅力之所在。我也希望同学们在解读文学经典的过程中，结合自己的独特体验，读出经典新的含义。"

讲到这里，学生都露出若有所悟的样子。

我又和学生约定，我们都以"我心目中的玛蒂尔德"为题写一篇人物短评，然后再一起交流。我从交上来的作文中发现，许多学生都写出了论点鲜明、有理有据的好文章。

这节课在多元对话的课堂氛围中展开，学生通过与文本对话、生生对话、师生对话主动探究问题。教师不再是学生代言人，仅仅起到引导的作用。教师讲得少，学生讲得多；教师教得轻松，学生也学得轻松。学生在自主、合作、探究的过程中感受到了文学经典的蕴藉之美，在宽松民主的氛围中领略到了语文学习之乐，这是单纯通过教师传授无法达到的效果。

案例2：讨论中学习戊戌变法[①]

青岛二十一中的生鹏老师执教的历史课《戊戌变法》，让人耳目一新。初中人教版历史教材中的这节课，内容不多，就牵涉到"公车上书"、"百日维新"两个板块的内容，给师生创造性地使用教材留足了空间。生老师在讲完了主干内容之后，让学生提出心中的疑问。一个学生提出："袁世凯出卖维新派是不得已的，也是他这种官僚在当时唯一的选择。"还有一个学生提出："留得青山在，不怕没柴烧。谭嗣同明明可以逃生，却宁愿去死，值得么？"学生的疑惑，就是临时生成的教育契机，也是极其宝贵的教育资源，及时捕捉和把握，并判断其隐含的教育价值，作出合乎教育规律的决策和选择，对教师来说，当然就是一种挑战。此时，最好的办法莫过于就此展开课堂讨论，让学生见仁见智地各抒己见。

在生老师的激发下，课堂气氛活跃起来了。有一个学习小组的学生展示了他们组的研究成果："袁世凯站到维新派一边，道德上讲得过去了，但政治

---

① 陆安. 精神强健：智慧型教师的必由之路[J]. 当代教育科学，2006（20）.

上的损失极大，风险也很大，身家性命不保。如果告发维新派，他可以保住性命，但会遗臭万年。一般来说，政治只问利弊，不问是非和道德。能够坚守道德操守的旧时代政治家，我们可见过几个人？袁世凯肯定做不到，他是政客，不是道德楷模。"生老师接过学生的话头说："解决了生死问题，留下了道德问题。历史上毕竟有过很多舍生取义、杀身成仁的例证，作为政治家，不能完全见利忘义。"另一个小组的学生还是不同意生老师的观点："即使袁世凯不告密，维新派也不能成功。"争论使得教学渐入佳境。

对学生提出的另一个疑惑，因为时间不够用了，生老师没组织课堂讨论，也没有给予闭合性的答案，只是说："对谭嗣同英勇就义的壮举，我们理应表示敬意，这也是多少年来谭嗣同受人景仰的缘由。但生命也是宝贵的，我们在表示敬意的同时，也允许大家保留表示异议的权利，允许展开讨论。历史是复杂的，不是用非此即彼的道德标准所能衡量的。这样吧，我们布置一个课后作业，题目就是'从戊戌人物看不同的生命观'，可以畅所欲言，抒发自己的真实想法。只要言之有据，言之有理，自圆其说就行，在下节课进行交流。"

一节历史课，恰到好处地处理了收和放的关系，关于生命观的发散性讨论可以一直延伸到课外。这样给学生带来的收益，已经不仅仅是记住一段历史，记住一些人物了，而是站在生命的高度审视历史，得出自己的结论了。

传统的历史教育中，"戊戌变法"无疑是一个沉重的话题，袁世凯背信弃义的叛卖，谭嗣同慷慨激昂的就义，康有为披肝沥胆的呼号，凝铸起戊戌志士的悲壮与永生。然而，今天的我们依据现在的衡量标准来评判历史人物，往往有失公正。如果时光回溯到当时那个风云激荡的岁月里，理性地看待历史人物，就会别有一番景色。对话讨论的形式给了学生一个还原历史细节、追求真实和评判是非的机会。

案例3：《皇帝的新装》 教学片段①

《皇帝的新装》一课上，在一连串的课堂提问与小组合作学习之后，学生对故事中人物的分析已渐近尾声——那种传统的结果即将得出。教师问："这

---

① 干红姿. 让课堂灵动起来 [J]. 上海教育科研, 2010 (9).

则故事中，我们最该学习的是谁？"原本以为学生会异口同声地回答"孩子"，谁曾料想，回答的声音竟是截然不同的两种："孩子"与"骗子"，而且所占人数还不相上下。这着实让教师吃了一惊。教师心想：怎么办？继续走自己的教学设计，"圆满"完成教学任务？但是，孩子真诚的声音不绝于耳，岂能置若罔闻！于是教师说："好，我们来个即兴辩论赛，看谁的理由充分。"话还没说完，一只只手都已高高地举起，有的索性站了起来。最后，学生就在互相的激烈辩论中自己发现了童话的价值评价，他们开心地释然了。

孩子的价值观还处在逐渐形成中，需要教师的适当引领，但是一味地强制学生听从教师的训导，塞给学生一个正确的答案，难免让学生难以心悦诚服地接受。因此，教师采用了即兴辩论的方式，让学生在相互讨论中，各抒己见，在激烈的讨论中让错误的观点不攻自破，树立正确的价值观。

第九节 由教学科知识到教学科思想方法

任何一门学科，作为人类的精神财富，不仅是一种知识，而且具有丰富的思想和方法。从生成的角度来说，学科思想是人们通过学科认识活动对学科知识形成的根本看法或基本观点，是对学科知识上升到理性层次的认识。它具有本质性、概括性和指导性（决定性）的意义，是人们学习和运用学科知识过程中思维活动的导航器。学科方法指的是学科研究本身的方法，它是人们学习和运用学科知识的思维策略或模式。可以认为，学科思想是学科思维的"软件"，学科方法是学科思维的"硬件"。就两者关系而言，思想是相应方法的理论依据，方法是相应思想的技术实施。因此我们可将思想方法看成一个整体概念——对知识的本质反映。它们都是基于知识，又高于知识，与知识具有不可分割的辩证统一性。学科知识反映和蕴载学科思想方法，学科思想方法又产生和发展学科知识。这便是设置思想方法停靠点的理论依据。由于思想方法高于知识，设置思想方法停靠点，就能使学生对知识的理解和掌握是自觉的、高层次的。

如在小学数学教学中，有一个重要的思想方法：整体由部分组成，即整体可以分割成若干部分，若干部分又可以组成一个整体，整体概念具有相对性等。在小学低年级认识 10 以内的数时，对数进行"分解和组成"，低年级整数加、减法，数学上对概念进行分类，解答应用题，中高年级学习平面图形的面积和立体图形的体积的计算，图形的割拼等，都要运用这种思想。学生一旦掌握了这种思想，就可以作为停靠点来居高临下地学习相应内容。

语文教学中也常通过创设思想方法停靠点来导入新课。有位教师在教朱自清的散文《绿》时，先讲了一个小故事：欧洲有个叫摩根的商人，长得高大魁梧，他的夫人却小巧玲珑，他们夫妇俩运了一大批鸡蛋到非洲去卖。到了非洲，男的先去卖蛋，一连三天也卖不出去。于是他的夫人接过篮子到街上卖，不多时蛋就卖完了。这是什么原因呢？这引起学生的诸多猜想，但多数不得要领。教师便托出谜底：摩根人大手大，鸡蛋在他手中便显得小，他的夫人人小手小，同样一个鸡蛋在她手中就显得大了，所以人们争着买。这就体现了衬托的道理。学生听了恍然大悟。教师接着说："文学家经过对生活现象的长期观察、体验，有意识地把生活现象进行加工提炼，运用于文学写作。同学们看看《绿》这篇文章在哪些方面使用了衬托手法？这样写表达了作者怎样的思想感情？"

笔者也曾听一教师上《白杨》一课，教师先从课文的写作特点入手，引导学生复习回忆"借物喻人"写法的意义和特点，然后提出问题：这篇文章借什么物喻什么人？借物的哪些特性，喻人的哪些品格？要求学生带着问题阅读课文。思想方法停靠点同时也是新知识的组织者，善于创设思想方法停靠点不仅有助于学生有意义地学习，而且也有助于知识系统的整体构建。

上面几种停靠点，有的是属于隐型的，有的是属于显型的；有的是属于直接型的，有的是属于间接型的。这里我们要强调的是，没有停靠点的学习只能是机械的学习，停靠点越多，就越能促进学生的有意义学习。

数学作为人类的精神财富，不仅是一种知识，而且具有丰富的数学思想方法。我们在数学知识教学的同时，也要突出数学思想方法的教学。据此，我们提出，数学教学必须贯彻数学思想方法的渗透和提炼原则。渗透，从教学内容的角度来说，指的是数学思想方法进入数学知识，从而给数学知识注入新的血液；从教学方法（活动）的角度来说，指的是用数学思想方法来指导数学知识。提炼，从教学内容的角度来说，指的是数学知识客观地隐含着数学思想方法（数学思想方法依托于数学基础知识）；从教学方法的角度来说，指的是数学知识向数学思想方法的转化、升华和概括。渗透和提炼是同一过程的两个不同方面，一方面，注重思想方法对知识教学的渗透和指导，使学生对知识的理解和掌握是自觉的、高层次的；另一方面，将数学知识所隐含的数学思想方法进行及时的提炼和概括，使学生对思想方法的掌握扎根在坚实的知识基础上。我们在试验中强调，作为一条教学原则，无论是渗透还是提炼，都应该是有意识的。

这就要求我们自觉地以数学思想方法为指导，居高临下地分析和处理教材，既要了解教材中各个章节都隐含和反映了哪些思想方法，又要弄清每一重要的数学思想方法是如何具体地渗透和分散到教材中哪些章节和知识点之中。为此，我们在试验中首先引导教师对数学思想方法进行系统的整理和分类，然后按照教材的线索逐一加以对应落实，明确地将其写进我们自己编拟的数学目标体系之中，要求教师把它当作重要的教学任务和目标加以完成。在总复习时，我们试验教师还把重要的数学思想方法单独列为若干专题，引导学生进行系统地掌握，收到较好的效果。实践证明，只有数学知识与数学思想方法并重，才能有助于学生形成一个既有肉体又有灵魂的活的数学知识结构。数学思想方法教学通过渗透—积累—重复—内化—应用的过程来实现，是在一个漫长过程中构建成的和自身活动经验逐步融为一体的知识系统，这一过程以数学基础知识和基本技能的形成为依托，以数学思维能力和思维品质的培养为形式。数学思想方法是数学思维能力的核心内容，是学生数学素质中的关键要素。日本数学教育家米山国藏说："即使学生把所学的知识（概念、定理、法则、公式等）全忘了，铭记在他心中的数学精神、思想和方法也能使他终生受益。"

思想方法的习得是在获得知识、形成技能、解决问题、发展思维这个系统而又长期的过程中完成的。因此，我们要重视让学生经历探究的过程，让学生在观察、实验、分析、比较、猜想、验证等探究过程中初步感知，在解题思路的探索过程中积累，在解决实际问题中领悟，在常态反思体会中内化，在教师有效引导的抽象、概括、类比、迁移等发展性思维活动中进行体会建构。可以通过以下几种方式引导学生掌握数学思想方法：[①]

1. 在探索知识的发生与形成过程中，感知数学思想方法

让学生经历知识发生、发展、形成的过程，这不仅是学生理解、建构知识的需要，也是其感知数学思想方法的必由之路。例如，在三角形面积公式的学习中，先引导学生回顾前一课时所经历的平行四边形面积公式的推导过程，让学生初步感知"转化"的思想方法；然后让学生通过猜想——对"这种方法在本课学习中能否再次大显神威"和"三角形能转换成已学过的长方形或平行四边形吗"等问题进行验证——通过讨论合作交流，达成共识，再动手操作剪拼，把三角形进行等积变形（如图）。

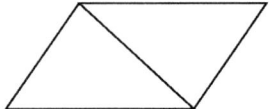

接着让学生观察新旧图形之间的"变与不变"的关系，思考新图形的面积如何求，进而推导出面积公式。同时要引导学生必须把锐角三角形、直角三角形、钝角三角形按角分类的三种三角形都进行转化推导，在此基础上才能有效归纳总结出三角形面积公式。在全课小结阶段，除了进一步让学生体会转化的思想方法——等积变形、化未知为已知外，还要让学生初步感受从特殊到一般的归纳推导方法。

2. 在解题思路的探索过程中，积累数学思想方法

在解题过程中，无论是由问题推向结论，还是从结论溯因到条件的解题分析都需要方法，不过这种方法不应只针对一道题，而应是解决一类题的功能、方法，其核心部分是数学的思想。化归、数形结合、类比、猜想、对应等都是解题思路分析中常见的思想方法。正如爱因斯坦所说："在一切方法的背后，如果没有一种生气勃勃的精神，它们到头来，不过是笨拙的工具。"只有蕴含数学思想的方法，才能具有这种精神。

3. 在解决实际问题中，领悟数学思想方法

---

① 周新高. 小学数学思想方法教学的有效策略 [J]. 教育实践与研究，2010（3A）.

教师要增强学生的数学应用意识，鼓励学生运用数学知识去分析解决生活实际问题，引导学生在抽象和概括、建立数学模型、探求问题解决方法的过程中，进一步领悟数学中的定义、概念、公式、法则、性质等，从而在建立模型及对数学模型的解释与应用的双向过程中，领悟数学思想方领性意义。

4. 在常态化的小结反思中，内化数学思想方法

数学尤其要重视小结。通过小结，引导学生自觉地检查自己的思维活动，体会数学知识形成或发现的过程，体会数学问题解决的过程中运用了哪些基本的思考方法、技能和技巧，反思学习过程中走过的弯路，发生的错误以及其中的原因，对习得的知识或解决问题的方法、模型还有哪些疑问等等，这种小结与反思的过程有助于学生更好地建构，促进其对数学的理解由量的积累发展到质的飞跃。

数学是思维的体操。数学思维能力与思维品质的培养，以过程为载体，贯穿于数学教学的始终，而数学思想方法是数学思维的本质表现。脱离数学思想方法的数学教学是肤浅的，而脱离过程的思想方法教学是无效的。无论是知识的教学，还是方法的传授、能力的培养，教师都要注重过程，让学生在过程中经历体会，在过程中积累运用，在过程中领悟内化。

案例1： 归纳思维的培养[①]

归纳推理是形成创造能力的根本，将归纳思维的培养，不仅作为小学生获得新知的一种手段，更将其作为与演绎思维同步发展的不可缺少的课程教学目标，已经成为当前中小学教育界普遍认同的理念。《义务教育数学课程标准》修订稿也明确提出演绎思维与归纳思维应并举，可见归纳思维的重要。然而，究竟如何培养小学生的归纳思维，尤其是在日常的课堂教学中，如何落实，多数教师并不清楚。

原始案例：

案例1

2011年4月6日，在吉林省长春市某小学五年级"图形中的规律"（北

---

① 史亮，史宁中. 日常课如何培养"归纳思维"[J]. 人民教育，2011 (19).

师大版）课堂上，数学教师正在引导学生寻找图形中的规律。

师：同学们，老师用小木棍摆三角形（用PPT演示摆的过程），用3根小木棍摆出了一个三角形。请注意，老师又用了一些小木棍，一共摆出了两个三角形（如图1所示），此时用了几根小木棍呢？

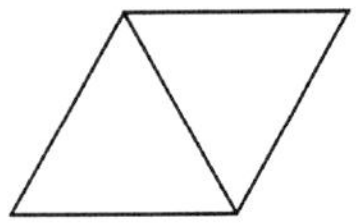

生：（数）一共5根小木棍。

（教师在屏幕上打出数字2和5）

图1

师：老师紧接着再摆几根小木棍，构成了3个三角形，这时用了几根小木棍呢？

生：（学生纷纷嘟嘟囔囔地小声数）7根。

（教师在屏幕上打出数字3和7）

师：老师按照这样的方式连续摆，一下子摆出了10个三角形，这时，用了多少根小木棍呢？请你用自己学具中的牙签或木棍亲自摆一摆，看看一共用了多少根小木棍。

（学生分组活动，每6人一组，通过实际操作，发现一共用了21根）

生：用了21根。

师：由此，你能发现什么规律吗？（教师将数字1、2、3、10与3、5、7、21分成两层，对应着写出来。学生思考）

生：我发现，小木棍的数量都是奇数。

生：我发现，3是1的两倍加1，5是2的两倍加1，7是3的两倍加1。

师：很好，这个规律是，摆 n 个三角形需要 $2n+1$ 根小木棒。

案例2

2011年3月28日，吉林省长春市某小学一节"两位数乘两位数的乘法"的课堂上，经过引入两位数乘两位数的乘法的必要性、如何计算的教学环节，再通过10分钟的当堂巩固练习，大部分学生几乎都能比较熟练地进行两位数乘两位数的计算。

此时，教师又给出了系列习题，作为强化训练（即"比一比，看谁算得快？"）：12×11，18×11，45×11。

同时，教师提出："分析这几个式子及其结果，你有什么发现？"

经过学生独立完成每一道题目后，教师引导学生分析结果与乘法算式中的一个因子的关系,发现了"两边一拉,中间一加"的规律,学生纷纷称奇!

上面的两个案例,都与归纳有关,案例 2 是典型的代数归纳,而案例 1 是以几何素材为背景的归纳,两种案例都试图体现归纳,但最终达到的效果是,规律是教师发现的、给出的,学生采用实际操作进行验证,确认教师给出的规律的合理性、正确性。这与让学生亲身经历"通过归纳发现数学真理的过程"的教学要求背道而驰。

怎么办呢?

经过课后研课、课堂教学录像分析,我们与任课教师合作设计、修改了这两个案例,形成了新的案例,并于两天后在平行班进行了第二次授课。

修改后的案例 1

师:同学们,老师用 3 根小木棍摆出了一个三角形(用 PPT 演示摆的过程)。注意,老师又用了一些小木棍摆出了两个三角形(如图 2 所示),此时,老师添加了几根小木棍呢?一共用了几根小木棍呢?

生:添加了 2 根,一共 5 根小木棍。

(教师在屏幕上打出数字 2 和 5)

师:老师紧接着再摆几根小木棍,构成了 3 个三角形。这时,又添加了几根小木棍呢?

生:又添加了 2 根,加上前面的 2 根,一共添加了 4 根,这时有 7 根小木棒。

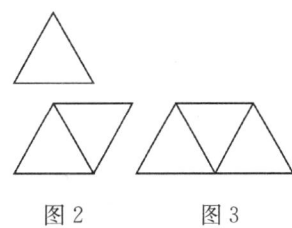

图 2　　图 3

(教师在屏幕上打出数字 3 和 7)

师:按照这样的方式摆下去,你猜一猜,摆 4 个三角形,一共需要几根小木棍呢?先想一想,猜一猜。谁说一说你的猜想?

生:我猜,应该是 9 根,理由是,在 3 个三角形的基础上再摆 2 根小木棍,就可以构成 4 个三角形,刚才是 7 根,加 2 根就是 9 根。

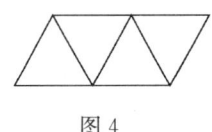

图 4

师:请大家用自己手中的小棍亲自摆一摆,验证刚才同学的猜想是否正确。

(学生分组活动,每 6 人一小组,通过实际操作,发现的确一共用了 9 根。教师组织全班学生交流各自的结果,大家一致认为是 9 根)

师：请大家注意，老师按照这样的方式连续摆，一下子摆出了10个三角形，这时，用了多少根小木棍呢？先在小组内讨论一下，你们小组觉得应该是几根小木棍。说说你们的理由，再用小木棍亲自摆一摆，验证你们小组的发现。

（学生分组讨论、验证。教师观察多个小组的讨论，不时指导。5分钟后，教师请两个小组的代表将自己小组的摆法展示在实物投影仪上）

生：我们小组的看法是：不用摆也能发现是21根。我们是这样想的：刚才老师先放了3根围成一个三角形，以后每添加两根，可以围成一个新的三角形（如图5所示），所以，摆10个三角形，需要在3根的基础上添加9次，所以，应该是 3+2×9=21（根）。

生：我们小组也认为，不用摆也能发现是21根。不过，我们的想法更简单：先放1根作为预备，每添加2根，可以添加一个三角形（如图6所示），所以，摆10个三角形，应该用了 1+2×10=21（根）。

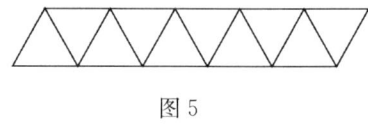

图5

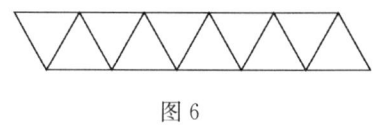

图6

师：大家认为这种方法好吗？

生：好！（鼓掌）

（此时，有一个小组提出还有不同的方法）

生：我们也觉得摆10个这样的三角形应该用21根，我们的想法更新奇：我们觉得，每个三角形都有一个底，摆10个，需要10个底，其他的小木棍作为斜着放的边，一共放了10+1根，所以，应该是 10+10+1=2×10+1=21（根）。

生：（纷纷惊叹）好！（鼓掌）

师：我们展示了每个小组的发现，你们能用一句话来表示自己的发现吗？如果我们用字母 n 表示摆的三角形的个数，即摆了 n 个三角形，那么，一共用了多少根小木棍呢？

生：（纷纷回答）$2n+1$ 根。

师：这就是我们大家共同的发现。

（教师写出如下板书）

$$1 \quad 2 \quad 3 \cdots 10 \cdots n$$
$$3 \quad 5 \quad 7 \cdots 21 \cdots 2n+1$$

师：好，大家现在研究用小木棍摆正方形的问题……

修改后的案例 2

师：出示系列习题：

(1) 计算下列 3 个算式，你有什么发现？

$12 \times 11 \quad 13 \times 11 \quad 15 \times 11$

(2) 用你刚才的发现，先猜一猜 45×11 应该得多少。然后再用竖式实际算一算，看看你的猜测是否正确。需要修改你的发现吗？用 11×63 再验证一下你修改后的结论。

(3) 总结你的发现，说一说其中的道理。

事实上，学生从 $12 \times 11 = 132$，$13 \times 11 = 143$，$15 \times 11 = 165$ 中，似乎可以得出"乘积是三位数，百位都是 1；十位数字似乎与其中的一个乘数有关"，当学生发现 $45 \times 11 = 495$ 后，往往会修改自己的猜测，部分学生会得出"两边一拉，中间一加"的猜测，即"将乘数 45 的两位数字一拉，中间放上这两个数字之和 $4+5$，即 9，得到的数字就是乘积"；同时，学生还可以用 11×63（或者自己编一些题目，如 11×27）验证自己的"发现"，即先猜 11×63 是多少，得 693，再用列竖式的方法验证自己的猜想。

分析：

上述两个案例，修改后仅仅细节有微小变化，但其效果却有很大差别。在修改的案例中，我们不仅可以达到同样的获知目的，而且还可以让学生经历一次归纳的思维过程，获得归纳的实际经验和体验，进而感受一次数学家式的思考过程、数学真理的发现过程，这个普适性的规律就是：让学生经历归纳的过程，不仅可以体现在数与代数、空间与图形领域，而且可以体现在数学课程的其他领域。例如，在实践与综合领域"鸡兔同笼"问题的教学中，可以这样设计教学环节——

教师用 PPT 出示问题：房间里有四条腿的椅子和三条腿的凳子，一共 15 把，如果椅子腿与凳子腿加起来共有 56 个，那么，有几把椅子、几把凳子呢？

（注：这是典型的"鸡兔同笼"问题，但是，椅子和凳子仅仅相差一条腿，而不是兔与鸡相差两条腿，因而，与"鸡兔同笼"的原始问题相比，这更有利于学生进行"尝试"）

(1) 你计划用什么方法思考？能试着先用一些特殊情形尝试一下吗？

(2) 能列一个表格，表达你尝试的过程吗？（可以参考如下的表格）

椅子数	凳子数	腿的总数

(3) 当你尝试着先给椅子、凳子的数量一些特殊值以计算腿的总数时，计算2~3次后，你有什么发现？能找到一些规律吗？

(4) 按照你的规律猜想一下，如果增加凳子数、减少椅子数，大约多少次，腿的总数可以降到56个呢？

(5) 如果用字母 a 表示椅子数，那么，能将刚才的过程重新梳理一遍吗？

案例2： 运用不同数学思想解决植树问题[①]

"植树问题"教学重点是让学生经历找规律的过程，发展学生的数学思维。很多教师的做法都是让学生观察主题图，引导学生发现这样的规律：当两种物体一个隔一个排列，并且两端都是同一种物体时，两端的物体比中间的物体个数多1。发现规律之后，再运用规律解决具体问题。这样安排的好处是利于绝大多数学生迅速、牢固地掌握一种规律，能够提高他们运用规律解决类似问题的能力。

不过，这样处理的弊端也很明显：一是利用这个规律不能解决变式程度较大的新问题（如在封闭的环行路上种树的问题），如果这时再逐一讲解相关规律，课堂教学时间肯定不够，教学效率就比较低，而且这样的处理方法比

---

① 徐云康. 运用不同数学思想解决植树问题漫谈［J］. 教育实践与研究，2010 (11A).

较分散,不利于学生形成完整的认知结构;二是预设只有一种规律的情境,留给学生思考的空间太小,师生之间一问一答比较多,教学形式单一,容易引起学生疲劳感,不利于学生发散思维和创新能力的培养。

能不能充分挖掘"植树问题"背后所隐含的数学思想,并结合学生的知识储备,找到一条行之有效的教学方法呢?通过查找资料和教学实践,笔者认为,通过模型思想、对应思想、转化思想等数学思想的挖掘、提炼和运用,有助于学生构建起较完整的知识体系。下面列举几种不同的数学思想方法。

(1) 模型思想

教学片段:

师:现在我们来做一个给绳子打结的游戏,好吗?

生:好。

师:先来看一下合作要求:请同学们在绳子上每隔一段任意打 1 个结,一共打 3 个结,观察结数和段数有什么关系。如果你还有其他的想法,可以在另外的绳子上试一试。

生$_1$:我是这样打的,两头分别打一个结,中间打一个结。这样有 3 个结 2 个段。(根据学生的回答,教师出示图1)

生$_2$:我在绳子的中间打了三个结,这样有 3 个结 4 个段。(教师根据学生的回答,出示图2)

生$_3$:我在一头打结,另一头不打结,这样有 3 个结和 3 个段。(教师根据学生的回答,出示图3)

师:很好,还有和他们都不一样的方法吗?

生$_4$:老师,我先在绳子的中间打两个结,再把绳子的两头合起来打一个结,这样也是 3 个结和 3 个段。(教师根据学生的回答,出示图4)

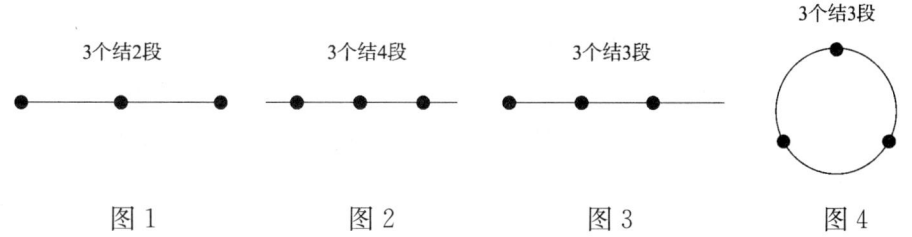

图1　　　　　图2　　　　　图3　　　　　图4

师：还有其他方法吗？

生：没有了。

师：下面我们来好好看一下这几幅图。图3和图4有什么相同的地方？

生$_5$：它们的结数都等于段数。

师：为什么它们的结数都等于段数呢？

生$_6$：有一个结就对应一个段，所以它们的个数就相等了。

师：图1和图2有什么不相同的地方？

生$_7$：图1两头是结，结数比段数多1；图2两头是段，段数比结数多1。

师：图1和图2有什么相同的地方？

生$_8$：两头是相同的物体的时候，两头的物体比中间的物体个数多1个。

师：为什么？

生$_9$：开头的物体后面都对应着一个中间的物体，结尾的物体没有对应的物体了，所以就多1个。

师：这四幅图，可以分成几类呢？

生$_{10}$：两类，图4是封闭的图形，图1、2、3不是封闭的图形。

师：为什么都是打3个结，可是形成的段数却不同呢？

生$_{11}$：因为打结的位置不同，所以段数就不同了。

最后，形成了这样的板书：

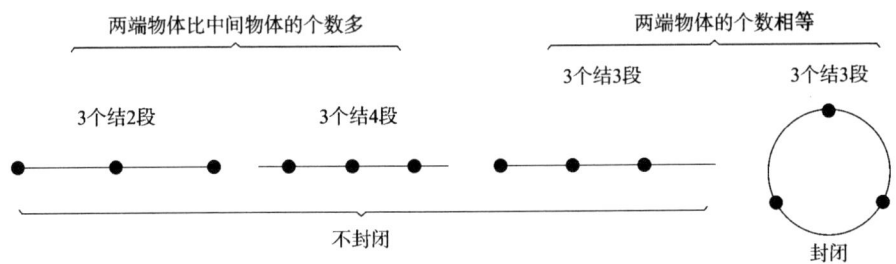

不同的打结方式就是不同的"植树"情况，学生利用一根小小的绳子，亲历了一个又一个的"植树模型"的建立过程，构成一个相互联系的模型群。一根小小的绳子，神奇地把"植树问题"的所有情形都概括了进去，突破了教材的束缚。

学生通过给绳子打结这个具体、可感的活动，丰富了自己的表象储备，形成了生动、形象的感性认识,为最后在做中感悟、提炼出"植树问题"背后隐含的规律打下了坚实的基础。由于构建模型、得出结论的过程是策略开放、结论开放的,学生的自主探究就有了广阔的空间。教学中,学生们积极参与,热烈讨论,智慧的火花不断闪现,他们的思维能力也在交流中互补,在碰撞中提升。

(2) 对应思想

对应的思想由来已久,比如我们将一支铅笔、一本书、一栋房子对应一个抽象的数"1",将两只眼睛、一对耳环、双胞胎对应一个抽象的数"2"。

教学片段:

教师首先出示尝试题:有9棵树排成一行,每相邻的两棵树之间放一盆花,头和尾都不放花,一共可以放多少盆花?教师放手让学生自主探索。许多学生通过画图和数数得出"8盆"。他们的图大都如下(图中"|"代表树,"0"代表花):|0|0|0|0|0|0|0|0|

师:假如不让你数,你还有别的方法吗?假如有500棵树排成一行,还这样摆花,一共可以放多少盆?你还这样画和数行吗?

(教师有意设置认知冲突,促使学生另辟蹊径,进行数学思考,寻找花与树之间的数量关系)

生:我发现有规律。

师:什么规律?

生:从头开始,一棵树对着一盆花,一棵树对着一盆花……最后一棵树很孤单,没有花和它对,所以花的盆数比树的棵数少1,列式为 $9-1=8$(盆)。

学生用图说明思路:

|0|0|0|0|0|0|0|0|

师:那500棵树,还这样放花,一共可以放多少盆?

生:还是从头开始,一棵树对着一盆花,一棵树对着一盆花……最后一棵树没有花和它对,所以列式为 $500-1=499$(盆)。

(学生已开始借助表象进行抽象思考,发现了树的棵数与花的盆数之间的关系)

师：假如有500棵树排成一行，每相邻的两棵树之间放一盆花，头和尾都放花，一共可以放多少盆？

生：还是从头开始，一盆花对着一棵树，一盆花对着一棵树……最后一盆花没有树与它对，所以花比树多1，列式为500＋1＝501（盆）。（学生很轻松地发现了花与树之间的数量关系）

学生用图说明思路：

O｜O｜O｜O｜……O｜O

教师又进行了变式。

师：假如有500棵树排成一行，还是每相邻的两棵树之间放一盆花，最前面有花，最后面不放花，一共要放多少盆花？

生：还是从头开始，一盆花对着一棵树，一盆花对着一棵树……树与花刚好全部对完，所以花与树同样多，都是500。

学生用图说明思路：

O｜O｜O｜O｜……O｜

新授至此，学生已基本掌握了对应的数学思想方法，感受到它的作用，体会到运用它的乐趣。在后面的综合练习中，学生能主动地运用这一思想方法解题，几乎没有一个学生搞错。

教师并不满足于此，又深化一步，出示一道思考题：有51棵树排成一行，每相邻的两棵树之间放4盆花，一棵树对着4盆花……最后一棵树没有花与它对应，所以中间有50个4盆花，共有50×4＝200（盆）。

大多数学生能借助表象直接地进行抽象思考，轻松地解答了难题。由于采用了画图法大大降低了难度，大多数学生学得轻松，哪怕经过一段时间再让学生做，他们也能熟练解答。

（3）转化思想

所谓转化就是将难以理解的或是无法解决的问题，用等价的方式描述，从而将原问题转化成可以解决的问题或更容易解决的问题。在"植树问题"教学中，区分什么是树、什么是间隔，是教学中的难点，如何使学生分清什么是树还是间隔成为教学的关键。笔者在教学这一内容时，也进行了一些探索，最后觉得以下步骤较为理想：开始教师用大量的事例使学生认清树和间隔之间的关系（基于"两端都栽"的基本型），即树比间隔多1；接着引导学生感悟到树和间隔没有严格的界限，只不过是一种人为的界定，树和间隔是可相互转化的；然后帮助学生用转化的方法转化题中的树和间隔（两端是树，树与树之间是间隔），认准题中哪一个可以看作树，哪一个可以看作间隔，是求树还是求间隔；最后使学生形成一条清晰的解题思路，求树的棵数用间隔加1，求间隔数用树的棵数减1。这样教学，将植树问题的三个关系式统一到一个关系式上来，即：棵数＝间隔＋1。这样既减轻了学生的记忆负担，又方便了学生的解题。下面一题更能体现它的优势：

学校一条大路上一边插了20面彩旗。①如果两面彩旗中间放一盆花，一共要放多少盆花？②如果要使两盆花之间有一面彩旗，一共要放多少盆花？

把第①题中的彩旗看成是树，花盆的个体数看成是间隔，列式为：$20-1=19$（盆）。第②题彩旗就不是树了，因为花盆要放到两端了，花盆是树，彩旗是间隔，求花盆的个数就是求树的棵数，解法就是：$20+1=21$（盆）。这样就将树的间隔进行巧妙的转化，学生在解答时也就不困难了。

教学有三重境界：一是教知识，二是教方法，三是教思想。新课程下的小学数学教学比以往更加重视数学思想方法的教学，教师在平时的教学中也应该及时地对数学思想方法进行提炼、归纳和概括，引导学生灵活地运用数学思想方法解决数学问题，让数学思想方法逐步深入人心，最终内化为学生的数学素养。

第十节　由前科学到科学

前科学概念又称日常概念、生活概念，它是人们在日常生活和交往过程中形成的概念。这种概念通常是个体通过耳闻目睹、自身实践将周围自然界的物体和事件联系起来形成的对自然现象的理解或想法，常具有片面性或错误，但也能够真实地反映学生思维中一些潜在的、原型的想法。科学概念是在教学活动中获得的对客观事物的共同属性和本质特征的反映。[①] 学生的前科学概念是新知识建构的基础，不容忽视。

学生的前科学概念中有一些是与科学概念相一致的。尽管这种一致尚处于比较低级的、直觉的、表面的水平，但仍可看作是实施科学教育的良好基础和有利因素。但是，更值得我们注意的是，学生的头脑中也持有大量的与科学知识和认识不一致的个人前概念。比如初三学生在自己的个人概念体系里，将纯净等同于干净、洁净、透明；将混合物等同于脏物、污染物、含杂质的物质；将溶解等同于消失；将分解等同于分离等等。这些前概念不仅是普遍的，而且是清晰的、稳定的、顽固的，会对学生接受、形成和发展科学概念和认识起到阻碍、消极的影响，是特别值得注意和研究的。

国内外研究表明，对当前概念的不满意是产生概念转变学习的关键因素，一旦引发这种认知冲突，就会引起学生认知心理的不平衡，就能激起学生的求知欲和好奇心，使学生产生解决这种认知冲突获得心理平衡的动机。因此，引发认知冲突是转变学生错误前概念的有效策略。如在位移概念的教学中，针对学生在学习位移概念前，已经有了距离和路程来描述物体位置移动的经验，教师可采用如下做法：首先提出在研究物体运动的过程中，需要描述物体从位置 A 到位置 B 的移动问题，并让学生充分发表他们已知、熟悉的描述方法——"距离"和"路程"，讨论这些方法对正确描述位置移动存在的不足，接着在讨论的基础上，总结出描述物体位置移动应该包括"表示末位置相对于初位置的距离和方向"这样两个要素，然后引出"位移"概念，实现使学生从"路程"概念到科学的"位移"概念之间的自然转变。

有研究提出："学生前科学概念与科学概念之间的不一致性或差异从总体上看可以分为所谓的类别内和类别间的差异，具体可以分为三种性质：由于具体性知识或常识的缺乏所致，由于抽象性、一般性、概括性观念和认识的缺乏所致，以及由于心智模式、认识方法论方面的差异所致，并且经常是一种组合型差异……如果个人概念与科学概念之间的差异属于类别内的性质，也就是说当既有的知识与待学的知识之间有共享的属性时，概念的改变是比

[①] 王学娟. 重视高中生物中的前科学概念 [J]. 中学生物学，2009 (9).

较容易发生的。因为这种改变主要是通过增加或减少一些属性的方式来改变概念结构，经过常规的科学教育就比较容易转化和改变。如果个人概念与科学概念之间的差异涉及类别之间的性质，也就是说当既有的知识与待学的知识之间没有可共享的属性，单纯地依靠一般的科学教育是很难转变的。对于这类知识的教学必须高度重视学生的前科学认识特点，针对性地实施概念转变教学策略和方法，才有可能达到科学教育的目标，真正形成或重新建构学生关于科学的认识。"[1]

前科学概念具有以下几个主要特征：[2]

（1）自发性。前科学概念是在学生的大脑中自发性地建构的，没有人教他这个问题应该是这样、那个问题应该是那样，他们完全是站在自己的立场上，凭自己的感性经验进行建构的。

（2）广泛性。前科学概念包罗万象，学生在各学科及其分支中都存在有前科学概念，在不同地区甚至不同国家的学生，都具有相异构想。

（3）顽固性。前科学概念一旦形成，就会在人的思维中形成定势，在学生头脑中根深蒂固，印象深刻。这些概念如果用传统的教学方法给予更正，就会显得比较生硬。

（4）隐蔽性。学生头脑中的前科学概念是潜移默化形成的，以潜在形式存在，平时不易表现出来。

（5）负迁移性。先前的知识结构对新的知识结构的建立有时会产生负面影响。

（6）反复性。学生学习科学概念后，前科学概念还会对学生产生作用，使其产生糊涂的认识。前科学概念很难在一个有限的学习时间里彻底消除，即使在学习中被纠正过，也很容易形成反复。

（7）特异性。因学生的个体差异和环境差异，造成学生前科学概念的多样性和特异性。

---

[1] 王磊、苏伶俐、黄燕玲. 初中生化学前概念的探查［J］. 心理发展与教育，2000（1）.

[2] 王学娟. 重视高中生物中的前科学概念［J］. 中学生物学，2009（9）.

(8) 表象性。学生的前科学概念比较肤浅、直观，还停留在表象的概括水平上。

教学中将学生的前科学概念转化为科学概念时，应注意以下几个问题：[①]

第一，进行教学前测，了解学生的错误前概念。对于前概念及其转变的研究来说，诊断学生的错误前概念就显得非常重要。教师在教授新知识之前，应采用诊断性的测试方式，如谈话法、问卷调查法，了解学生的原认知结构。这样，一方面通过教学前测，能激活学生的经验图式，让它从隐蔽之处呈现出来；另一方面，进行教学前测并及时反馈，能够有效地激发学生的学习动机，这样学生就可以根据自己原有的认知结构进行同化和顺应新概念的学习。如热现象是学生比较常见的物理现象，学生对热现象有很多自己的想法，教师在新授内能知识时，可采用谈话的方法，了解学生脑中的前概念。教师可以向学生提出这样一个问题："温度高的物体热量就多吗？"通过学生的回答，教师就能知道学生对于温度、热量以及内能概念的错误前认知，以采用恰当的教学方法转变学生对热现象认识的错误前概念。

第二，教师应精心创设符合学生前科学概念的情境，使之与学生已有认识产生"共振"，上升为一定层次的科学概念。[②] 只有充分了解学生的前科学概念，才能对症下药，将课堂研究的重点放在学生错误的或者片面的前科学概念上，这样既能提高课堂效率，又能培养学生的科学素养。让学生在与实际情况相类似的教学情境中修正错误想法，是帮助他们获得科学概念的最佳途径。学生头脑中的前概念大多是在生活的具体情境中建立起来的，用他们获得前概念的真实问题作为实例进行教学，会产生真实感和亲切感。

教师可通过创设教学情境，让学生根据自己的理解，预测实验或问题的结果；让他们用自己的前概念对现象进行解释，并为自己的前概念进行辩护，从而使思维结构发生冲突，并强烈意识到前概念的存在。教师在适当时机参

---

① 陈庆军、吴能平. 物理前概念研究, 对构建科学概念的启示 [J]. 物理教师, 2011 (5).
② 傅俊红、江美华. 让学生消除错误的"前科学概念" [J]. 教书育人, 2010 (10).

与，并一步步引导他们用正确的概念来解释问题。如对正压力的理解，有部分学生认为压力是由重力引起的，而且重力越大，压力也越大。针对这种错误的前认知，教师可创设教学情境，使一木块分别静止于水平面上、斜面上和竖直墙壁上，让学生通过比较3种不同情形下的不同压力，得出压力与重力并不存在对应关系，只有静止在水平面上的物体，压力的大小才等于重力的大小，形成压力的科学概念。

第三，教师应尊重学生已有的认知经验，以学生的前科学概念为教学起点，使原有的概念同新学习的概念密切联系起来，促进科学概念的习得。教师可以将学生的前概念作为教学的出发点或支点，在学生已知的和未知的事物之间利用类比关系，帮助学生摒弃原有的前概念，进一步理解与接受科学概念。这就好比在学生的前概念与科学概念之间架起一座桥，通过这座桥，能使学生更易消除错误前概念，建立科学概念。学生的前概念的形成相当程度上依赖于其生活背景，并受到科普教育及大众媒体的影响，有些与科学概念不一致的前概念的形成是受某些媒体的误导所致。因此教师有责任及时澄清媒体中的误导，帮助学生形成相对正确的前概念。

如在初中物理概念教学中，教师要巧妙地运用学生在生活中感知过的经验，来促进概念的同化。用扳手拧紧螺丝时，手尽量在手柄的末端，才容易拧下螺丝，用剪刀裁剪物体时，尽量把物体靠近支点处，容易剪断物体，这样的经验，几乎每个初中学生都经历过。要把科学的概念同化为自己的图式，可以在引导学生运用杠杆的平衡条件分析：人们在杠杆平衡或非常接近平衡的条件下使用杠杆，杠杆平衡时满足动力×动力臂＝阻力×阻力臂，在阻力、阻力臂一定时，加长了动力臂可以减小动力，从而可以省力。所以，在手柄的末端用力就是为了通过增大动力臂来达到省力的目的。螺丝生锈后阻力会增大，阻力臂还是一定的，这时阻力和阻力臂的乘积要比不生锈时大，为了用较小的力，就必须再加长动力臂，因此，套上铁管也是通过增大动力臂以尽量减小动力来省力。而用剪刀剪断较硬的物体时尽量把较硬的物体靠近支点处，是在动力臂、阻力不变时减小阻力臂来省力的。顺势迁移，就促进了学生运用杠杆平衡条件解决问题。

第四，开展合作学习，使隐蔽的错误前概念显露出来。合作学习可以克服个体知觉系统的局限性。学生通过合作、交流与讨论，能超越自己原来狭隘的认识，了解彼此的见解，了解那些不同观点的基础。而且，在合作学习中，每个学生都是积极的参与者，在自由平等、相互信任的气氛中最适宜表达各自独特的观念。这些独特的观念有些是自相矛盾的，学生在激烈的争论和积极的思考中，常常会认识到自己原有认识的片面性和不合理之处，并萌发一些新的猜想，而这些猜想往往已经走近真理的边缘。此时，教师也可以作为合作学习的一分子参与讨论。当积极的学习发生时，教师参与讨论的效果远远大于直接提供正确答案。

第五，探究与体验是转变错误前概念的重要途径。概念的形成和发展过程对于每个学生来说都是不一样的，因此在教学过程中要尽可能地让每个学生依据自己独特的发展方式进行科学概念的学习。探究式教学为每个学生提供了通过各种途径形成概念的条件，满足了每个学生自主学习、探究问题的天性。学生可以从所要探究的概念出发，通过阅读课本或查阅有关资料或与同学老师的交流，收集有关的材料，并通过自己对材料的分析提出主观的猜想并亲自动手设计实验来进行验证。在探究中，学生能通过丰富的体验和感悟逐步纠正一些错误的观念和看法，为获得科学概念提供有力的心理支柱。如物质的密度，学生有很多隐藏在头脑中的混乱想法——质量大密度大，体积大密度大，硬度大密度大等，只有通过亲身体验和探究，学生才较容易获得科学概念，纠正错误的前概念，且不易反复。

案例 1： 毛衣能够发热吗[①]

学生在学习科学概念之前已经形成自己的前科学概念。这些前科学概念可谓是"天真的理论"。他们在学习科学概念之前都用自己的前科学概念来解释现实中的问题，即使在学习科学概念之后，有的学生还会继续坚持他们的前科学概念。为此教师要研究学生前科学概念的内涵、特点以及消除它们的有效教学策略。下面是小学四年级学生的前科学概念，比较充分地说明了前

---

① 唐建生，唐文萍. 面向学生生活世界的科学教育改革［J］. 湖南师范大学教育科学学报，2011（9）.

科学概念的持久性及其对学习科学概念的阻抗作用。

在一节关于热的科学课堂上，某教师发现学生对"热"的理解令人吃惊。学生在过去几年的冬季里，父母多次叮嘱，当感到寒冷的时候要穿上毛衣，学生们就确信毛衣本身能够发热，这就是他们的前科学概念。教师决定给学生一个机会，让他们自己去发现毛衣是否真的会发热。

教师给学生提供验证的机会，让学生把温度计放进毛衣里测量毛衣的温度。他们的假设是：温度升高就表明毛衣的确能发热。当学生观察到毛衣里的温度计没有显示温度的变化时，教师以为学生就会意识到原来的想法是错的。然而，尽管毛衣里的温度计一直保持在摄氏20度，有的学生依然相信毛衣会发热。其中一个学生在记录表上写到："冷与热有时候真奇怪。也许温度计坏了，因为它是用来测量室内温度的。"做过几个实验之后，还是有学生坚持原来的观点，认为毛衣能够发热。后来，学生检查证实了温度计没有坏，又把温度计长时间地放在毛衣里，还把毛衣放到其他不同的地方，甚至把毛衣放在睡袋里，学生才开始相信毛衣不会发热，热不是由毛衣产生的，而是由太阳和人的身体产生的。

这个案例很有价值。它说明了儿童具有前科学的概念，科学教学要改变他们的"天真理论"是多么困难。不过这位教师还是帮助小学生们放弃了前科学概念。在刚开始上课的时候，她给学生时间集中讨论他们对热的想法，以呈现他们对热的初步认识；然后她用这些信息设计课程单元的主要部分，鼓励学生自己设计实验验证他们的观念；第三步她让学生运用第一手实验资料，重新思考以前的观点并获得对热的正确认识；第四步她鼓励学生把科学知识应用到新的情境中。这样，当学生穿上毛衣时就知道，热量不是来自毛衣而是来自身体了。

从科学的观点看，前科学概念是不完美的，且多数与科学概念直接冲突。但是前科学概念是儿童自己在生活世界中建构起来的，是儿童学习科学的必经之路，具有存在的合理价值，是科学教学的重要资源，不能因为要改变它就否认它的价值，不能因为它的某些属性（持久性、多样性）而把它视为不好的内容。

案例2： 加强实验教学，引入"惯性"概念[1]

脚被绊住时人体会向前摔倒或脚突然踩上西瓜皮时人体会向后摔倒，几乎是每个初中学生都经历过的生活经验，这是典型的惯性现象。某教师以此事实引入惯性概念来调动学生的积极性，然后用惯性小车和长方体木条在桌面演示：把长方体木条竖立在惯性小车上，使静止的小车突然被拉动，发现长方体木条向后倒；接着，先使惯性小车运动起来，然后用手突然停住小车，观察到长方体木条向前倒去。

接着教师引导学生分析全部过程：原来长方体木条（强调长方体木条是研究对象）是静止（运动）的，当惯性小车突然启动（被迫停下）时，长方体木条的下部由于受到静摩擦力的缘故也被迫启动（静止），长方体木条的上部由于惯性要保持原来的静止（运动）状态，所以会向后（前）倒去。

再对比分析人的情况：原来人是运动的，脚部被绊住（踩上西瓜皮）后，人的脚部被迫静止（或突然加速），人体的上部由于惯性要保持原来的运动状态，所以人会向前（向后）摔倒。

实验不但使学生原知识经验的价值被肯定，而且加深了其感性认识并扩展了经验，也在创设的问题情境中强化了概念的学习。

案例3： 合理运用类比，由速度概念迁移到压强概念[2]

类比就是两个概念、原理或者公式之间相似的特征的对应，也就是类比物与目标物之间的特征对应。教师运用类比可以对将要学习的新知识提供一个相近的表象，容易刺激学生回忆起头脑中已有的经验表象，以此为契机促进知识或经验的正迁移。

学生在小学时就学习了速度的概念，在初中也是先学习速度的概念后学习压强的概念，故可以通过学生形成速度概念时的过程与压强概念进行类比：比较物体运动的快慢，或比较在相等时间内通过路程的长短，即在相等时间

---

[1][2] 修绍虎，赵立竹. 利用前科学概念的正迁移促进初中物理概念的学习[J]. 2010（9）.

内通过的路程越长的物体运动得越快，越少的运动得越慢；或比较通过相等的路程所用时间的长短，即通过相等的路程，所需时间越短的物体运动得越快，所需时间越长的物体运动得越慢，即用运动物体在单位路程内需要的时间长短来比较快慢。当几个运动物体做匀速直线运动，用不同的时间通过了不同的路程时，就可以用上述方法比较。为了方便，用单位时间内物体通过路程的多少表示速度大小，也就是路程除以时间，从而定义速度的概念。类似地，要比较压力的作用效果，在压力一定时比较物体受力面积的大小，受力面积越小的压力作用效果越显著，受力面积越大的压力作用效果越不显著；在受力面积一定时比较物体所受压力的大小，所受压力越大的作用效果越显著，压力越小的作用效果越不显著；但在压力和受力面积都不相同时就要看单位面积上压力的大小，如此类比迁移促进理解压强的概念乃至控制变量法的运用。

通过合理地类比，能让学生看到许多深奥的物理规律其实与生活中的许多事物都是相似的，能让学生更深刻地理解并记住物理概念。前科学概念是一种资源，教师应该珍视学生的这个财富。由于学生的前科学概念零散分布在各个知识点中，所以应尽量结合学生周围的生活实际和实验，随时随地进行随机通达教学，充分利用前科学概念的正迁移功能，强化科学概念的学习。

案例4： 高中生物学中常见的前科学概念与科学概念及常见错误举例[①]

	前科学概念	科学概念	常见错误
例1 可逆反应	用双向箭头表示的反应就是可逆反应。	在同一条件（场所、酶）下，既能向正反应方向进行，同时又能向逆反应方向进行的反应，叫做可逆反应。	ATP与ADP的相互转化反应是可逆反应。

---

① 王学娟. 重视高中生物中的前科学概念[J]. 中学生物学，2009（9）.

例2 自养型生物	自己能养活自己的生物就是自养型生物。	以大气中的二氧化碳或环境中的碳酸盐为碳素营养的一种营养类型,此类生物称为自养型生物。绿色植物和少数细菌为自养型。	成年人是自养型生物。
例3 暗反应	暗反应只有在黑暗的环境中才能进行。	暗反应是 CO 固定反应,简称碳固定反应。在这一反应中,叶绿体利用光反应产生的 ATP 和 NADPH 这两个高能化合物分别作为能源和还原的动力将 CO_2 固定,使之转变成葡萄糖,由于这一过程不需要光所以称为暗反应。但暗反应在光下也能进行。	植物白天进行光反应,晚上进行暗反应。
例4 遗传病	遗传病就是生来就有的病。	遗传病是指完全或部分由遗传因素决定的疾病,常为先天性的,也可后天发病。如先天愚型、多指(趾)、先天性聋哑、血友病等,这些遗传病完全由遗传因素决定发病,并且出生一定时间后才发病。	生来就有的病都是遗传病,例:因为艾滋病可以通过母婴传播,就被认为是遗传病。
例5 皮肤对水的排出量	在出汗的时候,皮肤排出水的量。	包括由皮肤表层蒸发的水汽和汗腺排出的水汽。	皮肤对水的排出量仅包括排汗量。
例6 内环境	人体皮肤以内的环境即为内环境。	体液(体内的液体)包括细胞内液和细胞外液。由细胞外液构成的液体环境叫做内环境。	消化道、呼吸道也属于内环境。
例7 生物多样性	多种多样的生物。	生物多样性包括:生态系统多样性、物种多样性、基因多样性。	生物多样性就是物种多样性。
例8 条件反射	有一定的外界条件存在时,神经系统发生的活动。	条件反射是后天的,在个体生活中获得的,是高等动物在非条件反射基础上形成的反射。	有刺激有反应(膝跳反射)的现象叫条件反射。

教师应充分了解学生前科学概念,才能对症下药,将课堂研究的重点放在学生错误的或者片面的前科学概念上,这样既能提高课堂效率,又培养学

生的科学素养。为了转变前科学概念，必须使学习者的认知发生冲突，动摇其前科学概念，从而建立科学概念。教师应让学生尝试解释一些事件，引起概念冲突，发现矛盾事件，鼓励和引导学生调整认知，建立与科学概念相一致的新的概念模型。

第十一节　由知识分散到知识整合

知识整合是将零散、杂乱的分散知识系统化的过程，是知识扩散和系统化的过程。学生在教学过程中，头脑已经接受或产生零散的想法和知识点。为了帮助学生将这些零散的知识点集合在一起，形成完整的认识结构，教师需要引导学生抓住知识的内在联系与要领，对这些知识进行整合，以形成良好的认知结构。在教学中要注重引导学生将知识整合、结构化，主要有以下三点理由。

首先，应把学科知识看作一个有机的整体，以突出学科知识间的内在联系。

所谓结构，简单地说，就是事物的联系，它表现为组织形式和构成秩序。之所以强调整体，是因为整体功能大于各要素功能之和，而这恰恰又是由整体内部各个要素间的有机联系所决定的。知识间的这种内在联系是客观存在的，它反映在科学知识本身的逻辑关系以及人类认识科学知识的序列之中，教材（教学内容）必须以一种有利于学生学习的方式再现这种联系。对此，我们可以从静态和动态两个方面加以进一步理解：在静态方面，学科知识应该形成经纬交织、融会贯通的网络，这样能够帮助学生在头脑中将知识"竖成线，横成片"，或"由点构成线，由线构成面"，从而形成由点、线、面筑成的立体式的整体知识结构网络。这样，不但有助于记忆（在信息的任何组织中，如果信息嵌进了一个业已组成的认知结构之中，而减少了材料的极度复杂性，那就会使那类材料易于恢复——布鲁纳），而且也使学变得容易。在动态方面，学科知识应该形成一个自我再生力强的开放系统，以充分挖掘学科知识结构区别于科学知识结构的特有功能。为此教材教法必须合理地设置孕伏关系，使前后内容互相蕴含自然推演，在思想上为学生提供一个由已知到未知的通路。这样，有利于学生形成一个具有生命力的处于运动中的思维网络，从而不仅深刻领会各个概念的实质，也能掌握蕴含在各个概念相互关系中的各科推理思维模式。

其次，应使学科知识形成金字塔形的结构，以突出学科中核心的基本概念。

学科知识要素之间不仅具有平行相连的并列关系，而且具有上下纵横互相交错的从属关系。为此，教材（教学内容）必须依照各概念自身的抽象性、包摄性和概括性程度，把学科知识要素组成一个具有等级性和层次性的金字塔形的结构。处于金字塔顶端的即学科领域中的核心的基本的概念（这是教学重点的实质所在），也称为主干知识。这些核心的基本的概念越是抽象，它的包摄性、概括性就越强，它所起的统帅、整合和组织辅助知识（处于金字塔下端的知识）的作用就越大。奥苏伯尔把主干知识称为"上位观念"（或所谓"先行组织者"），他认为学生一旦掌握这些观念，便会顺利地进行有意义的同化学习。布鲁纳则把主干知识称为"一般观念"（或"基本原理"），他认为，一般观念可作认识往后所接触到的具体知识的基础，具体知识可以当作一般观念的特殊事例来处理，心理学上把这种现象称为"原理或态度的迁移"。布鲁纳强调，"这种类型的迁移应该是教育过程的核心——用基本的和一般的观念来不断扩展和加深知识"。[①] 它要求教师在一门课程教学进程中，应反复地回到这些基本观念，以这些观念为基础，直至学生掌握与这些观念相伴随的完全形式的体系为止。实践证明，强调学科核心的基本观念的教学有助于克服传统教材教法的平铺直叙的模式，培养学生以纲带目、以简驭繁的能力。

再次，注重学科的方法和思想，形成灵活的学科知识结构。

每门学科都有其自身的方法与思想，掌握学科的方法和思想也是学生学

---

① ［美］布鲁纳著，邵瑞珍等译. 布鲁纳教育论著选［M］. 北京：人民教育出版社，1989：36.

科能力发展的重要组成部分。学科的方法是人们学习学科知识和应用学科知识的思维策略或模式,掌握了它,人们才能有效地获取学科知识和求解学科问题。学科的思想是人们通过学科活动对学科基本问题形成的一个总的看法,也是人们在对学科知识和方法做更进一步认识和概括的基础上形成的一般性观点,它是人们分析和解决学科问题过程中思维活动的导航器。可以认为,前者是学科思维的"硬件",后者是学科思维的"软件"。它们都是基于学科知识,又高于学科知识,与学科知识具有不可分割的辩证统一性。学科知识蕴涵着思想方法,思想方法又产生学科知识,二者好比鸟之双翼,缺一不可。这就要求我们在强调学科知识教学的同时,也要突出学科思想方法的教学,努力使两者互相促进、协调发展。我国传统教学只注重学科知识的传授,而忽视知识发展过程中思想方法的渗透和指导,结果往往只让学生的头脑填满一大堆死的材料,而无法形成一个具有活性的知识结构。实践证明,只有知识教学和思想方法教学并重,在知识讲授过程中强调突出思想方法的有机渗透和统帅作用,才能有助于学生形成一个既有肉体又有灵魂的活的学科知识结构。这样,不仅会促进学生学科能力的发展,而且还会推动学生思维一般品质乃至整个思想素质的全面提高。

注重知识的整合,首先要把知识点构建成知识块,再把知识块联结成知识网,从而把握知识的内在逻辑,这样就可以做到提纲挈领、纲举目张,避免知识在大脑中毫无头绪、杂乱无章。在教学过程中,教师具体可以通过引导学生构建"知识树"、"概念图"、"思维导图"等方法,促进知识的整合及结构化、系统化。这三种方法,可以更直观地、立体化、可视化地体现知识间的关系。

一、知识树

所谓"知识树",就是用树状的形式,提纲挈领、简明扼要地把教材的主要内容及其知识点的内在联系表现出来。大的知识树可以是一个学段、一门学科、一本书、一个单元的内容，小的知识树一般是一篇课文或一节教材的内容。[①] 魏书生老师将语文的知识画成一棵树，树有十个分枝：拼音、生字、词汇、语法、修辞、标点、文学常识、文言文、阅读和写作。分枝以下还有小枝和杈。知识树的构建，对于教师的教和学生的学都具有积极意义，它以直观、清晰的特点而备受师生青睐，是一种归纳总结的较好形式，是促成知识点成为连通网络的一种绝好途径。教师以学科知识树来指导自己的教学，可以减少教学的盲目性，使教学目标更为明确，教学方法更为科学，教学实效更为突出。学生通过绘制、使用知识树可以更加系统、条理地掌握知识，提高学习效率。

我们进行知识树构建，应本着科学、实用、高效的原则，坚持教师在教前构建知识树，学生在学后构建知识树，达到互为补充，相得益彰。教师在教前构建知识树，重在对教学内容的再加工，旨在导学；学生在学后构建知识树，重在过程，旨在增效。教师构建知识树，应遵循教学规律，按照"学段知识树——学期知识树——单元知识树"的顺序，由宏观到微观的层次进行构建：[②]

1. 学段知识树

一般在学期开学之前教师集中培训学习期间，以学科教研组为单位，对整个学段的教材内容和课程标准进行再学习、再研究，从学段整体上把握教材，疏通教材。在此基础上，根据各学科知识点内在联系的特点和学生认知规律，把整个学段的内容分成几个知识结构段，然后根据各个知识结构段的内容，分工构建。

2. 学期知识树

每学期开学之初，在学段知识构建的基础上，由年级备课组长采取"先集体研讨，后分工合作"的形式构建各学科学期知识树。期末结束时，根据

[①] 齐兴文，房崇光. 课堂教学中构建"知识树"的尝试 [J]. 当代教育科学，2009 (8).

[②] 韩金洲. 让师生在知识树构建中共同成长——高密市"师生共建学科知识树"初探 [J]. 山东教育，2010 (14).

知识树在平日教学中的使用情况，由备课组长牵头，其他教师参与进行整合完善，最后形成完整的学期知识树。下图为天津南孙庄中学教师设计的初中七年级数学上册的知识树，从中可以把握整个教材的知识结构。

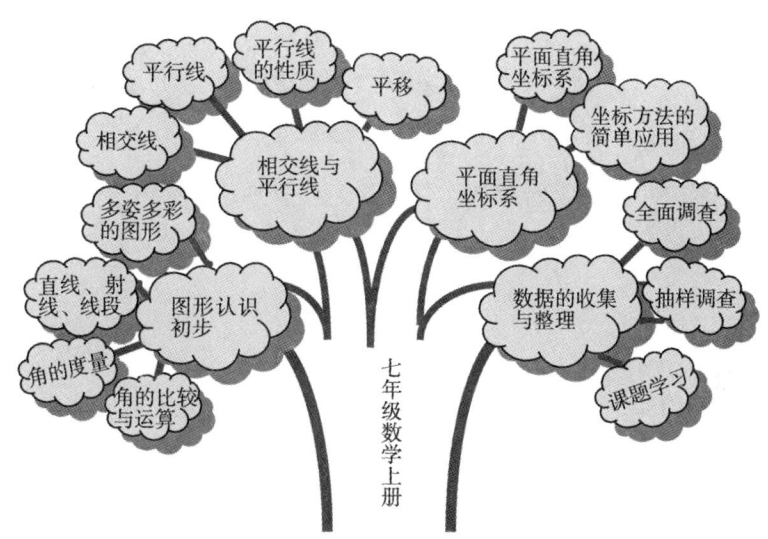

3. 单元知识树

学期初，由各年级备课组长制订详细的单元知识树构建计划和措施，每个单元确定一个负责人构建单元知识树。首先由各负责人针对自己通研教材的情况，说明构建思路，提供单元知识树模式，对单元知识树知识点之间的联系和知识树所反映的教学重点、难点、易错点，以及解决这些问题的措施和典型案例进行剖析。之后，备课组成员相互交流，互相帮助，补充完善。

构建单元知识树是落实集体备课和同伴互助教学业务活动的重要环节。教师应不拘泥于格式，结合学科特点和学生认知规律，创造性地设计，既让学生产生学习兴趣，又要具有实际教学价值。下图为"图形认识初步"这一单元的结构图。

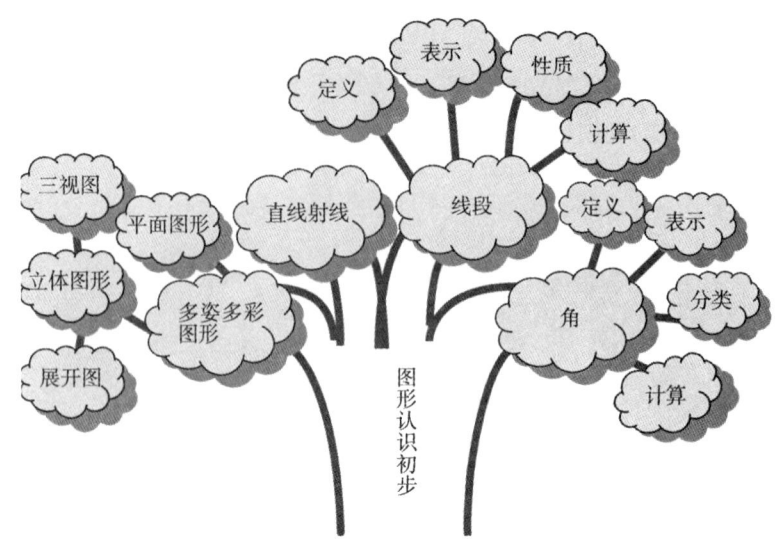

另外,学生也可以在教师的引导下构建知识树,由学生根据对所学知识的重温和再现,构建具有个性化的知识树。学生构建知识树有助于理清知识脉络,主动构建学科知识体系,提高学习能力。学生构建知识树可分为课时知识树、单元知识树和学期知识树。在构建时,遵循学生学习规律,按照"课时知识树——单元知识树——学期知识树"的顺序,由微观到宏观的层次进行构建。

案例1: 引导学生画语文知识树[①]

学生普遍感觉,别的学科,知识结构很清楚,每天、每节课讲的知识都一环扣一环。少上两节课,心里就很着急,怕落下课程。语文呢?有学生说:"别说少听几节课,就是一个月不上语文课,我的语文成绩还是原来那样。"

学生将语文课比喻为弹簧课,可伸可缩,可长可短。对《故乡》一文,有的教师讲一课时,有的则讲四课时,有的还要多。

一篇课文,可以涉及很多知识点,讲得再长些也有东西可讲。另一方面,中学语文教材中的任何一篇文章,又都可以删掉,可以不学。于是学生感觉学语文不像其他科那样目标清楚,不像其他科那样每节课都有实效。

---

① 魏书生. 教学工作漫谈 [M]. 桂林:漓江出版社,2005:19~21.

我常想,我们去一个遥远而又陌生的地方时,通常都要带上一张地图,一路上看地图,明方向,定目标,选择最佳路线,才能少走冤枉路,节省时间,顺利到达。

学语文的时候,学生也应该有这样一张"地图",目标才明确,才能少走冤枉路,走的路程越远,地图就显得越重要。

1979年,我开始引导学生画语文知识结构图。我们用树的形式来表示知识结构,于是学生也管它叫"语文知识树"。

怎么画?我先请学生把初中阶段的六册教材集中起来。后面的教材还没学,没书怎么办,就请大家去跟已经毕业的亲属,邻居的大哥哥大姐姐们去借。

有了六本教材,没加引导的时候,不少学生画不出来,只画了一棵语文知识树的主干。什么是支干呢?有学生把每课书都作为一个支干,这样画出来的知识树,不像一棵树,倒像一根长长的羽毛。

后来,我们经过讨论,认识到六本教材180课,200多篇文章(包括诗词),编者的主要意图,不仅仅是让我们读懂一篇篇文章,更重要的是通过对教材的学习,使我们掌握系统的语文知识,提高听说读写能力。

六本书中系统的语文知识大致有四部分:基础知识、文言文、文学常识、阅读和写作,这是第一层次。

进一步分析,就会发现,基础知识还包括语音、文字、词汇、句子、语法、修辞、逻辑、标点这样八个方面。文言文包括字、实词、虚词、句式四个方面。文学常识包括外国、古代、现代、当代四个方面。阅读和写作包括中心、选材、结构、表达、语言、体裁六个方面。这是第二层次,共23个方面。

再进一步分析,每个方面又包括基本知识点,如语法,就包括词类、词组(现在叫短语)、单句、复句四个知识点。这是第三层次,大约130多个知识点。

打个比方说,这张语文知识结构图,像中国交通图。第一层次的知识像省,第二层次的知识像地市,第三层次的知识像县,第三层次以下还有更细密的知识细胞,好比乡镇一样。

学生将教材知识划分为不同层次，再把握住了一、二、三层次这些主要的知识，总体语文教材怎样读，总共要学哪些知识，哪些先学，哪些后学，哪些是已知的，哪些是未知的，就可以做到心中有数了。

这样，学生就可以驾驶着思维的汽车，在知识的原野上奔驰，一个层次一个层次、一个类别一个类别地征服语文知识目标，就不会感觉语文知识混乱，无从下手了。

语文知识树，学生画的不一样，有的认为该画 4 部分 19 项 108 个知识点，也有的画了 4 部分 21 项 120 个知识点，后来我们暂且统一为 4 部分 22 项 131 个知识点。

案例 2："三问和三读" 构建知识树[①]

为了在 35 分钟的课堂上实现高效的教学质量，应首先利用知识树引导学生分析课文，从整体上构建课文的知识结构。如有教师在教学三年级上册《美丽的小兴安岭》一课时，分三遍让学生阅读课本来构建本课的知识结构，第一遍让学生带着问题"课文是按照什么顺序描写的"快速阅读课文，学生通过看书后马上会说出是按照春、夏、秋、冬四季来描写的。根据学生回答教师与学生一起构建第一层知识树。

第二遍，让学生带着问题"每部分主要写了什么事物"来阅读，此环节可让学生通过找关键词法来回答，根据学生的回答，师生构建第二层知识树。

第三遍，让学生带着问题"每件事物是怎样描写的"细读课文后做出回答，这实际是欣赏课文的细节和语言描写。教师可根据学生的回答继续添枝加叶，逐步使知识树丰富起来。

经过三问和三读，课文的结构、四季的变化、细节的描写和语言的特点都分析完了，然后让学生归纳课文的主题思想和写作特点。文章最后一个自然段实际上总结了全文的主题："小兴安岭四季景色诱人，是个美丽的大花园，是个巨大宝库"，全文的写作特点也通过知识结构图可以明显地看出来，

---

① 齐兴文，房崇光. 课堂教学中构建"知识树"的尝试［J］. 当代教育科学，2009(8).

这样就形成了一棵完整的"知识树"或知识结构图。

这棵树是动态形成的,是在课堂上不断生长的。在课堂上通过教师的分层提问,学生每一遍都"整体扫描"而不是只抓局部,这三遍是个逐层深入的过程,就像千层饼,每揭起一层都是完整的一张饼而不是一块。"把握要点"是教师引导学生抓住课文的关键事物和关键词,实际上知识树中所板书的都是课文的关键词,通过知识树学生就能很自然地看出课文的写作线索和作者的意图。

二、概念图

概念图是利用节点代表概念、用连线和箭头代表关系的空间图形表示。研究表明,这种结构更类似于人类的认知结构,表明学习者对概念的组织。它是利用学生的空间组织能力,建立概念之间的连接,并促进对知识、技能的反思、理解和提升。同时它可以促进新旧知识建立联系以提高教学的有效性和有意义的学习。可以说,概念构图法是一种将隐性知识显形化、非结构化知识结构化并促进学习的有效的策略之一。从知识表示的能力看,概念图能够构造一个清晰的知识网络,便于学习者对整个知识架构的掌握,有利于直觉思维的形成,促进知识的迁移,直观快速地把握一个概念体系。

在学生掌握了概念图策略后,要积极引导学生自觉运用概念图策略进行学习。

1. 引导学生利用概念图进行知识加工整理。概念图就是将多个零散的概念按其内在的联系联合在一起,绘制概念图,就是将这种内在的联系用概念图的形式清晰地表示出来。学生对知识进行有效的加工整理,可使知识结构更优化。

2. 引导学生利用概念图进行知识表达和学习交流。可以让学生对自己的概念图进行解读,说说概念图中各个概念的具体含义及各概念上下位关系,以加深对概念的理解。还可以让学生在学习小组内交流自己制作的概念图。由于学生对概念的认识角度、理解深度、表达方式的不同,必将导致所制作的概念图存在差异,而这种差异是学生很好的学习资源,它将促使学生对概念及概念间的关系进行再思考、再发现,从而对概念本质的理解更透彻,形成的知识结构更合理。

3. 引导学生利用概念图进行评价和自我评价。概念图不仅反映学生对概念本身的理解，而且能反映其对概念知识结构的理解。从学生制作的概念图中，教师可以准确把握学生对概念的理解水平。在利用概念图进行交流的过程中，学生不仅可以对同学制作的概念图进行评价，帮助同学发现问题，而且能发现自己概念理解上的不足，从而完善自己的概念结构。

在新概念的学习过程中引入概念图，可以使学生明确当前所学概念在原有知识基础上的发生、发展过程和延伸情况，进一步沟通概念之间的联系，从零碎、片段的机械式学习提升为注重关系、脉络并充满主动探究活动的有意义学习，从而促进知识之间的融合，使学生在头脑中形成系统化的认知结构。以下是应用概念图进行教学的案例：[1]

案例1： 三角形的归类

学习了新课程标准实验教材（苏教版）四年级下册《三角形》之后，教师可引导学生将所学的三角形进行归类，表示出各类三角形之间的关系（如下图）。

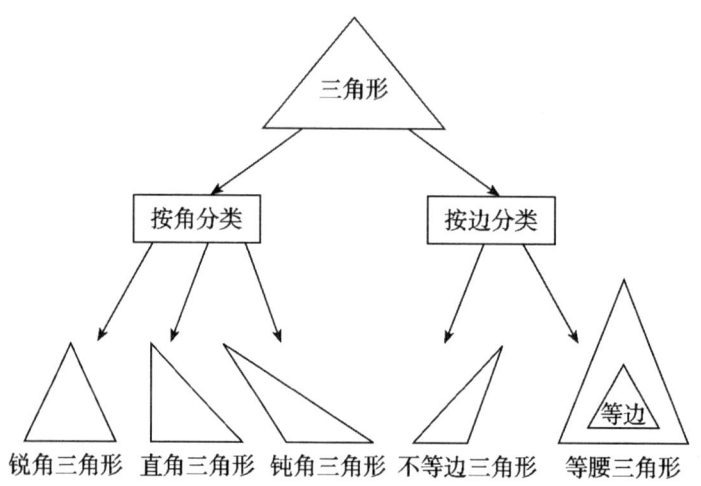

---

[1] 钱亦城. 概念图在小学数学概念教学中的应用［J］. 小学教学研究，2006（10）.

案例 2： 整数的知识概念图

在复习整数、小数的概念时，某教师利用多媒体技术制作了网络课件，以整数、小数知识概念图为基点，采用星形链接实现交互，让学生依托概念图自主复习。

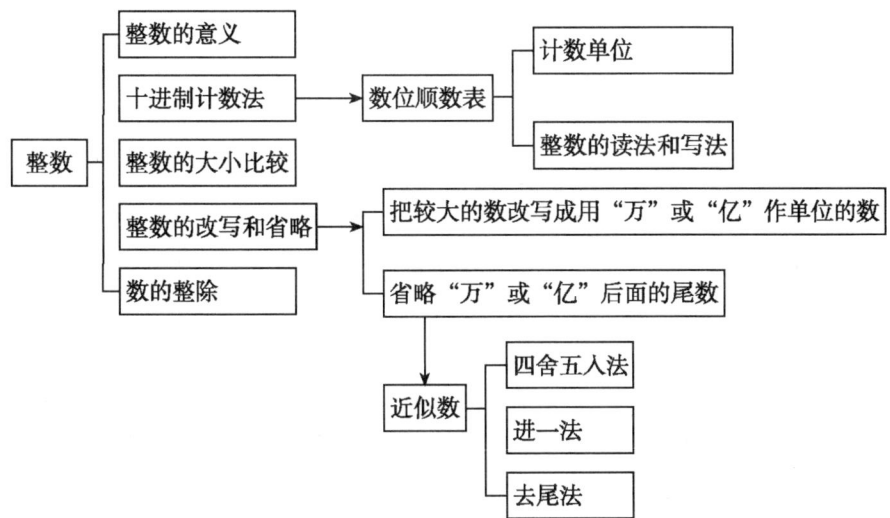

学生在概念图中寻找自己知识上的不足，有针对性地进行复习，同时对各知识点在知识结构中的位置及前后联系一目了然，从而促成了知识结构的重组。

案例 3： 引导学生自己制图

制图，是一个比较高的要求，难度也比较大。制作一个完整且合理的概念图，除了要求学生掌握基本的制图方法外，更重要的是学生要探究发现各概念之间的逻辑关系和层级关系。

在指导学生制图的过程中，务必坚持"由扶到放，循序渐进"的原则。可师生讨论，制图时由"师为主，生为辅"过渡到"生为主，师为辅"直至"生独立制图"；或可小组交流讨论，合作制图；或可由教师提供留有空间较少的基图，让学生填空，逐步过渡到教师提供留有空间较大的基图，让学生补充；亦可由教师提供包含部分错误的完整概念图，让学生改错。

如在复习数的整除时，某教师提供了一个缺少部分概念的可填充的基图，让学生根据自己的知识经验，先把基图填充完整，再对基图扩容。

基图：

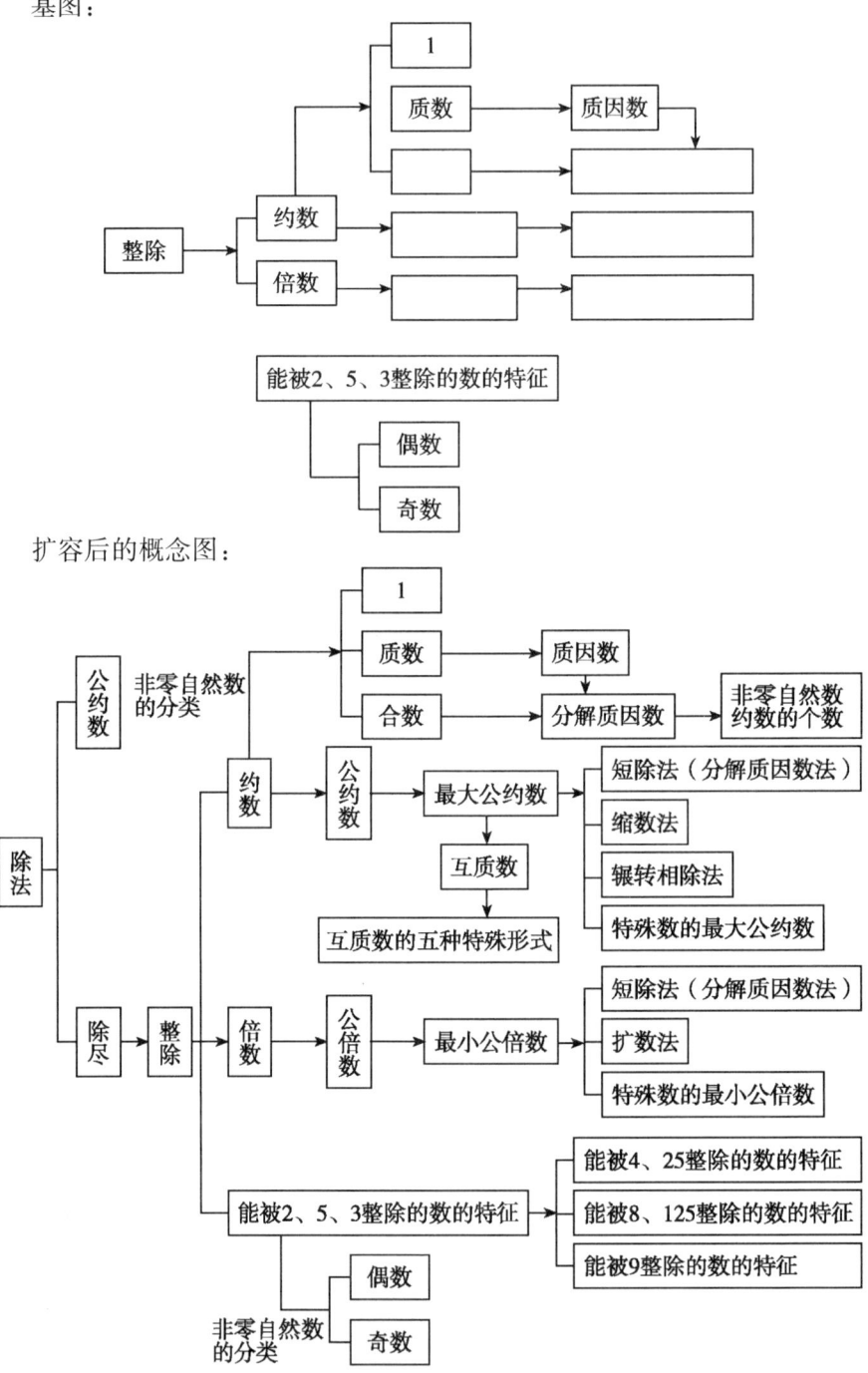

扩容后的概念图：

三、思维导图

"思维导图是终极的组织性思维工具,是运用线条、符号、词汇和图像,遵循一套简单、自然、基本、易被大脑接受的规则,使用色彩,从中心发散出来的自然结构,有了它,我们可以把一长串枯燥的信息变成彩色的、容易记忆的、有高度组织性的图。"[①] 思维导图具体表现出以下几个特点:呈现方式类似于大脑神经元网络分布图形,强调大脑的左右协调合作,运用非文字的思考工具,强调立体方式思考,具有强烈的个人色彩。思维导图,如同大脑思维的展开图,完整地将思考者的思维、想法呈现出来,并以直观形象的方式表达知识的内容结构,有效呈现思考的过程及知识的关联。

思维导图图文并茂,它把各级主题的关系用相互隶属与相关的层级图表现出来,将主题关键词与图像、颜色等建立起记忆链接,充分运用左右脑的机能,利用记忆、阅读、思维的规律,协助人们在科学与艺术、逻辑与想象之间平衡发展,从而开启人类大脑的无限潜能。[②] 思维导图以视觉化、结构化的形式表征知识,直观形象地表现了由事实、概念、命题以及原理构成的知识,可以帮助学习者把握某个知识领域的全貌,将新知识与已有的知识联系起来,理解概念之间的关系。思维导图在表现形式上是树状发散结构,能改变过去学生单线思维的状态,启发学生的联想力和创造力,建构生成知识网络,使学生能把新的知识增长点方便快捷地引入已有的知识网络中。"思维导图关注的是思维的过程,在绘制思维导图过程中,可以围绕主题进行发散思维,但同时又具有清晰的流程,它能训练学生的顺延思维,即寻找要素之间的关联性,融会贯通地形成完整的知识网络,提升了思维的深度。这种学习方式,能使学生随着知识增长点的出现,不断补充、完善原有的知识网络。"[③]

---

① [英]托尼·巴赞著,张鼎昆、徐克茹译. 思维导图:大脑使用说明书[M]. 北京:外语教学与研究出版社,2005:3.
② 刘卫华. 用思维导图提高高中思想政治课的教学效果[J]. 内蒙古教育(基教版),2012(3).
③ 韦霞. "思维导图"的学习方式研究[J]. 中国现代教育装备,2009(14).

绘制思维导图的工具很简单，一张纸和几只彩笔就足够了。托尼·巴赞总结了绘制思维导图的七大步骤：①

第一，从一张白纸的中心开始绘制，周围留出空白；

第二，用一幅图像或图画表达你的中心思想；

第三，在绘制过程中使用颜色；

第四，将中心图像和主要分支连接起来，然后把主要分支和二级分支连接起来，再把三级分支和二级分支连接起来，以此类推；

第五，让思维导图的分支自然弯曲而不是像一条直线；

第六，在每条线上使用一个关键词；

第七，自始至终使用图形。

将这七个步骤灵活地运用到教学中进行授课、记笔记、复习，可以把教学过程中零零散散的课程知识非常系统地组织分类。

思维导图运用于教学中也有一定的局限性，正因为其以脑科学为理论基础，导致了思维理论具有逻辑性强的特色，所以在物理、化学、地理等偏向于理科类的学科教学中能有效地发挥其优势，但文科类的学习就未必。思维导图以有意义学习理论为基础，在教学中，教师面对的学生的能力参差不齐，学生原有的知识结构也是各有差异，学习能力强的学生，可以独立准确地寻找到关键词完成思维导图，学习能力较差的学生就需要教师提供给他们关键词指导完成思维导图的学习，这就在一定程度上给教师增加了教学的难度。

在复习知识时，思维导图也可以用来整理知识。通过思维导图，对一课的知识进行总结，既可以完整地体现编者的思维流程，也可以对知识进行自我的内化整理。思维导图能够有效地总结新课知识，可以根据框题内容进行不同的创意，而且图文并茂，这使得思维导图十分生动、有趣，可以引发学生的形象思维，从而实现课本内容的良好记忆。思维导图的制作过程也是学生的创作过程，这样能极大地调动学生学习的积极性，通过思维导图来展示个性，体现创新，获得成就感。

---

① ［英］托尼·巴赞著，张鼎昆、徐克茹译. 思维导图大脑使用说明书［M］. 北京：外语教学与研究出版社，2005：18～20.

思维导图在指导学生开展自主学习的同时，更为教师的教学实践活动、教学方法提供了研究的载体，也使教师的教学思路在运用、研究思维导图中得到进一步的拓展，并逐步形成自己的教学思维，使学科教学变得更容易、更有趣。教师只有有了适宜的教学方法研究载体，才能开展实实在在的教学研讨；只有有了清晰的教学实践思维，才能指导学生开展有效的自主学习。①

案例 1：《消费及其类型》 思维导图的设计②

学习高中政治必修《消费及其类型》时，某教师设计了一个讨论问题"你认为哪些因素会影响消费"让学生进行小组讨论，小组的组长负责整理发言。学生的发言整理如下：

王同学：收入会影响消费。有了钱，才能消费。

李同学：如果自己将来有好工作，收入稳定，现在可以多花一些。

杜同学：商品贵就不买了，商品便宜就多买些。商场超市降价促销的时候我都去买些便宜货，物美价廉嘛！

梁同学：离我们家近的商场我更愿意去，省时间。

田同学：同学买啥我买啥，不丢面子。

赵同学：我买的东西一定要比同学的贵，这样才有派头！

钱同学：我觉得富人更愿意消费，我们这些穷人想花钱买不起。

小组长帮助整理如下图：

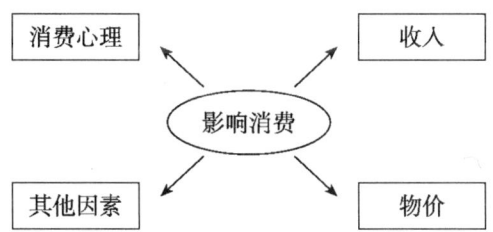

---

① 蒋金娣. 让思维导图成为初中语文自主学习的拐杖 [J]. 常熟理工学院学报（教育科学），2011 (12).

② 刘卫华. 用思维导图提高高中思想政治课的教学效果 [J]. 内蒙古教育（基教版），2012 (3).

整理后，小组在归纳好的几个方面进行深入的讨论，再形成结论。最后把讨论的结果整合好，形成下面的思维导图：

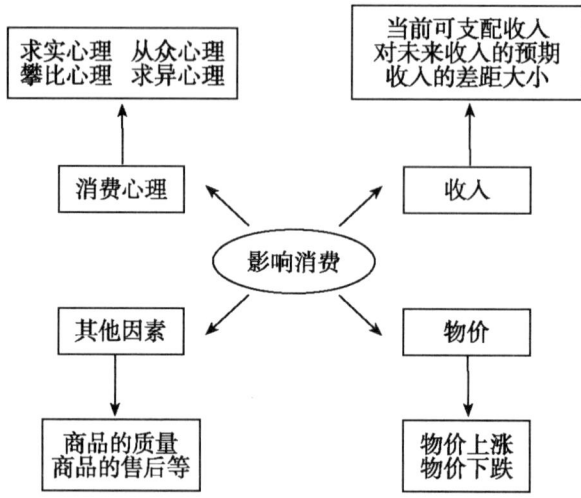

利用思维导图可以大大提升讨论的时效性，利用有限的时间对问题进行充分、全面、有针对性的讨论。

案例2： 集体讨论，制作整体思维导图①

在每个小组都绘制完各自的思维导图之后，教师可将所有的思维导图展示出来，在全班范围内进行讨论，最后结合各小组的思维导图和资料，绘制成一幅整体思维导图。如，在探讨克隆技术的利弊问题上，经过整合之后，学生考虑的层面包括：技术层面、医学层面、生态层面、文化层面、哲学层面和伦理道德层面（如下图所示），并且每个层面都罗列了很多条理由，在此基础上，教师可以指导学生对这个主题进行深入的讨论。

---

① 蔡铁权，叶梓. 思维导图在社会性科学议题教学中的应用［J］. 教育科学研究，2009（12）.

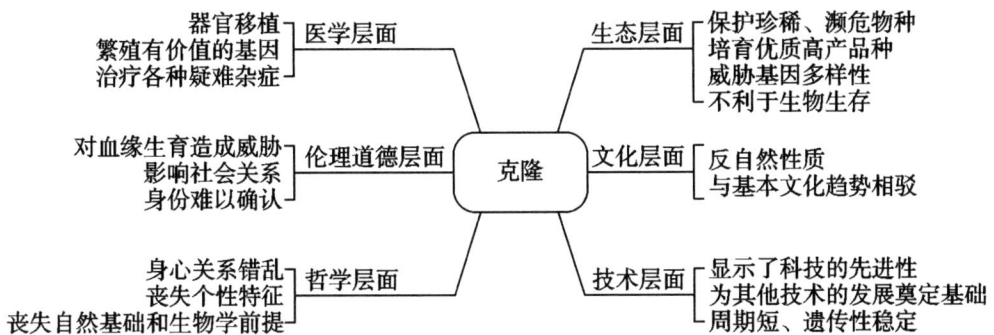

通过展示和分析思维导图，学生会更加清楚地了解该主题的背景、发展状况、社会争议以及利害关系。适当运用思维导图，可以避免社会性科学议题讨论过程中论据杂乱无序的问题，更好、更清晰地发现彼此的优点。

第三章　提升学习体验的教学策略
——让学生爱学、乐学的教

　　学习体验既是一种生命体验，又是建构知识意义、提升生命价值的手段和途径，因而是教学活动揭示、展现、提升生命意义的关键。新一轮基础教育课程改革突出强调学生在教学过程中的体验，这不仅仅是教学方式的改革，更根本的是教学思维方式的转换。原来的知识中心教学是以知识为教学的起点和终点，追求统一的普遍有效的操作程序，忽视学生内心世界的体验。而注重学生体验的教学，则强调学生的个人体验，强调师生、生生间的生活联系，关注学生精神世界和生命意义的建构。这样的教学才真正使教育恢复其原有的本意，即"自身生成"、"引导"和"唤醒"。

　　提升学习体验的教学，指的是让学生越学越爱学、越乐学的教学。孔子说过：知之者莫如好之者，好之者莫如乐之者。教学过程应该成为学生一种愉悦的情绪生活和积极的情感体验。学生在课堂上是兴高采烈还是冷漠呆滞，是其乐融融还是愁眉苦脸？伴随着学科知识的获得，学生对学生学科学习的态度是越来越积极还是越来越消极？学生对学科学习的信心是越来越强还是越来越弱？这就是我们所强调的学习体验，它是有效性的灵魂，学生越来越爱学是学习有效性的内在保证。

　　如果你教过《林黛玉进贾府》，学生课外喜欢读《红楼梦》；你上过《烛之武退秦师》，学生课外阅读《左传》也能透过纸背发现诸多"空白"；你指导过作文，学生会自己喜欢阅读并养成练笔的习惯。这就是让学生越学越爱学、越乐学的体现。

让学生越学越爱学、乐学的具体策略有很多,而这些策略一定有其共同的特点和秘诀:富有情趣。情趣是快乐和幸福的源泉,让学生兴趣盎然地参与到教学中来,享受到学习的快乐,体验到发现的幸福,这是有效教学的动力源泉。爱因斯坦说得好:"教育提供的东西,应让学生作为一种宝贵的礼物来享受,而不是作为一种艰苦的任务要他负担。"

第一节 教师爱学生,才能让学生爱教师、爱学习

赞科夫曾说:"当老师必不可少的,甚至几乎是最重要的品质就是热爱学生。"卢梭也说过:"只有成为学生的知心朋友,才能做一名真正的教师。"许多名师的经验证明,情满课堂,爱洒学生,关注学生精神生命的成长,才能焕发课堂教学的生命活力,使教学卓有成效。从于漪、斯霞、霍懋征等人的教育事迹中,我们无不看到,他们对教育事业的无限执著,对学生的真挚情感,激发了学生求知向善的欲望,促进了学生精神生命的日臻完善和完美。有了对学生发自内心的爱,就能平等地对待学生,在实践中不论遇到什么样的偶发事件,都会从学生出发,营造民主和谐的师生关系,使学生感觉到教师的真爱。和谐的师生关系是上好一堂课的前提,有时学生喜欢某门课程就是从喜欢授课教师开始的。每个学生都希望与教师建立密切的关系并渴望得到教师的关爱与重视。这种需要得到满足,就会增加师生感情,增强学生对教师的信任度,会使学生感到充实和愉快,焕发蓬勃的朝气,充分发挥主观能动性。成功的教学需要教师成为学生的良师益友,让学生感到学校的温暖,教师的人情味。教师要全面深入地了解学生,"以爱换爱"。在此基础上,教师要循循善诱,有意识地指导学生学会做人,学会学习,进而达到"亲其师,而信其道"的功效。[①]

---

① 刘世斌. 名师讲述如何提高学生课堂学习效率 [M]. 重庆:西南师范大学出版社,2008:167.

教师爱学生，应该从注意、关注学生开始。学生有一种共同的心理，就是希望自己能得到教师热情的注意。教师的注意，对学生来说，就意味着发现了他们的光彩，意味着对他们的了解、重视、鼓励、关怀和喜爱。教师的注意，常常比表扬更能触及学生的心灵和情感，具有更加深刻的意义和作用。教师的注意可以在师生间架起感情的桥梁，并且鼓舞学生更加向上。

美国教育心理学家古诺特博士曾深情地说："在经历了若干年的教师工作之后，我得到了一个令人惶恐的结论：教育的成功和失败，'我'是决定性因素。我个人采用的方法和每天的情绪是造成学习气氛和情境的主因。身为教师，我具有极大的力量，能够让孩子们活得愉快或悲惨，我可以是制造痛苦的工具也可以是启发灵感的媒介，我能让人丢脸也能叫人开心，能伤人也能救人。"

当过教师，都有这样的体会：当我们一脸阳光地走进教室时，学生们的心情就会很舒展、很轻松；当我们一脸怒气地走近他们时，学生们则噤若寒蝉，生怕自己撞到怨气的枪口上；我们在课堂上以热情的语气肯定学生，以赞赏的眼光激励学生，他们的心里会充满幸福与喜悦，表现得很兴奋；我们指责、挖苦、嘲讽学生，则无疑是给他们心灵的天空蒙上一片沉重的乌云。

教师对学生的态度的核心是对学生的关爱、尊重，态度既是内隐的，又是外显的，其表现方式主要有以下四种：

1. 语言方式

言为心声，语言是心灵的外壳。不同的语言表达不同的态度情感，教师应该善于用语言来表达自己的态度情感。如请学生回答问题时，应该用鼓励性、期望性的语言；学生回答正确时，应该用肯定性、赞扬性的语言；学生回答错误时，应该用谅解性、引导性的语言。这样的语言就比较容易产生心灵上的共鸣。

案例1： 怎样让学生喜欢你、喜欢你上的课？①

刘永宽，一个"野路子"出身的小学数学特级教师（现任浙江宁海实验小学教育集团总校校长），在教育道路上有着传奇般的色彩。这么多年来，刘永宽有一个教学座右铭，叫做"让学生喜欢我"，"他喜欢我，就喜欢我这个学科，他就不会不做作业，不会不听课"。

丛立新、黄华（以下简称"访"）：怎么让学生喜欢你呢？

刘永宽（以下简称"刘"）：具体的方式方法是很多的。最高的层次，我认为，就是能够把课上得像儿童片、卡通片一样精彩，那么学生肯定会喜欢你的。现在有的老师，把一节课上得像一本书一样，上完就结束了，没有像章回小说和连续剧那样，留一点点东西，把学生牢牢吸引住。

访：蛮有难度哦，阿宽给我们透露一点技巧吧。

刘：比如我每新接一个班，都会做一件事：每一节数学课，我要讲一个笑话，很有效的。数学课有笑话，别的课没有，学生就会很开心啊。时间也不多，一分钟，课前、课后、课中都可以，教师可随时调整。

访：每天讲一个，笑话不是要讲光吗？

刘：不光是老师自己讲啊，你可以布置一个任务："每天表现最好的一个孩子，你回家准备一个笑话，明天数学课，要讲得整个班的孩子哈哈大笑。"孩子嘛，心里很高兴的，回去准备得也是非常好的。你想啊，一个班级里面，数学课上是可以哈哈大笑的，那么学生就会老惦记着这个数学课。即使今天我出差了，明天回来，这个笑话也一定要补上。这样子他就喜欢我啦，回家就会跟家长说，我们数学老师好，其实他知道你好什么！这是一个方式哦。

访：讲笑话算是一招，还有吗？

刘：其他呢，就是要不断改变自己的讲课形式。有些老师很悲哀的，因为他们每天都认为自己做的是对的，从来不反思。如果孩子学不好，只能是孩子的原因，这就大错特错了。小孩子年龄那么小，教师要不断改变方式方

---

① 丛立新，黄华. "教学很有趣嘛！"——小学数学特级教师刘永宽访谈录 [J]. 人民教育，2008（10）.

法。比如，你可以突然转过头来，朝后面上课，教室里不是两块黑板吗，偶尔转过来，那不是一样吗。我还会尝试着让孩子换换位子，或者让孩子来上上课。

访：这个可有难度啊，说起来容易，当然学生会很兴奋，很喜欢，但还是要保证教学效果，不能只是好玩啊。

刘：那当然，我试过啊。小孩子上课上得比老师还规范呢，当然，老师要提前布置，内容呢，不要很难。你不要看他是小孩子，他也会备课，也会提问，也会评价。现在不是说要师生对话、生生对话吗，这些在孩子上课的过程中都有表现的。当然，他可能不会像老师一样把所有的算理啊什么的讲清楚，老师只要及时点拨几句就可以了，整个班的孩子没有开小差的，绝对没有。他们很高兴的。我还会让家长来上上课，或者偶尔请同年级的老师来讲一讲。总之这里面有很多办法，不停变换，那么小孩子就老是惦记着数学课，老是惦记着你这个数学老师，所以你讲的东西他会接受。

访：变换方式，这算是第二招了，还有吗？

刘：还有。现在不是和谐社会吗，这个和谐课堂也很重要啊。比如接班了，第一次课上先对全班宣布一下，可以"三不做作业"，然后大家制定一个规范，对作业提出一个要求，大家认同怎么做。

访：解释一下什么叫"三不做作业"吧。

刘：第一，生病可以不做作业；第二，家里有人去世了可以不做作业；第三，家里有人结婚可以不做作业。我班里的孩子高兴得很，不是说作业不做，就一定不对的。还有一个呢，允许学生忘记，人都会忘记的。

访：学生可能会骗你的哦？

刘：在一个班级里，如果有的孩子想要欺骗，其实其他的孩子都会知道的。所以我会问孩子们，他忘记写作业了，要不要补？如果孩子们说："他可能真的是忘记了，不用补。"那么我就同意他不补作业。如果孩子们说："他作业没完成，肯定是他故意装出来的，他要补的。"那么没办法啦，他就要补。所以啊，用群众战争也很好的。

访：以信任换信任。

刘：对，以信任换信任，在这样一个班集体的氛围里，学生故意不做作业的情况，一般是不太有的。比如偶尔有些时候，你布置了10道题目，他只做了7道，还有两道、三道忘记了，那也很正常。当然，还会有一种情况，比如你布置了10道题目，里面可能有两三道题他做不来，他还不想问。同学之间现在有电话可以打，以前还没什么电话。做不来嘛，就落下来了，家长也没办法辅导。那么第二天他看见老师，可能会说："哦，这道题目我忘记了。"其实我心里大概也能知道，他可能是做不来，那么我作为教师，就辅导他一下好了，给他讲明白了，然后叫他回去再做做，这样就好了。干嘛要兴师动众地"批斗"他一下，你心里才舒服吗？

访：这一招很人性化啊，做阿宽老师的学生真是幸福。

刘永宽高中还没毕业，就"顶替"进了小学，当起了教师。这个从来没有进过师范学校的年轻教师，却屡屡在华东六省一市和全国教学评比中捧得一等奖，屡屡凭借他的智慧和对教育的大爱闯进课堂教学的至高境界。他不经意中就把教育教学的精髓叙了个遍，一种高贵的教师气质扑面而来，无可阻挡。有一种人，天生就是做教师的，就像有的人天生就是艺术家一样。这个被人亲切地称为"阿宽"的老师就有这样的天赋。如果你离优秀还比较遥远，那是因为你对你的职业爱得还不够深，你独自跋涉的勇气还不够足，你大胆思考和突破的力量还不够大。

2. 动作方式

"情动于中而形于外"。一个人的态度情感往往有意无意地通过外部的表情动作而流露出来。同样的道理，教师应有意识地通过表情动作来表达自己对学生的态度，达到与学生心灵交流的目的。如赞许的点头，会心的微笑，亲切的抚摸，赞美的手势等都可表达教师对学生的爱心和善意，使学生有被重视感和被关怀感。这里要特别强调微笑的价值。微笑是最能表情达意的面部表情动作。微笑能表达友好态度，微笑能使学生感到轻松。借助微笑可以表达出教师对学生的积极态度，发自内心的微笑意味着："我喜欢你们"，"对你们的回答我很感兴趣"，"和你们在一起我很愉快"，以及"我相信你们也会喜欢我"。相反，如果一个教师不懂得微笑，那么学生可能会认为这个教师对他们并无好感，或者认为这个教师冷漠无情，不好接近。如此，师生心灵交流也就不可能发生了。

案例 2：细节折射关爱[①]

一次，著名特级教师于永正在指导学生朗读时，面对一个腼腆的小女孩，他手拿话筒，兴致勃勃地对小女孩说："你想读书吗？"小女孩摇摇头，小声说："我不想读。"于老师微微一愣，弯下腰，微笑着说："没把握？"小女孩小声地说："不敢站。"于老师直起身子，微微吁了一口气："哦，那你就坐着读，于老师为你撑腰！"全班同学和听课老师都情不自禁地鼓起掌来。于老师说："让我们的掌声再热烈些！"在大家的掌声中，小女孩坐在自己的座位上读完了课文。于老师说："不简单，如果再流畅些就更好了。你还想读好吗？"小女孩自信地点了点头。第二次比第一次流畅多了，只可惜读错了一个字，师生给予热烈的掌声，于老师纠错后又让她读了一遍。这一遍读得既流利又有感情，大家又一次报以热烈的掌声。这时，于老师微笑着说："现在你敢不敢读书了？"小女孩大声地回答："敢！"于老师抚摸着小女孩的头，充满激情地说："敢，就能把书读好！敢，就能把事情做好！相信你在大家的掌声中胆子会越来越大，自信心会越来越强，书会越读越好。"听课大厅里响起了经久不息的掌声。

品味这一教学细节，"微微一愣"、"微微吁了一口气"、"微笑着"、"抚摸着小女孩的头"等这一系列看似随意之举，却折射出于老师对学生的关爱、鼓励、信任、尊重，凸现了精湛的教学技艺，彰显了于老师独具魅力的教学风格。课堂上，教师的一言一行、一举一动、一颦一笑，看似微不足道，然而其折射出的人文关怀、所反映的教育意义和所带来的教育效果都是大不一样的。

3. 眼神方式

眼睛是"心灵的窗户"。俗语说："眼睛会说话"，就是指不用有声语言时，眼神也能传递情感和态度。由于学生思维发展的不平衡，知识水平参差不齐、千差万别，所以对知识掌握是有差异的。一部分学生能敏捷地接受教师讲的内容，还能融会贯通，举一反三，对这样的学生，教师应投以赞许的

[①] 杨务生. 精彩的课堂源自精美的细节[J]. 教育实践与研究，2010 (10).

目光，让学生从教师那柔和的眼色中，看到自己的成绩，从而受到鼓励。另外，有一部分学生接受能力差，有意注意又不稳定，对教师讲的知识不能一下子消化，咀嚼很慢，这明显地表现在回答问题时结结巴巴、慢慢吞吞、模棱两可。这时，教师要两眼亲切地看着他们，以期待、盼望的眼神来诱导他们，再借助语言安慰他们，此时，学生会感到一股暖流浸透心田，这是教师的爱，这爱会消除他们的紧张情绪，在愉快、轻松的气氛中，将无意注意转化为有意注意，思维也会随之活跃，掌握知识便得心应手了。

课堂教学中的眼神交流要求教师要积极地关注班上的每个学生，教师讲课时，眼睛应该与学生保持交流，使连坐在角落的学生都能感受到：老师看见我了，老师在跟我点头呢！请学生起来回答时，教师更应全神贯注地、亲切地注视着他（她）。有些教师讲课时，眼睛往往只看着几个最得意的学生而忽视其他学生，使得后者感觉受到了冷落。还有一些教师往往只习惯看着前排的学生，不注意后排或角落的学生，使这些学生产生了自己不受重视的感觉。眼神是无声的教学语言，用眼睛组织教学是一个别致的方法，运用恰当，确实有利于教学。

4. 情绪渲染

情感化的教学是教学中的上乘之作，它好比一个磁场，具有一种亲和力，或者说是一种默契、一种缘。情感作为一种客体存在于教学时空，如果它对主体没有足够的亲和力，那么它便无法与主体达成某种默契，形成同频同振。教师本身的动机、兴趣、态度、情绪等因素对学生的思维发展有一定的影响。如教师提问时持积极的态度，学生从教师愉悦的态度中，可以得到鼓舞和激励，从而增强回答问题的自信心；反之，如果教师提问时表现出不耐烦、责难的态度，学生就会产生回避、惧怕甚至抵触情绪，从而阻碍问题的解决，不利于学生的全面发展。教师上课的情绪，直接影响到学生回答问题的质量，从而影响其思维能力的发展。所以，教师恰当地运用积极情绪，可以调节、强化、补充和完善其他因素，增进学生对问题的感知和理解程度，从而保持课堂教学活动的有序化和有效化。

案例 3： 要用真挚的情感来渲染课堂[①]

一堂好的语文课并不只是教师在眉飞色舞，手舞足蹈地唱独角戏，关键是要感染学生，让学生也振奋起来，投入进去，或悲或喜，或歌或泣，台上台下形成共鸣，才是一种完美。要发展到这般境地绝非三两日之功，首先要在备课上下气力，努力发掘语文教材中的美——语文教材是不乏美的：自然之美、社会之美、科学之美、人性之美，等等。然后就要训练美的表现能力。主要是语言艺术，要说得悦耳动听，声情并茂，再辅之以表情、动作，才能达到艺术化的效果。用真情渲染美，用美的力量感染学生。最关键的一点是这些情感必须是从教师心灵深处自然而然地流露出来，没有些许做作的痕迹，必须是清纯真挚的，没有丝毫虚假的成分。美的"表现"，不是美的"表演"。有的语文教师在课堂上也是生动活泼、眉飞色舞，但缺少一些真诚，完全是在演戏，如此教学可能会令人"耳目一新"，但终究是缺乏生命力的，不会长久有效的。所以说一个好的语文教师必须是一个有着正义、善良的心灵，丰富、细腻的感情的人。只有将丰富、纯真的感情投入到课堂，语文课才能上得绘声绘色，生动活泼，饶有趣味，引人入胜。

教师在课堂上是否真情投入，是衡量一节语文课好坏的重要标准。真情投入是指语文教师在课堂上的一笑一颦，一抑一扬，眉目之间，语调之中，无不包含着爱憎、喜恶、褒贬之情，唯其如此，才能让人如沐春风，寓教于美的享受之中。

案例 4： 激发情感营造语文味[②]

语文教师要学会"煽情"。要做到这一点，首先要求语文教师是一个感情丰富的人。语文教师面对语文教材时必须是一个"情种"，即要像热爱情人一样热爱每一篇课文。其次，是驾驭语言的高手，能自觉铸炼教学语言。"腹有

---

① 张一村. 新课改背景下的语文课堂教学 [J]. 语文教学与研究（综合天地），2011 (1).

② 吴静. 如何让语文课兴味盎然 [J]. 语文教学与研究（综合天地），2011 (1).

诗书气自华。"一个教师文化底蕴越深厚，语文素养越高，他的语言感染力越强，越会评价、鼓励学生，越能激起童真，他的课堂才越有语文味。激荡的情感另一方面则来自于课文感人的故事。它需要教师在教之前先走进课文，在课文中尽情地领悟语文味，然后，有方法地引导学生将"读"、"品"、"写"有机地结合起来，融于一体。这样，就能使学生在激荡的情感中受到感染、熏陶和激励，使他们在高昂的情绪中产生想象和顿悟，在思维和情感的强烈震撼中领悟人物独特的个性和美好的情操、作者深邃的思想，这样语文味就浓起来了。

要引导学生进入情境。为了语文课的情味，教师要善于运用生动的语言，再现课文中所提供的艺术形象或具体画面，启发学生的形象思维，唤起他们的想象、联想，令学生的心神沿着作者的潜思暗构的运思路向，进入作品的情境之中，产生出如闻其声、如见其貌、如历其境的艺术之感，达到"神与物游，心与理合"的那种境界，实现读者与作者所描写的景物、塑造的人物、编织的故事、论证的事理、抒发的感情在想象中的一致或大体一致，情感上达到和谐共振。

我们的语文课，不乏精辟，不乏知识，缺乏的是激情，是感染，缺乏的是"语文味"。苏霍姆林斯基说："我一千次地确信，没有一条富有诗意的情感和美的清泉，就不能有学生的全面智力的发展。"因此，我们要激发学生语文兴趣，提高语文教学水平，必须以多向思维取代单向思维，以学生的感悟代替教师冷静的分析，将形象思维和情感体验与抽象思维有机结合起来。语文教育需要激情，需要全身心的投入；语文教育需要诗意，需要洋溢浪漫主义情怀。

第二节　教师喜欢自己的学科，
　　　　才能让学生喜欢自己的学科

库克对学生的学习需要做了非常好的总结，他概括了学生对于学习的看法和信条：（1）当我们要学习的时候，当我们对学习的内容感兴趣的时候，我们学习最好;(2)当我们对学习的内容感到好奇和费解的时候,我们对学习才会更加投入;(3)我们需要尽可能个性化的学习体验,学习的范围、方式、风格及要求等尽可能多样化,以适应我们之间不同的学习起点、需要、兴趣和能力、行为方式与目的;(4)我们需要通过自己的语言,自主探究活动和发现学习,而不是被告知或强加给我们某些观点;(5)我们需要个人学习、小组学习、班集体学习等多种学习方式或情境,其中小组学习是我们最喜欢的学习方式,它使我们能够广泛参与到学习活动中去,而且富有灵活性;(6)我们需要从教师那里获得帮助,但不是控制。[1] 可见,学生对学习的需要不是强加和控制,他们需要的是有温馨的学习环境、有个性化的学习方式、有教师的帮助、有感兴趣的学习内容。因此,如果学生学习的内在需要得到满足,学生学习的快乐是不言而喻的。正如布鲁纳所说:"学习的最好的刺激,乃是对所学材料的兴趣,而不是诸如等级或往后的竞争便利等外来目标。使学生对一个学科有兴趣的最好办法,是使这个学科值得学习,也就是使获得的知识在超越原来学习情境的思维中运用。"[2]

马克思·范梅南说过:"教师就是他所教授的知识。一个数学教师不仅仅是碰巧教授数学的某个人。一个真正的数学教师体现了数学,生活在数学中,从一个很强意义上说他就是数学的某个人。"试想,"体现了数学,生活在数学中"能是纯粹的认知事件吗?这种境界至少包含了一个数学教师对于数学的痴迷与深爱,并包含着一个数学教师的数学天赋。实践中最优秀的教育者,基本上都是体现学科知识、生活在学科知识中的人。这样的教育者,已经不再简单地是一个言教者,而成为一个身教者,他的教育效率和效果可想而知。[3]

严济慈先生在谈及教师上课的艺术时强调指出:"上课要像演戏一样,进入角色。"教师上课时,应全身心投入课堂,进入角色,把自己的整个心灵都

---

[1] 郝德永. 快乐学习:愿景与路径 [J]. 全球教育展望, 2006 (7).
[2] 毕淑芝, 王义高. 当代外国教育思想研究 [M]. 北京:人民教育出版社, 2002: 307.
[3] 刘庆昌. 教育家必先具有教育精神(下)[N]. 教育时报. 2010-4-14 (2).

融入教材、融入课堂之中，该激扬时昂奋动情，令人动容；该悲壮时沉郁顿挫，令人肃然；该温婉时细雨霏霏，令人感怀。一词一句，牵动学生情思；一举一动，点燃学生心灵之火；一篇一章，引发学生感情共鸣，整个身心融入教学情景中。

一、提高教师的学科素养

学科素养高的教师不但重视知识的传授和技能的训练，更重视学生智慧的生成和人格的塑造，而智慧并不完全依赖知识的多少，而依赖知识的运用和经验的积累。走进课堂听听教师们的课，不难发现，有相当一部分教师的课堂教学还停留在知识点的罗列上，停留在识记层面，靠机械的重复来加深学生的印象，学生学得很苦很累很乏味。真正的好教师应该有一定的教育理想，能站在学生发展的角度，站在整个学科的制高点上；能够把思维过程呈现给学生，让学生感受方法选取的过程，从而领悟其中的思想，获取有价值的思维。一节小学数学课，讲"比与比例"一节，教师整堂课就课本讲知识，讲得支离破碎，学生学得迷迷糊糊。课后领导跟教师交流时问他："知道这部分内容是为什么后续学习作准备的吗？"教师竟然一脸茫然。关于统计与概率的学习，在1～3年级学习"简单的数据统计活动"和"不确定事件"，4～6年级学习"简单数据统计过程"和"可能性"，7～9学段才学习"统计"与"概率"，那么到底每个学段要教到什么程度，学生要掌握到什么程度，如果教师没有学科整体框架的构建，没有良好的学科素养，就很难把握得恰到好处。

案例1：做一个懂数学教学的老师[①]

"做一个懂数学、懂学生的老师"是我工作的座右铭。我也让自己慢慢向"做一个懂数学教学的老师"的方向努力研究和实践。

懂数学中的字

[①] 郭玉荣. 做一个懂数学教学的老师——参加培训有感［J］. 教育实践与研究，2010（9）.

在数学教学中，有些字如"和、商、积、差、乘、除"我以前只是会读、会用，知其表意，没有深挖其本意。为什么用"和"不用"合"？"除"是什么意思？"积"是什么意思？培训过后，我查字典、上网、问同事、问我的老校长，了解了很多。比如："和"有联合、融合的意思，而"合"有关闭的意思，所以加法的结果用"和"而不用"合"。"除"是分的意思，"除以"是用什么分，8÷2表示用2分8等等。我的好学热情与这些有研究性的问题，带动了全校教师认真研究数学的积极性，真正起到了"星星之火，可以燎数学之原"的作用。

懂数学中的词

培训中，宋老师指导我们学习了课程标准，标准中对于教学目标的定位有许多词，如描述结果目标的"了解、理解、掌握、运用"，描述过程目标的"经历、体验、探索"。这些词在每节教学中如何落实，落实到什么程度对教学起着决定性的作用。培训教师再次深入讲解。培训后，我认真落实于课堂，也给自己的课堂提出了八字方针："示弱、沉默、等待、放手"，并始终坚守一个词"智慧"。智慧的课堂需要灵敏的察觉，机敏的调控。教师"艺术的糊涂"是为了孩子的不示弱；教师勇敢地学会"沉默"、学会"示弱"，是为了孩子们不沉默、积极地发表见解；教师学会"等待"，是为了孩子们不等待，积极奋起；教师学会"放手"就是让孩子们去动手、动脑、动口，去想、去做、去说。这八个字的真正用意是为了把更多的机会留给学生，让他们在一种平等、和谐、融洽的氛围中，找到学习的动力，获得探究的乐趣，享受成功的喜悦。

懂数学知识间的联系

数学知识是相互联系、环环相扣的，理解数学知识间的联系，也就把握了数学知识间的脉搏。（1）懂同类知识间的联系。系统地把握教材，以"抓住一个点，突破一条线"的专题性形式去备课。例如：《认识分数》在冀教版数学教材中出现了三次，第一次在三年级下学期，主要是认识分数的产生，分数的意义，重点理解平均分；第二次在四年级下学期，继续认识分数，由分一个物体到分一些物体，把一些物体看作一个整体平均分，还讲到了质数、合数、最大公因数；第三次在五年级上学期，主要学习真分数、假分数、带分数及它们之间的互化和最小公倍数、通分。三年级是概念的形成，四、五年级是概念的深化和提升。教学分数这一块内容时，不管教学哪一段都要对这三段内容有所了解，这就是同类知识之间的联系。（2）懂新旧知识间的联系。数学知识是相互联系的，前面知识是后面知识的基础，后面知识是前面知识的发展。课堂教学过程是将教材的知识结构转化为学生的知识结构的过程。这一过程的实现取决于教师能否从学生已有的知识出发，帮助学生找准新旧知识的联结点，让新旧知识之间建立起非人为的实质性的联系，实现认知迁移，使学生感受到新知识不新，学会用旧知识同化新知识，从而学会学习。每节新知识教学都要考虑知识从哪里来，到哪里去。例如：教学"商不变的性质"，应该知道前面学过除法的认识、整数的乘除法，又为后面分数的基本性质、比的基本性质、方程等式性质及函数知识做准备。这样的备课才能使数学知识链条联得更紧。（3）懂单元内知识间的联系。把相同的知识内容安排在同一单元，一般从易到难，层层深入。教师备课时就得统观全局，纵观整个单元，深入研究教材的编排意图和顺序。例如："分数除法"这一单元，有六种情况，整数÷整数＝分数；分数÷整数＝整数；整数÷分数＝整数；整数÷分数＝分数；整数÷整数＝整数；分数÷分数＝分数。在教学时应按怎样的顺序教学呢？教材的编排顺序是否可以作为我们的教学顺序呢？需要调整吗？怎么调整呢？很值得在备课时深思研究。

懂数学课程基本内容安排

小学数学安排了四个方面的课程内容：数与代数，图形与几何，统计与概率，综合与实践运用。在培训之前我只注重前三个领域的教学，对"综合与实践运用"没有重视。通过培训我知道了这块新领域的重要性："综合与实践运用"是帮助学生运用已有的知识和经验，经过自主探索和合作交流，解决与生活经验密切联系的、具有一定挑战性和综合性的问题，以发展解决问题的能力，加深对"数与代数"、"空间与图形"、"统计与概率"内容的理解，体会各部分之间的联系。我还学会了这块领域教学的基本流程：创设情境、确立主题——自主探索、合作交流——评价、反思、拓展、应用。课堂教学应注意：密切联系生活，体现现实性；综合运用知识，体现综合性；强调自主探索，体现探索性。培训后，我上了一节"数学黑洞——神秘的6174"，就是随意四个数字，排列出一个最大四位数减最小数永远得6174。这节课孩子们异常兴奋，培养了孩子们的探索精神，激发了孩子们的学习兴趣！

懂数学课程的总体目标

新课程标准修改稿从四个方面阐述数学课程的总体目标：知识与技能，数学思考，问题解决，情感态度。过去教学中，我更多注重"知识与技能"，重结果轻过程。通过培训，我更新教学观念，现在教学中非常注重学生发现问题、提出问题。其实提出一个问题比解决一个问题更有意义、更有价值。在课堂上让学生发现并提出问题是上好一堂数学课的关键所在，这就需要教师创设合适的数学情境帮助学生发现问题并提出问题。创设情境的方法有：创设操作情境，给学生动手的空间；创设生活情境，给学生体验的空间；创设故事情境，给学生想象的空间；创设活动情境，给学生愉悦的空间；创设问题的情境，给学生探究的空间。

"懂数学"是对数学教师的基本要求。数学家华罗庚曾说过："宇宙之大，粒子之微，火箭之速，化工之巧，地球之变，生物之谜，日用之繁，无处不用数学。"数学的天地色彩缤纷，数学的文化博大精深。问渠哪得清如许，为有源头活水来。只有自己是涓涓流动的溪水，才能创造出充满生命活力的课堂。

二、培育学生对知识本身的兴趣

一群孩子的嬉闹让老人难以忍受。于是，他给了每个孩子25美分，说是奖励孩子们给他带来了快乐。孩子们很高兴。第二天，老人给了每个孩子15美分。第三天，老人只给了每个孩子5美分。孩子们勃然大怒，发誓再也不会为他而玩了。

在这则故事中，老人将孩子们的内部动机"为自己的快乐而玩"变成了外部动机"为得到金钱而玩"，而他操纵着"金钱"这个外部因素，所以就操纵了孩子们的行为。寓言中的老人像不像我们的学校、教师，而金钱，像不像我们的考分、评价？当外部评价成了我们的参照系，成了教学的全部，我们的情绪很容易受波动，我们的内部动机很快就被外部动机所取代。又因为考分评价因素是我们左右不了甚至反过来左右我们的东西，所以我们只好降低以至于全部削除自己的内部动机,以至于我们最终忘记原初动机,成为外部评价与考分的奴隶,远离我们的好奇心和快乐。

我们的教育教学是不是被考分剥夺了教育过程、成长过程的幸福与快乐了呢?例如,教学文言文时,我们思考过比文言文知识更高位的文本内涵吗?思考过文言文教学的价值吗?"我们的文言文教学仅仅停留在为了考题的解释、翻译而进行的逐字逐句、从头到尾、不厌其烦、无所遗漏的串讲上,仅仅停留在常见的文言文实词、文言文虚词、文言句式的意义或用法"上,基本上放弃了课标强调的"体会其中蕴涵的中华民族精神,为形成一定的传统文化底蕴奠定基础……从中汲取民族智慧"的内容,基本上不管学生成长需求的营养,将丰富饱满的文言文课文资源压缩成干巴巴的字词饼干,以换取"金钱",扫尽学生"为自己玩"——为自己的人生发展学习的好奇心与快乐。[1]

究竟我们要培养学生的什么兴趣呢?是培养学生对知识本身的兴趣,还是培养学生使用知识的兴趣呢?就实际教学情况来看,培养学生对知识本身的兴趣,可以让学生将学习过程的乐趣与学习结果的成就感融为一体,使得学生在学习这条道路上坚持走下去的可能性更大;培养学生使用知识的兴趣,虽然会让学生对知识获得的结果感兴趣,但却容易让学生对获得知识的过程不感兴趣。

案例2: 培育对知识本身的兴趣[2]

李老师正在给学生上数学课,为了让学生感到数学的实用性,他在课堂上不遗余力地将生活中使用教学知识的情况罗列出来。比如当商场因为逢年过节而打折时,如何有效地利用打折活动节约支出;又如在定期储蓄期利率发生变化时,如何计算是取出来重新储存还是保持储存状态不动更划算。一堂课下来,学生自然是乐在其中,也感受到了数学在生活中原来是如此有用。

但作为听课的人,总觉得这堂课少了一点东西,可一时半会又讲不出来

---

[1] 应永恒. 文言文有效性教学的探索 [J]. 福建教育(中学版), 2011 (1~2).
[2] 周彬. 培育对知识本身的兴趣 [J]. 今日教育, 2011 (1~2).

究竟少了什么，只好姑且称少的这点东西为数学课堂的数学味道吧。虽然整堂课教师也在教数学知识，但这堂课真正吸引学生的东西，并不是数学知识，而是如何少花钱多买东西，数学学习在这儿丧失了它的主体地位，而沦为节约用钱的工具。很遗憾的是我没有机会继续听李老师后续的数学课，但我却很是替李老师担心，是不是每堂课都会为了激发学生上数学课的兴趣，都要收集如此之多的将数学知识精妙地用到日常生活之中的例子。即使李老师能够为每堂课都收集到这么多有趣而且也有用的例子，但学生在数学课堂上是否真的掌握了数学知识，又是否真的对数学知识的学习有了兴趣呢？

不管是发现知识还是创造知识，很少将解决一个直接的生活问题作为目的。对知识本身的兴趣与求知欲，才是引领知识走向新生的捷径。有用的知识并不意味着可以直接用来度量我们的日常生活，除了一些极其简单与肤浅的知识之外，把学科知识做日常生活化的解释与解读，往往会导致学生对学科知识的肤浅化理解。看起来学生学会了使用学科知识，但却并没有真正理解学科知识；一旦要让学生掌握后续知识时，他们就束手无策了。这也就是为什么我们的学生在基础教育中成绩卓著，但到了高等教育阶段却节节败退；我们的学生在考试成绩上领先，但在知识的创新上却甘拜下风的根本原因所在。基础教育尤其如此，列在教材中的学科知识往往是整个学科发展的起步知识，也就是我们讲的基础知识。基础知识的价值并不在于基础性使用，而是为后续的知识学习打下坚实的基础。

案例3： 数学其实很美很酷[①]

中国人民大学附属中学的王金战老师是一个有着30多年教学经验的数学老师。"30年来，我一直在教数学、教初中、教高中、教竞赛，越教越觉得数学好玩、好学，越教越觉得数学很美、很酷。我常常被数学的波澜之势、高瞻远瞩之能、对称和谐之美、茅塞顿开之境所陶醉。"王金战告诉记者，他一直有个愿望，"就是从数学全局入手，用深入浅出的语言把数学讲得浅显易懂，用诗情画意的语言把数学讲得异常精彩，用风趣幽默的语言把数学讲得

---

① 却咏梅. 数学其实很美很酷［N］. 中国教育报，2010-5-20（5）.

生动有趣"。

他说，现在很多中小学生讨厌数学到了想放弃的地步，害怕数学到了恐惧的程度，这绝不是数学本身的原因。兴趣是最好的老师，学生一旦对数学的兴趣得到激发，那么学好数学就很容易。王金战很骄傲地说，每接一届学生，前半个月他都不讲课本，而是以"大话数学"为题来挖掘数学的内涵，提炼数学的规律，揭示数学的特点，深化数学的应用，张扬数学的魅力，直把学生讲得神情激昂，也就再没有对数学的恐惧和拒绝，有的只是学好数学的信心和激情。"所以我虽然不用布置太多的作业，他们却能轻松学好数学。"

"数学是思维的体操，诚如科学家克莱因所说：唱歌能使你焕发激情，美术能使你赏心悦目，诗歌能使你拨动心弦，哲学能使你增长智慧，科学能使你改善物质生活，但数学能给你以上的这一切！这么好的东西对一个中小学生来说是必须学好的，但好多学生厌恶数学，强逼着他们学会扼杀他们的智力。"王金战如是感慨。谁说数学是枯燥乏味的？只要你掌握了正确的方法，就会发觉数学有令人惊艳之美！如果学生领略了数学之美，数学就不再是学习路上的绊脚石，而是妙趣横生的智力游戏。

三、引导学生发现体验学科之"美"

任何学科都是美丽的。一个没有被异化的教师应该引导学生去发现学科自身的美丽。如果我们无论学习什么、从事什么，都能够感受到其中的美，获得自己的精神家园，这是一件美丽而富有诗意的事。只有引导学生体验学科美，才能培养学生对学科的热爱和崇拜，激发学生学习兴趣，保持长久的学习动力。只要教师善于思考、善于发现，就会使自己任教的学科光芒不断绽放，使它的美感染到每一位学生，从而激发他们求知的欲望，保持对学习的热爱。这将很大程度上提高学生学习的效率，使教师的教学达到事半功倍的效果。

案例 4：从"一路小跑"到"驻足欣赏"[①]

在数学教学中教师不能一味地传授知识，还要用数学固有的美去感染学生，使他们体验感受数学的美，以愉快的心情投入到尝试中去，激发他们的求知欲。

在公式法则中，体验数学的简约严谨美

简约严谨是数学引人注目的美感之一。精练准确的概念和定理，简洁明了的公式，严谨简约的定律和法则，逻辑严谨、简练准确的解题及推导过程……无不体现了数学的美感。所以教师一方面要引导学生在定律、法则、概念的推导过程中，体验数学的严谨美感；另一方面，要引导学生在形成的结论中体验数学的简洁美感。

概念形成一定要用简练的、精练的语言，完整、准确地展示概念的本质特征，用下定义的方式把它固定下来。下定义是给概念定性，所以揭示本质关键的词语都要反复推敲，做到简要、精练、准确。教学时，可以先让学生尝试着描述，开始要求不必太高，由比较具体的、展开的、不太精确的语言，逐步向简练的、准确的定义靠拢。通过咬文嚼字，引导学生进一步理解其含义，促进概念的形成。如，循环小数：一个数的小数部分，从某一位起，一个数字或几个数字依次不断地重复出现叫做循环小数。定义中的每一句话、每一个词都是有用的。首先，指的是一个数的小数部分，与整数部分没有关系；其次，一个数字或几个数字重复出现，强调的是依次不断地重复出现。为了帮助学生确切地了解定义中关键词语的含义，让学生用定义去辨析：666.651、6.101001000、6.35135135……、6.351351，在这几个数中，只有6.35135135……符合循环小数的概念。给概念下定义，是概念形成过程中不可缺少的一个步骤，但是一定要掌握好时机。在学生还没有充分理解的情况下，过早地下定义，就会导致消化不良；过迟下定义，又会阻碍学生智力活动的内化，对思维活动产生消极影响，不利于概念的抽象、概括，自然也不利于概念的形成。

---

① 李红艳. 从"一路小跑"到"驻足欣赏"[J]. 教育实践与研究，2010（7）.

在理论体系中,体验数学的和谐统一美

毕达哥拉斯说过:"凡是美的东西都有一个共同特征,这就是部分与部分之间,以及部分与整体间固有的协调一致。"数学是一个整体,概念与概念之间、公式与公式之间、知识与知识之间,数范围的扩展,它们之间有着内在的联系。如通过让学生回顾立体图形的体积计算公式,教师可以予以点拨,并整理成下图——

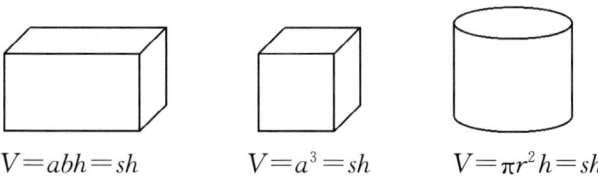

$V=abh=sh$　　　　$V=a^3=sh$　　　　$V=\pi r^2 h=sh$

使学生体验到立体图形的体积,基本可以归纳成"底面积×高",从而体会立体图形之间内部结构的和谐统一,形成良好的认知结构。

在图形关系中,体验数学的对称均衡美

对称均衡是数学形式美的主要特征。各种对称或均衡图形,如等边三角形、圆、正方形……都带给人们美的感受。在现实生活中,数学的美更可谓无处不在:对称的图案,对称的建筑。人体本身也是美的,两手、两腿、两眼、两耳都是对称的。如在教学轴对称图形时,我是这样导入的——

师:同学们,老师今天带来了一张大家熟悉的人脸部图形,看后笑声可不能太大哟(出示两眼都在左边的大头娃娃的脸部图形)。(生笑)

师:你们为什么笑?

(通过学生的说,逐步引导,得出"对称"的含义)

师:那么请同学们想一想,生活中还有哪些地方有对称的情况?(学生个别口述)

师:那我们今天就来研究这样的图形的特征。(板书课题:轴对称图形)

这样,学生在笑声中领悟了对称的美。

对于外显的数学对称美,学生可以从图形和物体形状的观察中体验,教师可适时点拨,让学生成为知识的发现者,留给学生更多想象的空间。

在现实生活中,体验数学的广泛真实美

真中见美,是数学内在美的重要特征之一,真与美总是紧密相连的,而数学堪称真的楷模。正确性是数学的绝对准则，但这种真，却是源于生活。教师可把抽象的数字、符号、公式、法则、图形与生活实际相联系，让学生体验到数学就在身边，从而产生对数学的亲近感和亲切感，产生学习数学的兴趣。如在讲比之前，教师让学生课前搜集百分数在现实生活中的应用，然后在课堂上展示交流——

衣服标签上标有：棉 80% 涤纶 20%

酒瓶的商标上标有：酒精度 11.5%

牛奶盒上标有：含乳量≥60% 脂肪≥3.5%

人的泪水中水占 98.2%

六（1）班优生率为 71.6%

种子袋上标有：发芽率 96.8%

酸奶杯上标有：脂肪≥2.5% 蛋白质≥2.3%

五年级期中考试的合格率为：98.5%

通过展示和交流，使学生体验到百分数在生活中的应用，提高他们学习百分数的积极性。

英国著名数学家哈代在《一个数学家的辩白》中写到："数学家的造型与画家和诗人的造型一样，必须美；概念也像色彩或语言一样，必须和谐一致。美是首要标准……数学的美很难定义，但它却像任何形式的美一样真实。我们很可能不知道什么才算美的诗，但丝毫也不妨碍我们在读一首诗时去欣赏它的美。"数学的美可谓无处不在，学生要想真正领略数学的魅力，就必须加强参与，在参与中体验感悟领略数学。因此在教学中，教师不能总让学生"一路小跑"地学习知识，而应适时"驻足一下"，用教师的美好体验感染学生，深入浅出地启发学生，让学生从中体验数学之美，这才有益于学生养成健康的审美情趣，更有益于学生良好个性的形成。《义务教育数学课程标准》在总体目标的阐述中也使用了经历（感受）、体验（体会）等刻画数学水平的过程性动词，并且在具体目标中多次提到"经验、体验"，明确了体验是数学教学的过程性目标之一。除了让学生获取数学知识，更要让他们亲自经历数学学习的过程，在过程中去体验和感悟数学的美，丰富自身的学习经历和经验，从而实现"知识学习，能力发展，态度与价值的统一。"

案例5：巧用历史之谜，让课堂魅力别生[①]

导入是新课教学的一个重要环节。导课的质量直接关系教学的质量，着实需要教师独具匠心。新课导入有多种方式，借助历史之谜投石问路，也是一种行之有效的做法。例如，在教学《蒙古的兴起和元朝的建立》（人教版七年级下册）课时，我们可以这样设计导语：成吉思汗是一位具有传奇色彩的人物，他戎马一生，给世人留下许多谜团。而他的葬身之处，更是谜中之谜。现今位于伊金霍洛旗的成吉思汗陵乃是一座衣冠冢……在这个导入中，教师投下了因蒙古族盛行"密葬"，使得成吉思汗真正的陵墓至今仍不知在何处的"谜石"，在学生平静的心湖上荡开了层层涟漪，触发了他们的兴奋点。这样之后，教师就可以因势利导，把学生引入新课的学习中去了。

很多历史教师把课上得如同一杯"白开水"，索然无味，让学生对历史失去了兴趣。而历史之谜正是一味很好的调味剂，可以让"白开水"变成"美羹"。例如，教学《殖民地人民的抗争》（人教版九年级上册），在讲到玻利瓦尔和圣马丁时，我们可以作一个"玻利瓦尔与圣马丁瓜亚基尔会晤之谜"的趣味链接：1822年7月27日，两位南美洲民族解放领导人进行了秘密会谈。次日凌晨，圣马丁不辞而别，回到秘鲁。随后，他在9月份发表辞职演说，交权让位。两位英雄会谈的内容是什么？圣马丁为何在南美洲解放事业的鼎盛时期突然隐退？这就是令人不解的瓜亚基尔会晤之谜。这个趣味链接，既补充了教材内容，丰富了历史人物形象，又能使课堂变得生动有味。

历史之谜因其具有神秘的色彩，往往容易让人着迷。巧用历史之谜，能使教学具有较强的知识性和趣味性，易于吸引学生的兴趣，满足他们的好奇心，激发他们求知探索的欲望，让课堂生发别样的魅力。

案例6：让课堂学习成为美的历程[②]

高中的数学课堂，大多是"习题课"，教师们分秒必争，唯恐漏掉知识

[①] 阮周华. 巧用历史之谜，让课堂魅力别生 [J]. 福建教育（中学版），2011（9）.
[②] 施久铭，余慧娟. 使教育自身美起来 [J]. 人民教育，2011（19）.

点，使学生在考试中吃亏。而郭老师的数学教学却经常精心安排一些"插曲"——"每节课我都会讲一两个我认为最能体现出数学思想美的故事"。

比如讲线性规划——怎样在生活中找到最优解法，郭老师用了一个运筹学上的经典例子。"古代宫中失火，重建工程非常大。皇帝招募全国能人，最后找到一个17岁的小伙子。他勘察地形之后，有了一个惊人的举动。一般的办法是先把大街铺出来，再往里面运土，他想了一个什么办法呢？"

学生听得聚精会神，眼睛都不眨。

"小伙子在街道上挖土，没过几日，大街就成了深沟。那些没有烧毁的木料都用来把挖出来的新土烧成砖和瓦。然后，他又命令工匠将河水引进沟中，再用很多竹排和船将修缮宫室要用的材料顺着沟中的水运进宫中。宫殿修完后，再将被烧毁和多出来的建筑材料填进挖出来的深沟里，重新将街道填出来。这一举做了三件事，节省下来的钱超过了亿万……"

"这就是美啊，数学的运用之美到了极致。"郭老师情不自禁地感叹。

故事讲完，学生的学习兴趣被点燃了。

这看似不相干的故事不仅仅起到了调节气氛、引发兴趣的作用，在它们的背后，郭老师更看重的是对学科丰富的内涵。

我们知道，如果数学与生活的土壤割裂，如果没有在运用中体现出数学的智慧，那么数学就只能是纸面上的数字符号，只能是一道道没有生命的试题，也只能是敲开高考大门的一块"砖"而已。

"那是多么单薄、乏味啊。"郭老师说。

这位人到中年的男教师却被他的学生们亲切地称呼为"天使哥哥"。学生敬爱他，很重要的原因是他的数学课"好玩"，只要上过他的数学课很少有不喜欢数学的。他认为，应该让学生拥有快乐、幸福的课堂，这些快乐和幸福是在学习数学的过程中悄悄传达出来的。

第三节 通过创设情境,激发学生学习兴趣

苏霍姆林斯基认为,要让学生带着一种高涨、激动的情绪从事学习和思考,在学习中意识和感觉到自己的智慧力量,体验到创造的欢乐。怎样才能使课堂产生吸引学生的巨大魅力呢?那就要激起学生的兴趣,"兴趣往往是学习的先导,是推动学生掌握知识或独特能力的一种强烈欲望"。教师可以通过创设情境,使课堂生动活泼、趣味盎然,激发学生的学习兴趣。

传统教学只拘泥于教室,通过课堂这单一的渠道来学习。而新课程的教学强调拓展学生获得理解和认识的渠道,拓展实践活动的空间,重视引导学生对周围环境、周围的人和事进行观察,并为他们的观察提供条件,把观察内容引进课堂,把观察的地方变成课堂;重视组织学生外出旅游、参观、学习,使学生对生活的环境有一个全面、具体、鲜明的了解,使学习与生活紧密联系,在学中用、在用中学。与此同时,通过活动情境的创设,让学生或体验现实的社会生活,或体验某个典型角色,或体验某种社会情感。通过身临其境来获得对现实的真实感受,以激发学生学习的内驱力,激发学生学习的兴趣和热情,促使学生参与学习、主动学习。同时,这种内心体验也有利于学生形成正确认识,陶冶情感,并转化为行动。数学的探究和应用需要情境与体验,科学的探索需要情境与体验,语言的学习需要实际情境与体验,情感态度与价值观的养成需要情境与体验。特别是作文,学生作文水平的高低,关键不在于作文的谋篇布局和遣词造句,而是在于观察、体验、感受是否独特。[①]

李吉林强调"情境教育是通过艺术的直观与教师的语言描绘,连同教师的情感,创设一种美、智、趣的教学情境,并与亲、助、和的人际情境交融在一起,使儿童亲切、轻松、愉快地参与到教育过程中去,以至达到全身心

---

① 杨东. 新课程教学基本策略[M]. 北京:开明出版社,2005:18.

地沉浸其中的境界"。她认为，运用了情境教学，课堂不再是单调重复的练习和可有可无的乏味问答，教学变成了有趣的活动。因为情境教学具有"形真"、"情切"、"意远"、"理寓其中"的特点。"形真"是指形象要有真切感，即神韵相符。儿童是通过形象去认识事物的，而语言本身是抽象的，因此，要让儿童如临其境，必须要有鲜明的形象，所以她在课堂上经常运用形象化的方式进行教学。"情切"是指师生在教学过程中要情真意切。教学是使学生得到和谐发展，而情感是其中不可缺少的因素，因此，教师要情真意切地感染学生，从而激起学生的情感。同时，教师也可以从教材出发，引导学生对教材中的美与丑、喜与悲的不同事物做出肯定或否定的评价，以便更好地发展学生的情感。"意远"是指情境要有一定的深度和广度。她认为，作者在著文时，已置身广远的意境之中，情境教学应顺应这种思路，使情境、意境深远。"理寓其中"是指情境教学应有一定的理念。情境教学所创设的鲜明形象、所述发出的深挚情感、所开拓的广远意境，三者融成一个整体，其命脉便是内涵的理念。①

前苏联教育家马赫穆托夫列举的创设问题情境的基本方式有：②

使学生遇到要予以理论解释的现象和事实。例如在物理课上学习"离心力"时，学生从教师的实验演示中看到，飞轮转动时它上面的胶泥环箍是怎样向四周飞散的，于是引起了问题情境，因为这种现象与学生已学过的向心力现象有矛盾。

利用学生完成实践性作业来产生问题情境。例如在学习"截锥体的体积"前夕，给学生布置如下家庭作业：在周围生活中找出利用截锥体的例子并试着确定它的体积。第二天上课伊始，学生列举了许多关于截锥体的实例，但谁都无法确定其体积，于是产生了问题情境以及寻找解决具有实践意义的那种问题的途径的内在需要。

布置旨在解释现象或寻找实际运用该现象的途径的问题性作业。例如就

---

① 冯季林. 教学的游戏性研究 [M]. 桂林：广西师范大学出版社，2009：135.
② 毕淑芝，王义高. 当代外国教育思想研究 [M]. 北京：人民教育出版社，1993：145～146.

"机械振动与振波"这个课题布置如下作业:某院士发现,如果大海上狂风怒吼,则在海岸上,贴近耳边的橡皮测锤会引起耳内疼痛。试解释这一现象。实际运用该现象的途径有哪些?这种场合下便会引起问题情境。

激发学生分析现象中的事实和现象,即让他们遇到关于这些事实的日常观念与科学概念之间的矛盾。例如,学生已拥有这样的知识:钢的密度比水的密度大7~8倍;按阿基米德定律,任何不含空气的钢体定会沉入水底。而当学生学习"液体的表面张力"时,从实验演示中看到一个现象,钢质剃须刀片的刀刃或缝纫针的针尖都浮在水面上。钢为什么不沉底?于是引起了问题情境。

提出假想,概述问题,并对结论加以检验。例如,学习"电流在电解质中的性质"时,首先做各种试验,结果表明:蒸馏水不导电,干盐不导电,而自来水导电。于是学生提出假想:溶液是导体。可是当做糖溶液试验时,发现糖溶液并不导电!于是产生了问题情境。

激发学生比较、对照事实、现象、定则、行为,由此引起问题情境。例如,在学习"毛细作用"时,让学生比较如下现象:煤油灯芯燃着,墙壁发潮,墨水在吸墨纸上发印,植物吸收养分……是什么作用引起这些现象?由此问题情境产生。

让学生对比新事实与已知事实并独立作出概括。例如学习"罗马奴隶制共和国的崩溃"时,教师问:为什么罗马共和国崩溃了?学生们根据原有知识答:因为奴隶主们给了共和国以打击。但当他们把这个结论跟奴隶主本身就统治着共和国的事实加以对比时,便出现了矛盾,于是产生了问题情境。

组织科际联系。这指的是,有时教学科目的材料在训练技巧、复习已学知识等场合中无法保证造成问题情境。这时就应当利用其他科学(科目)中那些与所学教材有联系的事实和资料,以便创设问题情境。

教学情境是课堂教学的基本要素,创设教学情境是教师的一项常规教学工作,创设有价值的教学情境则是教学改革的重要追求。有价值的教学情境须具备以下几个特性——

一、生活性

新课程呼唤科学世界向生活世界的回归。强调情境创设的生活性,其实质是要解决生活世界与科学世界的关系。为此,第一要注重联系学生的现实生活,在学生鲜活的日常生活环境中发现、挖掘学习情境的资源。第二要挖掘和利用学生的经验。陶行知先生有过一个精辟的比喻:"接知如接枝。"他说:"我们要以自己的经验做根,以这经验所发生的知识做枝,然后别人的知识方才可以接得上去,别人的知识方才成为我们知识的一个有机部分。"任何有效的教学都始于对学生已有经验的充分挖掘和利用。学生的经验包括认知经验和生活经验。美国著名的教育心理学家奥苏伯尔有一段经典的论述:"假如让我把全部教育心理学仅仅归纳为一条原理的话,那么,我将一言以蔽之:影响学习的唯一最重要的因素就是学生已经知道了什么,要探明这一点,并应据此进行教学。"可以说这段话道出了"学生原有的知识和经验是教学活动的起点"这样一个教学理念。

案例 1: 作文课上吃花生[①]

作文课上,我很慎重地发给每个孩子一颗花生,那份故意摆出的吝啬劲儿,差点让自己笑出声来。我告诉孩子们:"这是特殊品种的花生,老师得来不易,好东西和你们分享,不要急着吃,先观察。"一颗颗小小的花生在孩子们手中翻来覆去地跳动,一双双充满好奇的眼睛很久都没有离开过这往日里再熟悉不过的小东西。大家好像是第一次接触花生一样,看得认真细致,不亚于"鉴宝"栏目中专家鉴定宝物真伪时的样子。看了大约三分钟,我提示大家可以换一种方式"看"。机灵的孩子们一下子想到了用鼻子闻,"好香啊"的赞叹声此起彼伏。有的伸出舌头舔舔花生壳,"好咸"!我心里暗笑:这可是福州口味的咸水煮花生,每一颗都有三粒花生仁,好着呢!我笑着鼓励孩子们剥壳吃花生,提醒他们先将一粒花生细嚼慢咽,好好品味。孩子们似乎

[①] 陈海滨,徐丽华. 有效教学 66 个经典案例[M]. 上海:华东师范大学出版社,2011:15.

在品尝人参果一般，吃得津津有味。一粒下肚后，我说道："写写吧，从上课开始到现在，关于花生，想写什么就写什么，会写什么就写什么。""没问题！"孩子们信心满满地动笔了。我补充说："写不下去时可以再吃一粒花生，吃一粒花生胜过听老师讲一节课！"

才过20分钟，60个四年级孩子的当堂作文字数几乎达到了人均200字。我非常强调当堂作文，很注重高效率的课堂练笔。花生还有不少，所以我巡视全班后宣布："凡是达到或超过200字的，再奖励一颗，可以边吃边写。"我提示孩子们："把你之前通过眼睛看到、鼻子闻到、嘴巴尝到的方方面面的信息都写下来。"孩子们在这样的鼓励下又奋笔疾书，我则有意拖延"发奖"时间，很快，每个孩子都得到了特殊的奖励——一颗标志写作快速的花生。孩子就是孩子，吃下这颗花生后，他们感觉特别来劲，似乎一下子获得了写作动力，我能明显感觉到孩子们的写作在整体提速。

鲁迅先生说："对于任何事物，必须观察准确、透彻，才好下笔。"学生学会了观察，习惯观察，才能分辨出千变万化的事物之间的区别，才能细致入微地写出事物的特点，在写作时有条理、有层次、有顺序地写，才能把事物写具体，写生动，写出感情。案例中的教师"故弄玄虚"，让学生观察特殊品种的花生，并将这特殊的花生作为学生作文表现的奖励，鼓励了学生的写作积极性，也激发了学生认真观察、认真写作的欲望。

案例2： 随意闲聊，有效开课[①]

良好的开端是成功的一半。"开课"这个环节，老师们总会苦心孤诣，巧妙设计。怎样的开课才有效呢？在两次上《三顾茅庐》时，我进行了探索。第一次是在自己所任的班级里试教。

想到这段时间电视剧《三国演义》正在热播，班上的学生都成了"三国迷"，于是我这样开课——

师：这几天晚上老师和女儿都在看一部电视连续剧，太精彩了。猜猜是

[①] 陈海滨，徐丽华. 有效教学66个经典案例［M］. 上海：华东师范大学出版社，2011：105.

什么电视剧？

生：（激动）《三国演义》！

师：（笑）一说"三国"就来电，都是"三国迷"啊！来，说说观后感吧。

（生七嘴八舌地说起来）

师：今天我们也来个"三国大战"，男生为魏国，女生为吴国，老师姓刘为蜀国。我们来一场"纸上谈兵"，谈的是《三顾茅庐》。当然谈之前，我们先要认真学习课文。

（生群情雀跃，兴趣盎然地投入了文本学习）

个人对这个开课比较满意，能够结合学生的实际，激起他们的共鸣，并引导学生进入文本，顺利开课，而且巧妙地结合"三国"的内容，分组研究，为后续学习打下了基础。

第二次是给一个陌生的班级上课，教室里还有许多听课的老师。我事先也没有熟悉学生。上课前几分钟，问了几个同学有没有在看《三国演义》。学生都说没看，因为爸爸妈妈晚上不让他们看电视。我闻之，心中连呼"不妙"！他们没看《三国演义》，心中缺少感受，必定无话可说。而且这个班级的学生很有规矩，还没上课就坐得端端正正、老老实实的，一脸严肃。看到我这个陌生老师和周围这么多听课老师，有的同学连眼神也是怯生生的。在这样拘谨的气氛下上课，课堂必定是了无生机的。

如果像第一次那样开课，肯定会冷场。怎么办呢？我眉头一皱，计上心来。我想到孙双金老师在上《天都峰的扫路人》时，利用自己的"姓"与学生闲聊，巧妙地导入新课，可谓"踏雪无痕"。于是，上课前几分钟，我放弃了原来的开课设计，利用自己的姓与学生闲聊起来。

师：同学们，我们不急着上课，先来夸夸自己家族的名人。比如你姓王，你能介绍一下王家有哪些名人吗？

生：我们王家有大书法家王羲之、王献之。

师：有姓王的同学和姓王的老师吗？向大家自豪地挥挥手。

生：我姓李，我们李家有大诗人李白、唐太宗李世民……

生：我姓经，这个姓比较少，但是我们家族里的经亨颐先生是赫赫有名的,他是春晖中学的第一任校长!

师:听你们夸自己家族的名人,老师也心痒痒的。我也来夸夸我们老刘家的,你们知道我们刘家有哪些名人吗?

生:世界冠军刘翔!

师:喜欢刘翔的请举手!

生:魔术师刘谦!

师:各位,接下来,就是见证奇迹的时刻!(经典台词)(生很兴奋)

生:还有刘备。

师:是啊,刘备可是我的老祖先。你们对他了解吗?

(生介绍刘备)

师:听了你们的介绍,我深深地为自己有这么英明的祖先而感到骄傲。有人说,刘备最大的成功是请到了诸葛亮。那么,他是因为什么而打动了诸葛亮的心呢?请大家跟着我的老祖先一起去《三顾茅庐》吧!

师生间就这样朋友似地闲聊,无拘无束地聊,快快乐乐地聊,聊得通俗,聊得有趣。孩子们笑了,教室的气氛也活跃了,后续的学习变得轻松高效。

聊天是教师与学生之间最简单也最直接的交流方式。苏霍姆林斯基说:"如果教师不想办法使学生产生情绪高昂和智力振奋的内心状态,就急于传授知识,那么这种知识只能使人产生冷漠的态度,而给不动感情的脑力劳动带来疲惫。"如果我们找到了学生感兴趣的话题,为他们创设了良好的自主说话情境,就能有效激发他们的兴趣,调节课堂气氛和节奏。案例中教师的第二次的尝试中,孩子们有话可说,夸起自家名人如数家珍,滔滔不绝,心中充满了自豪。学生告别了拘谨,走向活跃,课堂气氛变得轻松、愉快,从而引发了他们学习的欲望,让他们慢慢进入新课的学习。学生是学习的主体。尽管我们自认为设计了很高明的开课策略,可如果不适合学生,那就是最糟糕的设计。每个班级都有自己的特点,如上述案例中第一次开课中的班级学生的个性比较张扬,都是"三国迷",所以开课时,只要教师抛出一个话题,他们的话匣子就打开了,他们立刻就成了课堂的主人。而在第二次开课中,学生比较拘谨,这就需要教师一步一步顺势而导,采用多种方法点燃学生的激情,将他们成功引向后面的学习。所以,我们在教学中必须了解学生的学习起点，了解班级的个性特点以及学生的阅读视野，及时调整自己的开课策略。

二、形象性

强调情境创设的形象性，其实质是要解决形象思维与抽象思维、感性认识与理性认识的关系。教师所创设的教学情境，首先应该是感性的、可见的、摸得着的，它能有效地丰富学生的感性认识，并促进感性认识向理性认识的转化和升华；其次，应该是形象的、具体的，它能有效地刺激和激发学生的想象和联想，使学生能够超越个人狭隘的经验范围和时间、空间的限制，既让学生获得更多的知识，掌握更多的事物，又能促使学生形象思维与抽象思维互动发展。如一位教师教《守株待兔》，教师扮成守株待兔者，倚在黑板下，闭目打坐，让学生劝自己。学生兴致倍增，纷纷劝起老师来："老师，你等不到兔子啦……""老师，再等下去你会饿死的！"……教师还模仿守株待兔者的口气和学生争辩。学生越劝说，兴致越高，就越深刻地理解这篇寓言的寓意。

案例3： 让学习变成享受[①]

明天又是古诗教学，我不禁皱起了眉头。想起上次学习《题西林壁》和《游山西村》时学生的状态，我心里就有几分隐忧。本是富有理趣、脍炙人口的诗篇，感觉自己讲得也挺卖力，可课讲下来却让有些学生感觉味同嚼蜡，提不起一点兴致。究其原因，应该是没有调动学生的学习积极性。张载有言："教之而不受，虽强告之无益。"斯宾塞也曾说过："应该引导儿童自己进行探讨，自己去推论。给他们讲的应该尽量少些，而引导他们去发现的应该尽量多些。"得记取古圣先贤的教诲，可不能让这样的历史重演！我暗下决心。于是我一头扎进书堆，再次认真研读明天将要教学的古诗《黄鹤楼送孟浩然之广陵》，查阅相关资料，搜集有用的信息，从一些成功的古诗教学课例里汲取营养。

---

① 陈海滨，徐丽华. 有效教学66个经典案例［M］. 上海：华东师范大学出版社. 2011：101.

第二天，我胸有成竹地走进教室。

"听到同学们上课前的动听的歌声，老师真高兴！为了奖励你们，我给你们讲一个故事。"学生精神一振，目光一致投向了我。很显然，我的表扬给了他们一份良性的心理暗示，让他们很受鼓舞。我略作停顿，开始向他们娓娓讲述李白与孟浩然的忘年交："李白生活在安陆的时候，非常仰慕当时已经誉满天下的大诗人孟浩然。他专程前往鹿门山拜见孟浩然，两人一见如故。孟浩然对当时名气尚小的李白的诗大加赞赏，而且盛情款待了他。他们志趣相投，建立了深厚的友情。几年之后，两人由于互相思念，相约来到江夏（今武昌），共同游山玩水，饮酒作诗，赏月看花……"故事本来就很感人，再经我一渲染，学生一个个听得津津有味。

"半个多月后，孟浩然要去广陵，于是二人在黄鹤楼惜别。暮春三月，长江边烟雾迷蒙，繁花似锦，李白伫立在江边，看着友人登上了船，看着白帆随着江风渐渐远去，消失在蓝天的尽头，只见一江春水浩浩荡荡地流向天边，他依然伫立在江边，凝视着远方。为这次送别，李白写下了堪称千古绝唱的《黄鹤楼送孟浩然之广陵》。"听到这儿，学生的求知欲、好奇心已胀得像鼓鼓的帆，他们急切地想去探寻、去研究、去发现。我不失时机地出示了学习目标和学习提示，学生在愉快而热烈的情绪中投入了学习……

苏霍姆林斯基曾说过："求知欲，好奇心——这是人的永恒的、不可改变的特性。"把学生的好奇心和探究欲望激发出来，让他们迫不及待地投入对文本的阅读和探究中去，是教学成功的第一步。儿童是最富于想象的，他们对新鲜事物充满好奇，渴望体验。上述案例中的教师在课堂这一有限的时空内，运用语言营造虚拟情境，给他们一种新鲜感、愉悦感，充分调动他们主动参与学习的激情。当学生兴味盎然地投入学习中时，学习就变成了一种特殊的享受，变成了一种精神的需要。

三、学科性

情境创设要体现学科特色，紧扣教学内容，凸现学习重点。当然，教学情境应是能够体现学科知识发现的过程、应用的条件，以及学科知识在生活中的意义与价值的一个事物或场景。只有这样的情境才能有效地阐明学科知识在实际生活中的价值,帮助学生准确理解学科知识的内涵,激发他们学习的动力和热情。学科性是教学情境的本质属性。例如,在教学"平均分"时,教师可以创设一个"春游"的现实情境,让学生准备及分发各种食品和水果,但教学重点应该尽快地落到"总数是多少"、"怎么分的"、"分成几份,每份是多少"、"还有没有多余的"、"不同食物的分法有什么共同的特色"等数学问题上来,而不是把大量的时间花在讨论"春游应该准备什么食物和水果"、"春游应该注意什么"等与数学内容无关的生活问题上。强调学科性,还意味着要挖掘学科自身的魅力,利用学科自身的内容和特征来生发情境,如利用数学的严密性、抽象性来创设数学教学情境,利用语文的人文性、言语性创设语文教学情境等。

案例 4:《草》 教学片段

一位小学语文教师在教学古诗《草》时,通过一则文学故事来导入新课。一上课,教师对学生说:"今天我们要学习一首古诗,老师先给同学们讲讲这首诗的作者白居易的故事。"教师边板书作者"白居易"边娓娓道来。故事是这样的:

白居易是唐朝人,他出身贫寒,但从小热爱学习,特别喜欢写诗。16岁那年,白居易离开家乡到京都长安后,仍不断写诗。为提高写诗的水平,他到处求名师指点。

有一次,他去拜访当时的老诗人顾况。顾况是个爱开玩笑的人,当他得知眼前这个年轻人叫白居易时,又想开玩笑了。"哎呀!你这个名字可起得不妙啊。"顾况摸着胡须道,"你的名字叫居易。现在长安城里米价昂贵,租屋困难,要想在这里住下来,可不太容易啊。"白居易听了这句话,想想自己到长安后经常愁衣少食,四处借债的情景,不禁深有感触地说:"你说得好,在京都居住可真不容易啊!"顾况见眼前的年轻人谦虚好学,就说:"好吧,把你写的诗念给我听听。"白居易开始读诗了。(放录音《草》朗诵)白居易刚读完,顾况便连声赞道:"好诗好诗,你能写出这样的好诗,前程无量。居易这名字取得真好哇!"白居易不解地问:"老先生,刚才您还说我的名字取得不妙,现在又说我的名字取得好,这不是自相矛盾了吗?"顾况笑着说:"刚才不知道你会写诗,所以才说你居住长安不容易,名字取得不妙。现在看你能写出这么好的诗,所以说你居住长安很容易,名字起得真好。"说完就热情地指点起来。从那以后,白居易更加勤奋起来,终于成为唐朝三大诗人之一(其他两位是李白和杜甫)。

故事讲完后,教师接着说:"下面我们就来学这首诗,看看白居易写的诗到底好在哪里。"教师开始讲解新课,学生兴趣盎然地投入新课的学习。

这则故事巧妙地介绍了诗人及创作诗的时代背景,既自然地揭示了新课教学内容,使学生对新课大意有初步的感知,又缩小了时空差,解决了学习古诗由于年代相隔久远而无法产生共鸣感的大障碍,让学生轻松、愉快地进入诗人创设的意境中去。

现代教学论认为,课堂教学活动是在认知发展和情感发展两个方面的相互作用、相互制约下完成的,知识往往通过情感功能才能更好地被学生接受、内化。学生有了对学习的热烈情感,就会增强其学习的积极性和主动性。案例中的教师在创设教学情境时,特别注意选用学生所喜闻乐见的故事形式进行,利用语文的人文性、言语性创设语文教学情境。

案例5:《异分母分数加减法》 教学片段[①]

为了让学生明白只有单位相同的数才能相加减的算理,上课伊始,我做了个简单的游戏:从左口袋里掏出1元硬币,从右口袋里掏出5角硬币,然后面向学生大声说"老师这儿呀有6元钱"。

学生"啊"了一声直摇头:"不对,不对!"

我又大声说:"不是6元钱,那是6角钱?"

学生更是急不可耐地直摆手:"不对,不对!"

"不是6元钱,也不是6角钱。那是多少钱?"

学生齐答:"1.5元!"

我问:"为什么是1.5元?"

学生讲得头头是道:"1元=10角,10角+5角=15角=1.5元。"

---

① 王慧. 让学生参与知识的建构过程[J]. 教学随笔,2011 (3).

我赶紧"顺坡下驴":"1元中的1与5角中的5这两个数字为什么不能直接相加?"

学生齐答:"因为单位不同。"

我肯定地点点头:"对,单位不同的两个数不能直接相加减。异分母分数加减法也不例外。"

这就水到渠成地引出了新授课。

课堂教学是一种双向的交流活动,要让学生说得出听得进,教师在课堂上必须给予学生发表意见的机会,促使学生去思考、去表达、去内化,为学生留下尽情挥洒的自由空间,为学生提供交流互动的平台,让学生阐述自己的观点,表达自己的意见,调动起学生探究的热情,甚至面对教师的"不懂"他们会着急,会反过来教老师,一板一眼地讲道理——这不正是我们教学的最终目的吗?

四、问题性

有价值的教学情境一定是内含问题的情境,它能有效地引发学生的思考。情境中的问题要具备目的性、适应性和新异性。"目的性"指问题是根据一定的教学目标而提出来的,目标是设问的方向、依据,也是问题的价值所在;"适应性"指问题的难易程度要适合全班学生的实际水平,以保证大多数学生在课堂上都处于思维状态;"新异性"指问题的设计和表述具有新颖性、奇特性和生动性,以使问题具有真正吸引学生的力量。

《中小学管理》上曾刊发过这样一个案例:针对《尊严》(人教版四年级下册)这篇课文,在课堂上,全班学生几乎每个人都提出了一个自己的问题。如有的学生提出:"为什么会发生饥荒?""为什么饿汉那么穷,财主却那么有钱?""饿汉为什么说他情愿饿死,也不吃财主给他的食物?"在这些问题中,大部分学生都选择了第三题进行讨论。在讨论中,学生探讨了多种可能性。有一个学生回答"因为他很有骨气,很有尊严"。教师非常敏锐地抓住这个机会,利用学生的话进行引导:"对!他很有骨气,很有尊严。可是他已经快要饿死了,你赞成他这样做吗?"新的问题立即又使学生的认识产生了分化。有的学生明确赞成,有的学生强烈反对。在他们分别阐述了自己的理由之后,教师又引导学生提升出了一个与此关联又蕴含哲学意味的问题，即"生命和尊严到底哪一个更重要"。在激烈的辩论中，有的学生认为生命比尊严更重要，"因为没有生命就什么也没有了"；有的学生觉得，尊严比生命更重要，"因为没有尊严会被人看不起"；还有的学生语出惊人，说生命和尊严同样重要，"因为没有生命就没有尊严，而没有尊严，生命就没有意义。生命和尊严的关系就像一个人的手心和手背一样"……

案例 6：夺人眼球的"题目"[①]

办公桌上放着几本新到的《故事大王》杂志，我拿起一本，随手一翻，刚好是目录，便读起一个个题目来："奖励一个妈妈"、"一只五万元的橘子"、"黑熊的教训"……读着读着，一个念头在脑海里油然而生。

在下午的写作指导课上，我举着自己看过的那本《故事大王》，对孩子们说："这是新到的一期《故事大王》杂志，我给大家读几篇文章的题目，你们听一听，想一想这些题目中哪一个是自己最感兴趣、最想一睹为快的。"说完，我就开始一字一顿地读起题目来，并且尽量读得慢一些，让学生听得更清楚一些。

未等我读完，一只只小手便举了起来。陈珂涨红了小脸，最先站起来说："我最喜欢其中的'一只五万元的橘子'这个题目。因为我们平时在市场里买的橘子都只要几元一斤，一只大概五六角钱，而这篇文章中的橘子怎么会那么贵呢？我真想马上翻开书看个究竟。"

"是啊！一只橘子怎么要五万元呢？这也太贵了吧！"我夸张地附和道，"这葫芦里卖的是什么药啊？好有悬念的题目啊！杭老师也好想马上读一读这篇文章呢！"

沈煜婷也有自己钟爱的题目，她说："我挺喜欢'奖励一个妈妈'这个题目。听了这个题目，我觉得很奇怪，妈妈怎么能作为奖品呢？是谁的妈妈奖励给别人了啊？我已经有了一个可亲可爱的妈妈，再奖励我一个妈妈，那我

[①] 陈海滨，徐丽华. 有效教学 66 个经典案例 [M]. 上海：华东师范大学出版社，2011：18.

不是有两个妈妈了吗？我好想马上读一下这篇文章噢！"

冯卓成笑眯眯地站起来，说："俗话说'兔子不吃窝边草'，可有一个题目叫作'兔子吃了窝边草'，它反用了这句俗话，让人觉得这篇文章很有看头。我想，如果兔子吃了窝边草，那它的老巢不就暴露了吗？"

"我最想读的是《张小兵捉'鬼'记》。一听这个题目，我就觉得很刺激。世界上真的有鬼吗？张小兵捉到鬼了吗？杭老师，快把这本杂志借给我看一眼吧！就看一眼，马上还给你。"陈天豪一边说，一边伸出手来作乞讨状。

孩子们一个个跃跃欲试，显然，这些题目已经激起了他们强烈的阅读期待和阅读兴趣。我想，要是我现在把这本杂志往空中一抛，准会有很多人来抢。于是，我晃了晃手中的杂志，话锋一转，说："那么，这些题目为什么会吸引我们的眼球呢？俗话说'题目是文章的眼睛'，你们认为一个好的题目应该具备哪些要素呢？谁说得好，杭老师就把这本杂志借给谁看！"

沈成龙说话有些结巴，但是思维很快。我话音刚落，他的手就已经举了起来。经我同意，他站起来说："我……我认为一个好的题目，应该是……应该是语言很新鲜，让人看了动心……"

"好题目要有想象力！"陈渠爱坐在位子上"信口开河"。不过，她每次说的倒是都很有道理。

"我觉得题目的字数应该少一些，不能太多。"阮逸凡还举起了例子，"比如刚才您说的题目'都市蟋蟀'、'手指的争论'……再比如我们课本中的课文题目——'猫'、'长城'、'搭石'……最多的也不过七八个字。"

郑家乐站起来说："我觉得题目可以把你要说的意思都说进去，如在题目中写上地点，写上发生了什么事，事情最后怎么样……"

"虽然郑家乐的表达不是十分明白，但是她的观点还是蛮有道理的。"我说，"我替她来概括一下，就是题目可以点明文章的中心或者概括文章的内容，如刚才说的《张小兵捉'鬼'记》，就在题目中基本概括了事情的主要内容；《神秘的黑裕谷》就是在题目中点明了文章的中心——神秘。"

从《故事大王》中一篇篇文章的题目到概括好文章题目的特性，我带着学生经历了一个从形象思维到抽象思维的过程。

《义务教育语文课程标准》指出：语文教师应高度重视课程资源的开发与

利用，创造性地开展各类活动，增强学生在各种场合学语文、用语文的意识，多方面地提高学生的语文能力。那么，一线语文教师应该如何在平时的课堂教学中有意识地去挖掘、开发身边的课程资源呢？正所谓"远山近水都是课，清风明月皆为书"。其实，语文教学的资源与实践机会是无处不在、无处不有的。比如，偶尔看到的一本杂志可以作为学生习作教学的一个契机，孩子们在倾听、议论、总结、仿写等实践中初步掌握了如何拟写一个比较吸引人的题目的技巧。除此之外，偶然发生的一件小事、看见的一个人物、听到的一段故事，等等，这些我们身边的平常素材无不可加以利用，它们经过教师大脑的智慧碰撞、点石成金，会成为一种有效的课堂教学资源。

案例7：　无欲不举笔

这是我在一堂议论文写作训练课开始时与学生的对话——

"春光明媚，鸟语花香，外面的世界很精彩，此刻你们的心里最期待的是什么？"我问。

"春游……"学生异口同声。

"这……安全问题，再说我们的学习也不能耽误，因此我建议，取消这次活动。"我态度有点"暧昧"。

"为什么不让我们去？"

"其他班都去了！"

……

教室里群情激奋，吵吵嚷嚷，有的敲打桌子，有的满脸涨得通红，有的趴在桌子上直生闷气。

"辱骂和恐吓绝不是战斗。"我调整着学生的情绪。

班长站了起来大有为民请命之势："我想问老师，为什么不让我们去？"

"我更想知道，为什么你们一定要去？"我巧妙地将话语引入正题。

大家陷入了沉默。

"你们也许不愿意明说，那把你们的理由写出来吧！"我接着在黑板上写下"我们为什么要春游"。

此时的学生，带着自己的意愿，带着自己的希望，带着不吐不快的激情，写下他们情感激荡的作文。

教师在课堂教学中故意创设了一个看似激化师生之间矛盾的对话情境，调学生的胃口，激学生的欲望。由学生自己去发现、去创造，他们的理解才是最深刻的，也最容易掌握其中的规律、性质和联系。这就要求教学情境创设要具有开放性和探索性，对学生具有挑战性，能引导学生进行观察、操作、猜测，鼓励学生从多角度提出问题、思考问题和解决问题。

五、情感性

情感性指教学情境具有激发学生情感的功效。第斯多惠说得好："我们认为，教学的艺术不在于传授本领，而在于激励、唤醒、鼓舞，而没有兴奋的情绪怎么能激动人，没有主动性怎么能唤醒沉睡的人，没有生气勃勃的精神怎么能鼓舞人呢？"如一位语文教师教《凡卡》一文，讲到凡卡给爷爷投出求助信后，满怀希望进入了幸福的美梦之中，然而这位天真的孩子却不知爷爷是收不到这封信的，因为他连地址也没写上。对于这位九岁的孩子来说，属于他的幸福只有在梦中……讲到这儿，这位教师再也控制不住自己，眼泪涌了出来，甚至无法讲下去。全班学生竟然在寂静中坐了很久，连平时管不住自己的学生，也在这无意创设的情境中被无声的语言"管住了"。教师入境入情，带来了学生的心动情发，与作者的情感产生了心灵共鸣。

案例8：《比手劲》 教学片段[①]

师：下面我让小朋友写一篇文章，小朋友读题目"比手劲"。过去比过手劲没有？（生答"比过"）比过的同学可能写得好，没比过的同学肯定写不好，因为没有体验。生活是写作的唯一源泉。现在，我请两个小朋友比一比，我做裁判。准备，开始——我说"停"你们就要保持姿势不动。一、二，停（学生保持掰手腕的姿势不动）。我想请一个小朋友说一下，这是谁跟谁在比？他们长得什么样？

---

① 韩吉旺. 把学生领进快乐的作文殿堂——李白坚作文教学课观后感［J］. 小学作文教学，2008（11）.

生：蒋××和王××比。蒋××梳了一条乌黑的长辫子，用的是橘黄色的头绳。

师：观察很细。王××有什么特点？

生：他脸上有一个特色，长了一对酒窝。

师：除了要观察他的容貌，衣着要不要注意啊？

生：他穿的是一套红色的校服。上面有一个黄色的校徽，写着"建平实验学校"几个字。

师：好，再来比一次。准备，一、二，停（学生保持掰手腕的姿势不动）。除了相貌和衣着，我们在写人物活动的生活，还要注意他们的动作。谁来说说他们的动作怎么样？（生说）

（当我们的孩子把动作分解得这么清楚的时候，他的写作没有问题了）

师：准备，一、二，停。为什么还要停？

生：还要写心理活动。

师：真聪明！在写人物的时候一定要写心理活动。如果是写自己，可以用"我想""我感到""我觉得"等词语开始来写自己的心理。好，你说说，你心里怎么想？

生：我得战胜她，不能给男孩子丢脸。

生：我希望蒋××赢，给女孩子争光。

师：继续比赛，一、二，停。为什么还要停？

生：还有他们脸部表情没有观察。

（我们平时进行作文指导的时候，会反复强调：你们要注意啊，面部表情要写啊。那是抽象的说教，现在这样做就是把脸部表情具体化，让孩子站出来，仔仔细细观察写作对象的脸部表情是什么样子的）

师：每个人的脸部表情都是不一样的，小朋友看一下，这个世界上没有两个完全一样的表情，这就是生活的丰富性，它会带来作文的丰富性。

（生观察面部表情）

师：好！准备，一、二，停。还有什么没有观察到位？

生：气氛和环境。

师：这个小朋友真是太聪明了。我们在写一件事物、写一个人、写一活动的时候,一定要注意环境,现在的环境怎么样?

生:比赛在舞台上,舞台很大。

师:舞台有多大?你不说具体一点,人家还是不明白。我量给你看,我从这里走过去,大家数步子。四、五、六……十六步。有多宽啊?数数看,一、二……八步。写的时候,要大约说说这个舞台有多大。

(我刚才说的是第一个舞台,必须帮助孩子用眼耳鼻舌手观察生活。这是我讲的第一点。第二点,孩子写作文时的最佳心态和心理是什么?那就是"I am going",就是现在进行时。对孩子而言,兴奋点是现在进行时态,也就是说,如果这件事情刚刚做过,马上让他去写,就容易激发兴趣。而写过去的事情,上个月的事情,去年的事情,孩子常常不感兴趣。这是儿童的心理特点。而我们现在让孩子写的大多是过去时,就是要让他回忆,所以孩子提不起兴趣来。比如刚才的《比手劲》,当场比,当场写,可能比单纯组织一次比手劲活动,然后过后让他回忆,要有意义得多。我所有教学策略、教材全部建立在这个思想之上,就是让孩子们先做后写,所有的素材都要做过才写)

作文教学要注重教会学生摄取生活素材的本领和激发学生写作激情。一个人要进行正常的写作活动,除了要摄取生活素材之外,还必须具有一定的表达激情。激情,是写作产生的酵母。课堂上选择游戏活动,并吸引学生激情参与,游戏中有着比赛、猜想、模仿、惩罚等环节,这些都能激发人的情感,更何况是小学生,他们会有更多的想法。

案例9: 引导学生感受诗词中的美[①]

诗词是美的,但语文教学却往往因为无法让学生走进诗词的"内心"而使这种美变得苍白。

在李洪峰老师的课堂上,他采用了"破译"诗词意象的方法帮助学生走近诗词之美。

李老师为"破译"插上了想象的"翅膀"。教王维的《山居秋暝》时,在学生诵读前,他会用诗一般的语言作为导语:"空山里空气如何?新雨之后人

---

① 施久铭,余慧娟. 使教育自身美起来[J]. 人民教育,2011(19).

的感觉如何？松间的月光与《荷塘月色》中的月光有何相似之处？青松散发出了怎样的香气？什么样的石？泉与月是怎样叠合的？如果泉、月、石有灵，各自有怎样的感受？竹为何要喧？在月光轻抚下的浣女外貌、神态如何？莲动时的水面如何？渔舟上的人心情如何？……"

这些语言本身就是一幅幅还原的图画，有了这双"翅膀"，学生的头脑中很快产生了清晰的形象，这些形象带领学生走进了诗歌艺术的殿堂。

教学梁小斌的诗歌《我热爱秋天的风光》时，李老师发现这首诗与一般的诗歌不同，它哲理性极强，并没有具体地描写某处秋景。而"这份诗意在哈尔滨读者和海南岛读者的心中应该是截然不同的"，怎样将"抽象的线条画"变成"细致的工笔画"，成为了教学能否成功的关键——这细致"画笔"恰恰是学生各自的生活。

碰巧国庆节放假，李老师给学生布置了一道作业：记录北京郊区田间地头的所见所闻。

国庆节之后，学生们带着满满的素材回到了课堂。在优美的音乐中，李老师设定了情境："假设你就站在田埂上，面对劳作的人们朗诵此诗并想象这一切……"

学生立刻描绘出醇厚的秋景、秋意："那路旁金灿灿的玉米堆，那田间劳作的父老乡亲，丰收时的汗滴，收获中的笑脸；自己也加入了劳动者的行列，怎样的劳累和喜悦……当秋风吹来时，闭上眼睛聆听吧——秋天像一条深沉的河流在歌唱。"

诗歌鉴赏毕竟是一个见仁见智的过程，如何体会到诗歌作品中那份独特的诗意和美感，李老师认为，重要的是在教学中"引导学生把作品化入生活，从自己的生活中挖掘诗意"。"汝果欲学诗，功夫在诗外"，这样的教学过程实际上是一种再创造，李老师在引导学生挖掘诗意的同时，也走进了诗歌创作的内在机理。置身于这样的课堂，是一段诗意而美好的历程。

第四节 寓教于乐，激发学生学习兴趣

教学要成功就必须激发学生的学习兴趣和求知欲望，让学生积极主动地参与学习过程，使学习成为他们迫切的需要。如果不设法使学生产生情绪高昂和智力振奋的心态，就急于传授知识，没有情感的脑力劳动，就会带来疲倦，没有欢欣鼓舞的心情，没有学习兴趣，学习就会成为学生的沉重负担。

赫尔巴特认为，"兴趣意味着自我活动"①，也是指"心理的积极活动，实际上也就是观念的大规模的广泛的活动和观念的游戏"②。在赫尔巴特看来，兴趣的多面性是教学的基础，它不仅是教学的目的，也是教学的手段。他认为兴趣对教学有重要意义，因为在兴趣中，一个人很容易去完成他的各种决定，而"符号对于教学来说是一种明显的负担，教师假如不通过对符号所标志的事物产生兴趣的力量来消除这种负担的话，那么它就可能把教师与学生抛出正在前进的教学的轨道"③。他还认为，多方面兴趣的平衡发展，又是实现道德的手段。同时兴趣还可以增强人的同化能力，加速观念的形成和积累。因此，赫尔巴特要求教学都要建立在学生现有兴趣的基础之上，教师在教学中的任务就是激发学生的兴趣，使教学在学生的积极心理活动中进行。

"寓教于乐"，其基本含义就是教师通过操纵教学中的各种因素来引发学生怀着兴趣——快乐情绪进行学习。不能把"寓教于乐"简单地理解为只是在课堂上营造一种快乐的气氛，或者用某种教辅手段，使学生在枯燥乏味的学习之外暂时得一时欢娱；而应该把它作为一种教育思想始终贯穿在整个教学过程当中。"寓教于乐"的"教"是教学、教育，"乐"是乐趣、兴趣、意

---

① 张焕庭. 西方资产阶级教育论著选［M］. 北京：人民教育出版社，1979：306.
② 王天一等. 外国教育史（上）［M］. 北京：北京师范大学出版社，1993：325.
③ ［德］赫尔巴特著，李其龙译. 普通教育学讲授纲要［M］. 杭州：浙江教育出版社，2002：81~82.

趣、情趣，即把教学活动放到对学生的潜能和学习源动力上，让学生最大可能地感受到学习过程的乐趣，努力提高学生的文化素养，促进其知、情、意的全面发展。

教育家乌申斯基说："没有任何兴趣和仅靠强迫维持学习，会扼杀学生的学习热情，这种'学习'是不会维持长久的。"英国教育家斯宾赛也明确指出，"快乐学习能使学生自学不辍，并得到精神满足"。由此可见，是否寓教于乐，以乐促学，使学生快乐地投入学习，直接关系到教学质量和效率的高低。寓教于乐，给学生创造了一种快乐、轻松、有趣、生动、民主的学习气氛，使教育收到事半功倍的效果；让课堂变成快乐的场所，让学校变成学生最向往的地方，给孩子们一个幸福的童年。"教学的艺术不在于传授的本领，而在于激励，唤醒和鼓舞。"教师的才干不仅表现在他有渊博的知识，更在于他善于为学生创造一个宽松愉悦的生长环境。

一、以"演"促乐教，激发兴趣

心理学研究表明，儿童在学习过程中具有强烈的参与意识。一堂课要取得较好的教学效果，与学生是否参与、怎样参与、参与多少密切相关。角色扮演会让课堂焕发出生命的活力，会使学生在轻轻松松中既学会知识，又感受到书本知识以外的世界，得到精神上的满足。在表演过程中，协同扮演，协同讨论，会使学生相互之间的联系以及与教师之间的联系更趋活跃，消除教师与学生间传统上的障碍，让每个学生都充分发挥出自己的主动性和潜能。

案例1：于永正老师古诗《草》 教学片段[①]

师：小朋友，回到家里，谁愿意把新学的古诗《草》背给妈妈听？（找一名学生到前面来）好，现在我当你妈妈，你背给我听好吗？想想回到家里该怎么说？

生：妈妈，我今天学习一首古诗，背给你听听好吗？

师：好。（生背诵）我的女儿真能干，老师刚教完就会背了。

---

① 杨永彬. 教师在阅读教学中应做一名调剂师 [J]. 教育实践与研究，2010（6）.

师：谁愿意回家背给哥哥听？（找一名学生到前面来）现在我当你哥哥，你该怎么说？

生：哥哥，我背首古诗给你听听好吗？

师：哪一首？（生答：《草》）弟弟，这首诗我也学过。他是唐朝大诗人李白写的。

生：哥哥，你记错了，是白居易写的。

师：反正都有个"白"字。（众笑）我先背给你听听：离离原上草，一岁一枯荣。野火烧……不尽……哎，最后一句是什么？

生：春风吹又生。

师：还是弟弟记性好，谢谢你。（众笑）谁愿意背给奶奶听？（指一生到前面）现在，我当你奶奶，你奶奶没有文化，耳朵有点聋，请你注意。

生：奶奶，我背首古诗给您听好吗？

师：好。背什么古诗？（生答：《草》）

师：草？那么多花儿不写，为什么写草啊？

生：因为草有一种顽强的精神，野火把它的枯叶烧了，可是第二年春天，它又长出了新芽。

师：哦，我明白了。你背吧。（生背）"离离原上草"是什么意思？我怎么听不懂？

生：这句是说，草原上的草长得很茂盛。

师：还有什么"一岁一窟窿"？（众笑）

生：不是！是"一岁一枯荣"。枯，就是叶子黄了，干枯了；荣，就是茂盛。

师：后面两句我听懂了。看俺孙女多有能耐！小小年纪就会背古诗。奶奶像你这么大的时候，哪有钱上学呀！（众笑）

于永正老师认为："语文教学应当充满情趣。只有情趣盎然的课堂才能激发学生的学习兴趣，只有情趣盎然的氛围才能引领学生进入语文的自由王国。"这一教学环节的最大成功就在于富有情趣！于老师匠心独运，一会儿变成妈妈，一会儿变成哥哥，一会又变成奶奶，把一个简单得不能再简单的教学环节通过角色转换演绎得曲折有致、情趣盎然。尤其是通过耳朵有点聋的奶奶，巧妙地引导学生准确说出了诗意，强化了对重点词语的理解。这种生动活泼的教学，肯定能够在学生心灵深处留下鲜明的印记。可见，情趣犹如教学的润滑剂，它让课堂变得生机盎然，让学习成为愉快的享受。

二、以"奇"促乐教，激发兴趣

好奇心，是学生在认识事物或对象时所表现出来的一种心理指向，激发学生的好奇心，吸引学生对所学内容的注意力，是教师常用的方法。教学不只是直接给学生以知识，还要唤起学生自己求得知识的强烈愿望。要做到这点，就要诱发他们对知识本身产生好奇。

案例2：不按常规出牌[①]

一次，笔者听一位教师执教《新型玻璃》，感触良多。《新型玻璃》是一篇语言朴素简练、言说准确而不失风趣的科普小品文。以往也曾听过别的教师执教这篇课文，他们也想让学生体会此类文本言语表达的个性特点，但所采用的方法无非就是读一读、评一评，至多在最后请学生当产品推销员，运用文本语言表现情境。我觉得，这样的教学、这样的体悟、这样的运用，始终不能让学生真正感受这篇文本字字准确、句句简练的言语表达特质。但这节课却完全不同。

上课伊始，教师先请学生上台板书"新型"的"型"字，然后请学生拿出一张调查表，根据上面的提示自学课文。我把表格拿来一看，也没有什么新奇的内容，无非是一张帮助学生梳理新型玻璃种类、特点、用途的表格。大概五六分钟后，教师与学生根据表格进行简单交流。接着，教师问道："同学们，这篇文章的语言很有特点。你们读出来了吗？"我想，这样的问题也太直接了吧！学生和我一样，显然被这个问题问蒙住了。教师没等学生发言，紧接着说了这么一段话："这篇文章我读了十来遍，发现它虽然短，但语言非常简练，可以说是惜字如金。我始终没能找到一个多余的字、一个多余的词。

---

① 陈海滨，徐丽华. 有效教学66个经典案例［M］. 上海：华东师范大学出版社，2011：7.

假如你们能找出一个来，老师愿意抄一遍课文，你们找出几个我就抄几遍。"哎呀，这算什么教法？

学生被教师这突如其来的招数吸引住：平常都是老师让我们做作业，今天我们倒要让老师抄抄课文。学生们兴奋异常，一个个投入阅读思考之中。教师提醒大家，在自己圈出的自认为多余的字词旁边简单写明自己的想法，以便交流。七八分钟后，学生的发言异常踊跃。

生：老师，我觉得第一句话就是多余的。"夜深了，从一座陈列珍贵字画的博物馆里，突然传出了急促的报警声。"我觉得可以直接说："夜深了，从一座博物馆里，突然传出了急促的报警声。"这样不是更简洁吗？

师：嗯，看似有道理。你们觉得呢？

（学生思考了几十秒）

生：老师，我觉得"陈列珍贵字画的"这几个字还是要的。因为博物馆有很多，只有陈列珍贵字画的博物馆，才需要用这样的玻璃。这样才能更加突出"夹丝网防盗玻璃"的作用。

师：（故意长吁一口气）哎呀，你算是救了我一次，否则，我可要足足抄七遍课文啊！

生：老师，我觉得"警察马上赶来，抓住了一个划破玻璃企图盗窃展品的犯罪嫌疑人"中的"犯罪嫌疑人"可以直接说成"嫌疑犯"。

（对此几乎所有学生都表示赞成）

师：看似有道理，但请你们读一读"犯罪嫌疑人"和"嫌疑犯"，你们觉得这两种表达情感色彩一样吗？

生：（若有所悟）我觉得用"嫌疑犯"让人感觉好像有点确定他就是罪犯一样，而用"犯罪嫌疑人"表明还只是怀疑而已。

师：说得太好了，"嫌疑犯"最后一个字是"犯"，"罪犯"的"犯"；而"犯罪嫌疑人"最后一个字是"人"，也就是说，在没有充足的证据之前，他还是一个"人"。因此，法律部门和公安部门的专业用语都采用"犯罪嫌疑人"。

此后，学生纷纷指出一些自认为是多余的字词，但教师在和他们的深层对话中，一一明确文本语言的准确、简练、惜字如金。在整个学习过程中，学生始终处于高度兴奋的探究状态。接下来，教师话锋一转："有人说，孩子是世界上最有创造力的人，因为你们的想象天马行空，无不可以想象。因此，从这个角度来说，你们与最伟大的科学家是有一拼的。"学生显然被这一夸赞夸晕乎了。教师接下来让学生以"新型____"为题创造一个自己认为最值得发明的新型事物。学生思如泉涌，下笔如飞。我巡视一看，学生写的题目五花八门，有"新型飞车"、"新型电脑"、"新型吸尘器"、"新型垃圾处理器"、"新型手表"、"新型玻璃清理器"、"新型书包"、"新型机器人"、"新型扫帚"等。十来分钟后，绝大多数学生都写出了三百多字的作文。临近下课时，教师说今天的作业就是把这篇作文写完整，学生欣然接受。直到这时，我才真正明白了这位教师不按常规出牌的妙旨所在。

不按常规出牌者，乃心中有法而不囿于法也；一切法皆以服务于学生高效能学习为基准。高效能的前提不是教师的强力干涉、胁迫，而是巧妙地点燃学生的认知需求与热情。

三、以"谜"促乐教，激发兴趣

谜语是我国民间一种喜闻乐见的文艺形式，其短小有趣、轻松、自然的风格令人耳目一新。几乎每一个孩子在很小的时候，就从小伙伴口中学到了猜谜。在教学中，如果将谜语与学科联系起来，有利于培养学生学习兴趣，提高学生的思维能力。

案例3： 借助谜语展开教学[①]

谜语能开发学生的智力，激发学生的学习兴趣，调动学生的学习积极性。如《数字杂说》可这样导入："同学们，老师给大家出几个谜语，看谁先猜中？"

不止一横（打一字：歪）

二三四五，六七八九（打一四字词：无衣无食）

一点一横，两眼一瞪（打一数字：六）

---

① 周成平. 外国优秀教师是如何教学的 [M]. 南京：南京大学出版社，2009：6.

一加一不是二（打一字：王）

学生经过认真思考猜出谜底后，教师可顺势说："数字，不仅用于记数、运算，还有很多妙用！让我们一起来学习《数字杂说》吧。"

有人把猜谜比作"智力体操"。谜语能开发智力，培养思维能力。借助谜语展开教学，不仅能活跃课堂氛围，增加教学的手段，同时也能激发学生学习的兴趣，开发学生的智力，开拓学生的视野，培养学生的思维能力以及搜集材料、处理信息的能力。

四、以想象促乐教，激发兴趣

想象力是创造发明的基础，丰富的想象力对孩子的成长和社会的发展至关重要。鲁迅先生说："孩子是可以敬服的，他常常想到星月以上的境界，想到地面下的情形，想到花卉的用处，想到昆虫的语言，他想飞上天空，他想潜入蚁穴。"孩子的想象一旦展开，脑中会浮现出新颖、生动的意像。我们一定要珍惜儿童的好奇心，并设法进一步激发这种好奇心，使孩子的想象始终处于活跃状态。

案例4： 为孩子的想象推开一扇窗[①]

"学写儿童诗"是北师大版第十册的一个作文训练内容。五年级的学生写诗，语言积累是够的，但想象力却远不如低年级的孩子丰富大胆，因此，这项训练被视为本册书的一大教学难点。儿童天生就是诗人，所谓的"不会写诗"，只不过是教师没有把他们的诗歌天分激发出来而已。所以，我的教学目标就是找出"激发学生诗歌天分"的途径。

第一节课在一班上，我采用了"示范法"。我先把一些非常有趣的儿童诗出示给学生，让他们在阅读、品评的过程中不知不觉地打开思路，学会写诗。课上得很顺利，从交上来的作业看，孩子们都掌握了儿童诗的基本写法，写出来的诗也很有童趣。但问题也暴露得很充分：孩子们的诗都有意无意地借

---

① 陈海滨，徐丽华. 有效教学66个经典案例[M]. 上海：华东师范大学出版社，2011：109.

鉴或者说套用了我出示的范文，在选材上，他们的思路很狭窄。

第二节课我进行了改进，在品评之后安排了"说说你想写什么"的环节，让孩子们在回答这个问题的过程中互相启发、打开思路。这个环节收到了一定的效果，孩子们的写作思路明显打开了，写动物的、写植物的、写环境的、写人的、写事的……各种材料都有了。但等他们写完，仔细看他们的作文，还是能发现明显的问题：写作材料是宽泛了，但写作手法并没有创新，比喻多，拟人少，夸张以外无修辞。问题出在哪里呢？

第三节课我特意对范文进行了调整，把含有各种修辞手法的文章都选了一篇进去，在品评环节有意识地引导学生体会各种修辞手法的妙处。这一安排，见效就快了：孩子们的作文里开始出现了一些生动的句子，修辞方法用得多了。虽然用得不是很自然，但与前两个班的那种硬邦邦的文风相比，已经中看多了。

到第四个班上课的时候，我加进了这样一个环节——

我先神秘地对孩子们说："生活中，到处充满着写诗的题材，杜老师这里就有一个，请注意观察！"

然后，我轻轻地走到窗前，把窗帘拉开，一伸手，把紧闭的窗子一推，顿时，昏暗的教室明媚起来、清新起来。

"刚才杜老师做了什么？"我问。孩子们激动地举起手来。

"你把窗子推开了！"一个孩子说。

"你先拉开了窗帘，然后把窗子推开了！"另一个孩子补充道。

"观察得真仔细！"我由衷地赞叹道，"那么，推开窗子，谁进来了？"

孩子们面面相觑，一言不发地看着我。一个孩子小声地说："没有谁进来呀！"

"没有谁进来吗？"我笑道，"我怎么看见有好几个家伙都进来了呢？他们悄悄地、飞快地进了我们的教室，只有仔细观察的孩子才能发现他们哦！"

"啊，我知道了！"一个孩子激动地站起来，"刚才，空气进来了！"

"怎样的空气？"我追问。

"新鲜的空气！"其他孩子抢着说。

"新鲜，是他们的特点之一。"我微笑着说，"能不能从性格上说说空气的特点?"

"调皮的空气!"一个孩子站起来说,"他飞快地冲进来,我们差点没有看见他,所以说他是调皮的。"

"说得好!"我点击课件,把这句"调皮的空气冲进来了"写进了大屏幕。

看见自己的回答变成了屏幕上的诗句,孩子们更活跃了:"微凉的风跑进来!""明媚的阳光迈进来了!""还有,快乐的阳光飞进来了!"……

写完这首小诗,孩子们的思路完全打开了,因为他们明白了诗并不是什么高深的东西,美丽的诗句往往藏在那些稀松平常的事物之中,只有细心观察、认真体会,才能发现它们的存在。

当我把这个班的作业收上来的时候,我发现了许许多多灵动的句子:

星星,像一颗颗亮晶晶的小图钉,不规则地挂在空中。

如果我是上帝/我要使人类只会笑不会哭/因为/每一个人笑起来都很可爱

夕阳,是个调皮的孩子;它把家里所有的手电筒,都拿来装在自己身上,把大地照得通红通红的。

孩子的确是天生的诗人,可是要把他们的诗歌天分唤醒是一件多么艰难的事情啊!我庆幸我及时推开了一扇窗子,一扇想象的窗子。

孩子们的想象力是如此丰富,他们的内心世界是如此多彩。他们对这个世界充满了兴趣,对事物的观察和想象早已存在于头脑中,只有通过教师的耐心启发、教育,他们才能把储存在记忆中的有关于事物的特征用语言、用文字表达出来,他们的童心才能在课堂上飞扬。

五、以童趣促乐教,激发兴趣

童年是多彩的季节,在天真烂漫的孩童心中充盈着想象的激情,蓄积着创造的欲望,扑棱着翻飞的诗性。教学不是无情的活动,教学应该是有趣的、鲜活的、有精神的。教师要尊重"儿童文化",发掘"童心"、"童趣"的教学内容,引领学生走进学习殿堂。在教学中,教师不仅要关注学生的知识获取,也要关注学生的生命发展。苏霍姆林斯基说:"教会学生善于思考善于说话。一个人来到学校上学,不仅是为了取得一份知识的行囊,而主要的还是为了变得更聪明。"教师只有用智慧呼唤童心,才能让孩子的心灵自由飞翔,也才能使师生的生命力在课堂上得到尽情的释放。

案例5：数学课上的笑声①

还记得小时候的数学课堂吗？当年，你和小伙伴们是怎样度过那些40分钟的？是否有许多故事令你难忘，甚至有些场景现在回想起来仍会开心地笑？我就是一名小学数学教师，可以从我的记忆里拾起一些快乐的片段，或许能触动你尘封的记忆，使你想起数学课上那串串笑声……

片段一："蛋黄是球"

我带的第一届学生现在多半已上大学了，但我仍然记得他们在五年级上"球的认识"时的情形。初步认识了球的特征后，我问："在我们身边，你见过球形物体吗？都有哪些？"学生们的回答很踊跃也很精彩，但再多的例子也有说完的时候。"还有吗？"在我的追问下，学生们搜肠刮肚，突然坐在前面的调皮鬼伍星猛地站起来说："有，鸡蛋！"同学们都笑着摇头。"鸡蛋不是球，鸡蛋不够圆！"伍星一时语塞。大家都以为没有下文了，哪想到他再次跳起来，表情更加激动，声音也因过分激动而变得又高又急："老师，鸡蛋不是，蛋黄可是球呀！"

"哈哈哈……"还没等我反应过来，全班已笑倒一大片。

片段二："万氏解法"

我曾让学生自己探究长方体表面积的求法，大多数学生都是把长方体6个面的面积加起来，比如：长×宽×2＋长×高×2＋宽×高×2或者（长×宽＋长×高＋宽×高）×2。这时，万徐庆同学经过独立思考，探究出与众不同的方法，他从长方体6个面的展开图着手，将其表面分为两部分：长方体的表面积＝(长＋高×2)×宽＋(宽＋高×2)×长。

他在黑板上将示意图和解法表示出来，全班佩服得不得了！他自豪地笑了，高兴地说："其实这也没什么，把它稍微变化一下，也可以得到书上的解法。"临走下讲台时，万徐庆望着我，简直有点得意忘形："老师，这可是我的专利，万氏解法哟！"我连忙笑着点头。还好，"万氏"那天没有飘起来，

---

① 陈昱. 数学课上的笑声[J]. 小学教学（数学版），2011 (3).

以后也没有，而是更加热心于钻研知识了。

片段三："把线段图竖起来"

这是昨天发生的一幕，下午的一节练习课，学生们在解一道稍复杂的分数应用题：世界上最高的动物是长颈鹿。有一只长颈鹿高5米，比一头大象还要高2/3，这头大象高多少米？

交流解题方法时，我请一名学生上台画出线段图，并分析数量关系。正说着，李一高高举起本子："老师，我建议把线段图竖起来，就像我这样画！"我一看，呵，真够绝的！我在黑板上快速复制了一幅，教室里立即响起一片掌声……

"一切经验是闪光的拱门，辉映着人迹未到的尘世，只要我向着它步步靠近，那里的边缘便消逝无存"。课堂上，可爱的学生能冒出意想不到的童言来，有时让老师不知所措。仔细思索那些童言，是学生们最真实的思想的显现，虽不是教师心目中所想要的答案，却是来自学生心底的涌泉。倾听童言，感悟童智是教师每天都要经历的事，是孩子们那些没有矫饰的天籁之音，引发了教师的思考，是孩子成就了教师的教学。

六、以幽默促教，激发兴趣

前苏联教育家维特洛夫这样说过："教育家最主要的，也是第一位的助手是幽默。"教师的教学观念、教学艺术与教学中各种偶发因素巧妙结合，便会呈现出一种教学机智，而幽默的教学机智往往可以活跃整个课堂。古人很重视"笑候"，即引笑时机，因为它是幽默机智是否奏效的关键。正如相声艺术一样，"包袱"要抖在最关键处。在教学中这同样重要，它不仅活跃了课堂氛围，同时也让学生享受到了教学机智的幽默美。

著名特级教师于永正执教《小稻秧脱险记》一课。文中讲到杂草被喷雾器大夫用除草剂喷洒过后说："完了，我们都喘不过气来了。"有一个学生读这句话时声音很响亮，于老师笑了笑说："要么你的抗药性强，要么这除草剂是假冒产品，我再给你喷洒点。"学生都笑了，这位同学也会心地耷拉着脑袋有气无力地读了起来。我们不难看出，这一招显然要比直接告诉学生怎么读要高明得多。

第五节　体验成功，激发学生学习兴趣

所谓成功，就是获得预期的效果。这种结果得到他人的承认或自己的肯定，学生就会产生一种愉快的情绪体验。这种情绪体验是一种新的刺激，它会反过来强化原来的活动动机，并提高原有的志向水平。这样学生在后来的活动中就会表现出更积极的态度、更浓厚的兴趣、更顽强的意志，以取得更大的成功。心理学研究表明：成功能激发人的奋斗精神，成功是兴趣的支柱。在教育实践中，教师们不难发现，有的学生也并不是一开始就对某一门学科很感兴趣，而有可能是一次偶然的机会，获得了成功的体验，才开始感受到这门学科的魅力。而现在很多学生还没有体验到成功的快乐，他们因为在学习上一次又一次地遭受打击，才越来越不愿意学习。因此，教师要积极创造条件，加强指导，帮助学生获得成功，体验成功的快乐。

苏霍姆林斯基说得好："成功的快乐是一种巨大的情绪力量，它可以促进儿童好好学习的愿望，请你无论如何不要让这种内在力量消失。"每个学生都想在集体中、在教师眼中得到肯定，特别是低年级学生更在乎这种肯定。针对这一特点，教师在课堂上应毫不吝啬、真诚地表扬学生。课堂教学中以精神鼓励为主，"你的想法很特别"，"你观察的真仔细"，"你表达的非常清楚"，"你懂的真多"，用这种激励性的语言鼓励学生在课堂上善思、会问、敢辩，激励他们在每一天的学习中努力表现自我。[①]

"当一项活动或任务既不太难（那将导致压力），也不是特别容易的时候，人们往往能体验到更多的快乐。只有当活动所带来的挑战与参与者的自身技能水平大体平衡的时候，他才会让自己全身心地投入。"[②] 这就意味着成功体

---

① 黄正威. 数学课堂的幸福要素［J］. 教育实践与研究，2010（9）.
② ［美］托马斯·古德尔、杰弗瑞·戈比著，成素梅译. 人类思想史中的休闲［M］. 昆明：云南人民出版社，2000：254.

验的产生是以活动的内容和任务与主体的能力相匹配为前提的。活动的内容和任务太难，主体的体验是焦虑；活动的内容和任务太易，主体的体验则是厌烦。因此，教师给予学生的教学任务应有一定的难度，但又是通过努力可以完成的，这样，学生才容易产生成功体验。教师不仅要满足学生的物质追求，还应满足学生的精神追求，理解学生的愿望，倾听学生的声音，尊重学生的需求，给学生最大的充分自由的活动空间，使学生在教学活动中得到成功感和胜任感的体验，使其自主性、能动性和创造性得到最大的发挥，能在有限的生命中实现自我、确证自我，实现生命的自由和超越。

一个人前进的动力来自于他的需要，一个孩子要乐学、好学，他得在内心有学习的欲望和探索的兴趣。我们常说：给他一个桃子，你得让他跳一跳能够得着，否则，他跳几跳都没希望，就会因失望而放弃。让孩子在学习中能主动地参与到乐学最终到好学，这是教育主旨所在。

一、体验发现的喜悦

"在人的内心深处都有一种根深蒂固的需要，这就是希望自己是一个发现者、研究者、探索者。而在儿童的精神世界中，这种需要特别强烈。"这是著名教育家苏霍姆林斯基说过的一句话。发现是喜悦的，而这喜悦其实源于发现过程的艰辛，探索过程越是艰难曲折，之后的成功体验越是强烈。教师应在课堂上时时注意引导学生去发现，让他们常常体验到发现的乐趣，长此以往，有助于培养学生的发现意识与发现能力。引导学生去发现，要求教师备课上课的重点、难点不仅是教材的重难知识点，而且必须突出如何更好地引导学生自己去体验知识生成的过程，让学生自己去发现教材的重点、难点知识或疑难问题，教师的任务或角色是指挥者，课堂调控的操纵者。

案例1："你已经是一个发现者"[①]

没有一门学科比数学更能让孩子们有这样的体验了。在数学学习中，如

---

① 陈海滨，徐丽华. 有效教学66个经典案例［M］. 上海：华东师范大学出版社，2011：256.

果教师愿意，学生完全可以在课堂上觉得自己是一个发现者。然而，如果教师没有告诉他们——"亲爱的孩子们，你们已经在不经意间成了一名发现者了"，他们是无法有这样的体验的。因此，数学教师首先应该学会把这样一句话挂在嘴边，那就是："亲爱的孩子们，你们知道吗？这是你们的发现，是了不起的发现！"当你说完这句话的时候，我可以确定，接下来你会发现教室蓦地一亮。请不要讶异，这突如其来的光芒一点儿也不奇怪，那是孩子们因兴奋与喜悦而起的变化——集体眼睛发亮！

《乘法分配律》课上，学生通过"联系实际，感知建模；类比归纳，验证模型；归纳概括，完善认识"的探索过程，最后得出了"乘法分配律"。教师在课的最后进行了以下总结反馈。

师：在课的最后，大家想不想知道乘法分配律是谁发现的呀？

生：想！

师：这乘法分配律一开始是谁发现的呢？我也不知道！

（同学们大笑，觉得老师很好玩）

师：但是我知道在今天，是咱们四（5）班的全体同学用自己的思考，用自己的观察，用自己那双迷人而又充满智慧的小眼睛发现的！

（学生们会心地微笑着，看上去很是受用）

师：一般说完这段话都会有掌声的呀！

（学生们边笑边鼓掌）

学生用自己的头脑亲自体验并探索学习过程中的每一个环节——不仅仅是记忆前人智慧的结果，更在被还原的知识产生过程中，经历科学家们当年发现定律或总结知识原理时的思维过程，体味和科学家们一样的创新历程。因而，对于"探索与发现"这样的课型，教师应当将探索的过程做足做充分，不要急于得出规律，要发自内心地珍爱这样的学习资源，让学生经历一个深刻、完整、严谨的探索过程。在这一过程中，不仅可以让学生去探索、去实验、去发现，激发他们探究的欲望，而且还向学生渗透了一种结构严谨、逻辑严密的数学思维模式。

二、体验探索的乐趣

细心的人常会发现,孩子们总是喜欢把心爱的玩具拆开,这说明孩子有探索、了解新奇事物的愿望,想看看里面到底有什么。古人云:"学起于思,思源于疑。"学生的积极思维往往是从"疑"开始的。因此,在教学中,教师应该及时创设恰当的问题情境,激发学生的求知欲望,引起他们的关注,从而积极主动地投入到探索新知的活动中去。

案例2:"你已经是一个探索者"[①]

发现是喜悦的,然而不是每一次的发现探索都会成功。虽然对孩子们说这样的话有点残酷,但是要让他们知道这个道理,因为这是生活的真实。不过,还要强化他们这样的想法——"其实,你们是愿意成为探索者的,无论成功失败"。这尤为重要!

为什么说是强化呢?因为这样的想法是孩子们固有的,他们并不像成年人那么功利,对没有结果的探索他们同样很感兴趣。

例如在教学"倍数与因数"一课时,在课的最后,教师引入了"完美数",让学生在感受数学文化的同时去体会作为一个探索者的乐趣。

师:李老师给大家介绍一种数,叫作"完美数"。数学家找到的第一个完美数是6。为什么是6呢?请同学们用最快的速度说一说6的因数。

生:1、2、3、6。

师:把6画去,$1+2+3=6$,又回到了6本身。有的同学觉得这样的数有什么稀奇,说不定一抓一大把呢!不着急,请看——(课件显示)

第三个完美数是:496。

第四个完美数是:8 128。

第五个完美数是:33 550 336。

第六个完美数是:8 589 869 056。

---

① 陈海滨,徐丽华. 有效教学66个经典案例 [M]. 上海:华东师范大学出版社,2011:258.

（学生看完后均惊呼出声）

师：有什么想说的吗？

生：看来完美数真的是很稀有！

生：第六个完美数那么大，是怎么找到的呀？

师：是啊！要从几十亿的数中找出这些完美数来，数学家们要付出多大的心血啊！你们觉得是什么力量使数学家们去不断努力的？

生：好奇心！

生：第二个完美数怎么没有显示出来呀？是多少呢？

师：同学们想知道第二个完美数是多少吗？（生答"想"）那么，你们想不想像数学家那样去探索，把第二个完美数给找出来？

生：（大声地）想！

师：好吧！那同学们就开始找吧，看谁能在下课之前将第二个完美数找出来。

（结果，到下课时，学生还是没能找出第二个完美数）

师：下课了，怎么办？

生：我要继续找！

生：回家继续找！

师：同学们，你们这种探索的精神真让老师感动！要不然，老师告诉你们结果，好不好？

生：不好，老师，我们能自己找出来！

师：好样的！只要坚持就有希望！

我们经常被孩子们的探索热情所感动，他们总是以乐观的心态去看待希望，正因为这样，他们才无怨无悔地一次次地充当"探索者"的角色。作为教师，我们要做的就是表达出自己真诚的欣赏与感动。没有比发自内心的真诚的欣赏更能激励学生的了。试想，如果他们真切地感受到了教师因为他们的努力而感动，那该让他们多么欣喜啊！而接下来由这样的欣喜而生出来的学习欲望会是多么强烈，那真是我们无法想象的啊！

三、体验实践的乐趣

课堂教学效果很大程度上取决于学生的参与情况。有效的学习活动不能单纯地依赖模仿与记忆，动手实践、自主探索是学习的重要方式。教师应激发学生的学习积极性，向学生提供充分从事学习活动的机会，帮助他们在自主实践的过程中真正理解和掌握基本的知识和技能，并体验参与的快乐与成功。

案例 3： 面粉爆炸实验[①]

记得有一次，我和学生们一起探究面粉是否能爆炸的实验，给我留下了深刻的印象。这个实验是教材新增加的内容，在实验室我提前做了不下十几次的实验，可惜的是都没成功。最后，我准备放弃了。因为我自己都做了那么多遍没成功，学生们再做不是白白浪费时间吗？初三的学习时间这么紧，还是抓紧时间讲解新知识吧。所以，在课堂上我只是简单提示了一下，准备留做家庭小实验了。可是，没想到学生对这个问题非常感兴趣，非要回家准备用品到学校里来做。

虽然我的心里并不十分情愿他们到学校里来做这个实验，但是看到学生们渴望的眼神，我真不忍心打击他们的积极性。开学的第一个月他们确实接触到一些有趣的化学实验，但到了研究物质的微观构成的内容时，因为比较抽象，有的学生已经开始对化学不太感兴趣了，如果这个时候我打击了学生的积极性，可能对他们今后的学习会产生负面影响。不如利用这个机会，让学生利用生活中的物质完成这个听起来不太可能的实验吧！

主意已定，我对学生说："我们就以小组为单位，自己准备实验用品，明天以小组合作的方式实验。哪一组准备得最充分、实验时合作得最好，哪一组才能看到面粉的爆炸！"

听到我同意他们到学校来完成实验，教室里立即响起了掌声。我趁机强

[①] 刘世斌. 名师讲述如何提高学生课堂学习效率[M]. 重庆：西南师范大学出版社，2008：147～150.

调了实验准备的关键之处：面粉要干、容器要大、吸管要长。话音刚落，学生们已经迫不及待地开始讨论如何做好准备工作了。这一组说要准备大的可乐瓶，那一组说要带包装用的礼品盒，还有的组要自己制作一个大的纸盒……看到他们积极投入的状态，我的心中也充满了期待。

第二天，他们按照我的指导提前制作了一些大纸盒或是用大号的可乐瓶子剪成的塑料筒，自己带了一些比较干的面粉、长的吸管及一小段蜡烛。面粉真的会爆炸吗？带着疑问、好奇，还有一点紧张，我们开始了实验。

我站在第一小组旁，只见一名学生点燃了蜡烛，扣好大纸盒，躲在一旁之后，摆好了姿势，攒足了力气，用力一吹，你猜怎么样了？蜡烛的火焰灭了。"再来，再来……"他吸取上一次的经验，用力小了许多，又吹了一次。可是，这一次用力太小了，根本没吹动。我说这个实验挺难做的，一定要注意控制好吹气的力度。

就在他们准备换人再做一遍的时候，教室的最后一排同学那里传出了欢呼声："啊——我们成功啦！"这一声叫喊吸引了教室里所有人的目光。原来，他们用的是一个大可乐瓶子做的实验，可以看见里面的变化。立即有好多学生高兴地鼓掌，我和他们一起不自觉地鼓起了掌。这时候，教室里已经"乱"成一片了，学生们互相指导和帮助，互相介绍成功的经验，更有甚者挨个组做指导，直到很多组都做出了面粉的燃烧或爆炸实验。教室里都是面粉烧焦的味道，很多面粉扬起，到处都是，学生的衣服、头上、脸上都沾上了白面，就像一个个白胡子老人，但是，每一个学生的脸上都带着笑容，整个教室都洋溢着笑声。

这时，我趁热打铁，适时地组织学生讨论了三个问题：（1）什么情况下，能够发生爆炸？（2）我们的身边有哪些易燃易爆物？（3）在生产、使用和贮存易燃、易爆物时应该注意些什么？一系列由燃烧引起的爆炸知识在学生的积极思考中一气呵成。平时教学中我认为学生要通过阅读教材了解的知识，不经意间已经在学生的心中建立了清晰的思路，学生的回答简单而精确。接下来，我利用课件展示出十几种消防安全标志，让学生说出其中的含义。在抢答声中，学生们认识了"当心火灾"、"当心爆炸"、"禁止烟火"等身边能够见到的标志，自然地联系了生活的实际。当然，学生对燃烧、爆炸的知识也有了更实际的了解,课堂教学效率也提高了。

一个有趣、神奇的化学实验,让学生走进了另一个奇妙的世界。要提高课堂教学的效率,就一定要尊重学生的主体地位,让学生由静听转变为多感官并用,调动他们的积极性,让他们做课堂的小主人。只要有让学生动手参与的机会,教师就应尽最大努力让他们动手实验。当学生饶有兴趣地完成一个个探究实验的时候,他们的求知欲得到了满足,情绪就会步步高涨,兴趣就会更加浓厚。

案例4:《位置与方向》 教学片段[①]

教学"位置与方向"这一课时,我设计了"走一走"这个环节,请学生看着图,按东、南、西、北、东南、东北、西南、西北这些方位词,准确地说出行走路线。在小组合作中,我发现学生们对东、南、西、北了解得很清楚,一加上东南、东北、西南、西北这四个方向就有点糊涂了。

于是我根据教室的座位,设计了一个活动:"说说你周围同学分别在你的哪个方向。"问题一提出,课堂上就热闹开了,学生不停地转动着身子说着自己不同方向上的同学名字,同伴给予评判。我漫步走到学生当中,当学生说得差不多,兴奋的热情开始冷落的时候,我把脚步停下,说:"同学们,你们能不能说说老师现在的位置呀?"立刻,学生们热情又高涨起来了。有学生站起来就说:老师在我的东北方向(生$_1$),老师在我的南面(生$_2$),老师在我的西北面(生$_3$)……当学生说得起劲儿的时候,我又突然发问:"听你们这样说好像老师的位置在不停地变哟!可是我站着没动啊?位置怎么会变了?这是怎么回事?"学生一个个涨红了小脸。生$_1$说:"以我为标准,老师在我的北面,以对面同学为标准,老师在他的南面。"我故作疑惑地说:"老师可没动呀,那怎么一会儿北,一会儿南呢?"这时全班学生都异口同声地说道:"是我们的位置不同啊!"学生讲清了道理,明白了道理,我也在轻松、愉快的氛围中完成了教学,效果还真不错。

"走一走"活动充分调动学生的学习积极性,让所有的学生都参与到活动

---

① 王慧. 让学生参与知识的建构过程[J]. 教学随笔,2011(3).

中来，鼓励学生自主探索与合作交流，让学生体验学习的乐趣。同时，教师用鼓励性语言对学生的思考和发现进行引导，充分尊重了每个学生的学习愿望，调动了学生的学习热情。

第六节 将艺术元素融入教学，提升教学美

什么是艺术元素呢？肢体动作、色彩、图片、音乐等能为教学增添艺术气息的元素，都可以被称作艺术元素。将艺术元素融入课堂教学即是将身体动作、音乐、绘画等形式与语文、数学等课程的教学相结合。例如，运用身体动作来理解、表达单词的含义；运用音乐教学数学概念；运用美术的手法学习历史，惟妙惟肖地展现不同时期的历史和不同的文化传统。当艺术活动被整合到课程中时，学生的认知能力、情绪智力等就能受到激发。如果艺术活动与学科课程结合得好，不仅可以提高学生的想象力与创造力，还能发展学生的表达能力，使学生学会思考和学习的多种方法，促进学生的有效学习。

一、运用身体展开想象

教学中，多数学科的教学可以与身体运动整合起来，让学生获得一定的机会，体验运用身体运动的方式进行学习和理解。在运用身体理解和表达教学信息的过程中，学生把身体动作转换成他们自己创造的符号，通过身体个性化地表达对学习内容的理解，或是表达自己的创意想法。这样不仅集中了学生的注意力，还能够使学生透过身体的神经肌肉来编码，促进记忆及想象能力的发展。美国艾奥瓦州的一所小学开设了形体语言课。该课的内容是把诗句中的内容用戏剧、舞蹈等艺术形式表演出来，把文字中所包含的思想、情感用动作表现出来。利用这种教学方式，那些抽象的、理性的东西变得具体、感性，那些内在的难以理解的东西变得通俗、简练。

一般来说，教学中常用的借助于身体的表达有戏剧、舞蹈、创意动作三种方式。教学中的戏剧表演，是指学习者根据学习内容来模拟或创作剧本，

并通过角色扮演来表现剧本的思想。戏剧为学生提供了亲近所学知识的机会，同时也使学习内容更加生活化，学生还可以通过创造性的戏剧表演学习、理解社会中的各种人物角色。当学生在"观众"面前表演一出正式的戏剧，或是参与没有观众的戏剧游戏时，有助于学生将教学内容与自己的体验相联系，进而提升学习的效果。舞蹈，是指学生依据一定的节奏和步伐来表达对学习内容的理解。运用舞蹈的形式展开教学，学生有机会统整学习内容，并可通过编舞来展现他们的认知过程。例如，一位三年级的老师创作一个行星的舞蹈来学习"太空"这一单元：一部分学生模拟行星在轨道上做正确的逆时针运转，其他学生描绘出太阳、月亮、彗星和流星以怎样的关系在运动。创意动作，是借助某个身体动作来表达对主题内容的理解。例如，学生可以通过手脚的动作来学习字母、词语，或者借用手臂构成直角、钝角和锐角。透过创意动作，学生不仅可以更深入地理解学习内容，还可以表达自身经验的意义，也会在动作创造的过程中投入积极的想象。

案例 1： 由身体展开想象

二年级的小学生躺在教室的地板上，把自己的身体蜷曲成一个小小的皮球。教室里正播放着令人心旷神怡的乐曲。教师告诉学生他们现在是一棵棵幼嫩的树苗，渴望长成参天大树。这时，乐曲中出现了轻微的节拍声。突然，小小的皮球开始动起来，慢慢地舒展自己的身体。随着音乐节奏变得明快活泼，孩子们站起身来，像奋力生长的小树苗一样前后摇曳，双臂伸向天空。许多学生开心地笑出声来。忽然，音乐的声音变得急促而凶猛，这意味着暴风雨来了，孩子们以小树苗的姿态勇敢地迎接暴风雨的挑战。慢慢地，音乐又变得舒缓、明快，孩子们笑着：啊，太阳出来了！我不再是棵小苗，我是小树，茁壮成长的小树！然后，教师告诉学生这项活动结束，大家回到自己的座位上。学生的课桌上放着黏土块。教师让学生根据自己刚才的体验及想象把树苗长成参天大树的旅程雕刻下来，并明确标出每一个阶段。

人们习惯性地认为，身体运动是体育课或音乐课特有的教学内容。在语文、数学、科学等学科的教学中，身体动作常常是被排斥在学习过程之外的。实际上，人的身体运动时，大脑也在积极地运转。"当人们具有了通过运动或在运动中传递信息的需要时,当把身体运动作为表达或理解事物的工具时,人的身体运动智能就会被充分激活。"①

二、寓教学于音乐

音乐是人类自我表达的方式,它展现了人的思想和情感;音乐也是强有力的沟通方式,它可以超越言语的局限,穿越人心、深达心灵。然而在我们大多数教师及家长的观念中,音乐的含义无非是歌唱或弹奏的技能而已。在学校的课程设置中,它似乎是勉强填塞的一门课程,音乐活动被局限在音乐课范围之内,与其他学科的教学相分离。

"从生物学角度看,音乐是人生命的一部分;从审美角度看,音乐也是人类生命的一部分。可靠的证据表明,音乐艺术可以为学习者带来积极的、显著的、持续的效益。"② 首先,音乐可以提高人的情绪智力。音乐、节奏、声音能够使人的情感与之产生共鸣,它可以使紧张的人平静,使疲倦的人振奋。因为音乐的节奏和流畅性可以增加协调性与规律,并可把活动保持在愉快、舒适的状态。音乐接触还可以帮助儿童识别并管理自己的情绪状态,使学生能够更精确地辨别自己的情绪。其次,音乐活动有助于人的基本认知系统的发展,如推理、创造、思考、决策和问题解决。学习音乐的行为可以连接、发展并改进整个神经和脑的运动系统,激活更多的脑区并对许多高级脑活动进行调动和促进。一项来自俄罗斯的研究(Malyarenko 等,1996)证实,每天只需花一个小时倾听音乐就能够改变大脑的重组方式。4 岁孩子的音乐实验组每天听一个小时的古典音乐,后来发现,他们的脑电图(EEG)信息表明大脑协同性得到了增强,脑电波处于 a 波状态的时间也增多了。此外,音乐还能够增强感知运动系统及应激—反应系统等。总之,目前的调查及临床研究都表明音乐有着积极的影响力,音乐不仅应该成为每个学生教育活动中

---

① [美] David Lazear 著,吕良环译. 多元智能教学的艺术 [M]. 北京:中国轻工业出版社,2004:110.

② [美] Eric Jesin 著,脑科学与教育应用研究中心译. 艺术教育与脑的开发 [M]. 北京:中国轻工业出版社,2005:16.

的重要部分，音乐教育还应与其他学科教学相整合，促进学生各种智力的发展。

在教学中引入音乐的表达方式，不仅能让课堂学习活泼、富有生气，同时，也可以强化其他学科领域的学习。将音乐元素引入课堂教学主要表现在三个方面。首先，教学中可以利用背景音乐来提高学生的记忆。有研究者发现，如果教师讲课时有背景音乐，学生可以更有效地记忆信息。尤其是4/4的巴洛克旋律和古典音乐对记忆更为有效。因为当教师有节奏地在背景音乐下教授知识时，这些音响效果激活了大脑在左右两半球的音乐中枢，学生会处于一种放松的状态，能够进行更集中的思考，因此记忆的效果也得到提高。其次，教师可以寻找适合于某个教学主题的心情或气氛的音乐，以增强学生对教学主题的理解。这种音乐可以是经过音乐技巧加工的声音效果、大自然的声音，也可以是能引发学生某种情绪状态的古典或现代音乐。我国情境教学的倡导者李吉林老师，经常在语文教学中利用音乐创设情境，促进学生的对教学内容的体验，提高学生的学习兴趣。此外，教师还可以激发学生进行音乐创作，用音乐来表达自己对教学内容的理解，这样使音乐与学科知识之间产生联结，能丰富学生的学习方式。教师允许学生用音乐来表达自己的思想和情感时，学生的心灵就会向无法用语言表达的认知王国敞开，从而唤醒想象力，激发创造力。

案例2： 让说唱走进德国课堂

每个人一定都对中学里的学习生活记忆犹新：读本里长达数页的课文，还有那些必须背下来的练习题。在这样的负担下，有谁会喜欢学习呢？两个柏林人罗宾·海富斯和文岑特·施泰因想出了一个解决办法：他们创立了一个名为"说唱学"的项目，把说唱音乐和学习知识结合在一起，专门迎合青少年的口味。歌里唱的全都是关于欧洲的地理文化知识。刻板的知识加上流行的说唱音乐，听起来好像很奇怪，但是这两个来自柏林的音乐制作人却把两者巧妙地糅合在了一起。

文森特和罗宾的作品里原汁原味的嘻哈乐曲赢得了孩子们的热爱，他们都要马上开始用这种方式来学习。听听孩子们怎么说。一个男孩："因为旋律很好听。"一个女孩:"因为我们在听的时候理解起来很容易;但是在看书的时候,假如有生词的话,就看不大懂了。"

为什么跟着音乐学习效果那么好呢?歌词里面的押韵、节奏能够以一种特定的方式跟歌词的内容有机结合在一起。孩子或者是成人在听歌的时候知道:我要学习这首歌里讲述的知识,我可以先听一段,记住里面的内容,然后再慢慢往后面听,这样就能把这些内容都记在脑子里。在这个记忆的过程中,歌曲的押韵、歌词内容,由此在人脑海里浮现的图景,再加上音乐旋律的支撑,都可以在脑子里打下记号,起到加强记忆的作用。

案例3: 用唱歌的形式教英语[①]

知春里小学组建了一个以教导处、音乐组、英语组、部分骨干班主任为成员的课程研发团队。其中,英语组根据年段按英语基础确定歌曲内容及数量,进行英文歌词的校对,分年级确定每首歌中的生词、句式;音乐组负责曲谱旋律的确定,音乐老师通过听曲、抄写歌谱,然后用打谱软件打出五线谱;信息老师根据歌曲风格、内容设计每一个彩页,把儿童、音乐、美德、英语、快乐等元素融入其中;班主任则将每一首歌所表现的美德内涵用通俗易懂的格言、名言、警句、谚语、俗语等形式附在每一首歌曲的后面。

据了解,目前该校的"小学美德英语歌曲"每月每年级推进4首。一至六年级每班每周利用英语课的5分钟学习歌词;音乐课的10分钟进行歌曲节奏、旋律的学习,唱会歌曲;每周班会时间则由班主任给学生进行复习巩固。

知春里小学自启动"唱歌学英语"项目后,全校近千名学生已经能轻松演唱多首英文歌曲。学校自教授美德英语歌曲以来,学生们的英语成绩均有了很大程度的提高。除此之外,这种学习形式受到了学生们的广泛欢迎,他们纷纷表示,非常喜欢这种快乐的学习方式。"目前,我们根据各年级学生的年龄特点和音乐、英语学科的知识点,编写出了12册小学美德英语歌曲校本教材,让孩子们在唱歌学英语的同时受到潜移默化的美德熏陶,实现德育与教学的融合、音乐与英语的融合。"尹军老师介绍说。

---

① 郑欣. 用唱歌的形式教英语[N]. 现代教育报,2011-04-18(4).

知春里小学"美德英语歌曲"校本课程,尝试通过英语课堂上欢快愉悦的英语歌曲的介入,改变以往枯燥单调的单词、语法、句式的机械训练,通过音乐律动、手语肢体表演、自主创编等形式,使英语教学焕然一新、充满活力。教育教学追求的不仅是学到学科知识,还有学习的快乐体验。因此,"我们要寻求的是儿童需要的学习方式"。把唱歌作为学习英语的方法之一,促进了学生英语的学习和表达,因为唱歌学英语可以轻而易举地记住单词,而且唱歌是每个小学生乐于做的事情,学生们不会厌倦。

三、激发学生的视觉化思考

我们常常会遇到这样的情形:有的学生不会撰写优美、流畅的作文,却能够通过意境隽永、思想丰富的图画来表达自己对某个问题的理解。大科学家爱因斯坦的想法也都是以或多或少的清晰的图像呈现的,而不是借用书面文字或口头语言,他坦言自己有时候很难将一些观点写成文字。他们这一类人更习惯于运用另一种思维方式——即借用意象和图画语言来加工信息的视觉化思维。视觉化思维是视觉感官对外部刺激进行反应形成视觉意象,并以视觉意象为中介进行的创造性思维,它是一种新的看问题和解决问题的方法。

人类是视觉主导的动物,视觉化思考是每个人都具备的一种智能。在教学的过程中发掘和培养学生的视觉化思考,对于学生的学习有积极的意义。首先,有助于帮助记忆信息。很多研究证实,脑能够很好地加工视觉记忆信息。"眼睛含有近70%的身体感受器,每秒通过视觉神经向脑视觉加工中心发送数百万的信号",[①] 通过视觉获得的信息比其他任何感觉都要多,因此记忆的视觉成分比较高。其次,有助于加强学生与生活世界的联系。如果学生无法进行视觉活动,那就相当于切断了他们与周围世界的联系的一大部分。注重发展学生的视觉思维,有助于学生将目光投向教材之外的大千世界,从生活世界里敏感地捕捉视觉思维的资源,使教学活动走近生活世界。再次,视觉思考强调学生对视觉信息源的直接感知,注重学生的个性化理解与表达,

---

① [美] Patricia Wolfe. 脑的功能——将研究结果应用于课堂实践 [M]. 北京:中国轻工业出版社,2005:126.

这为教学开辟了广阔的想象、创造的空间。教学中注意以视知觉为切入点，借助恰当的视觉形式来呈现、表达教学信息，学生可以在此过程中运用视觉意象充分发挥自己的想象力，激发自己的创造性思维。此外，还有助于增强教学的美感体验。借助视觉传达教学信息的方式较之文字语言，具有直观性、形象性、非线性和整体性特征，可以增强学生对艺术形式和审美的感悟。

教学中应注重为学生创设视觉化的学习环境，并鼓励学生运用视觉思维，借用视觉化的形式表达自己的理解。一般来说，教学中借助于视觉感官的表达方式有绘画、视觉化笔记、视觉想象等方式。绘画即是学生运用颜色、符号把表象和概念加以具体化，通过图画展现作者对概念、观点个性化的理解。绘画方式对于发展学生的抽象思维有很大的作用，我们应该让绘画走进美术之外的课堂，走进学生的日常思维。视觉化笔记即是利用捕捉要点、编写概要和制作图表的方式做笔记。视觉化笔记简单、明了，还有利于学生养成踩点记忆的高效记忆习惯，避免学习过度或学习疲劳。视觉想象是以视觉意象为主的想象形式，它需要感性认识和理性认识的结合，比较符合中小学生的心理发展水平。具体来说，教师可以引导学生运用类比联想的方式来激发他们的视觉想象能力，即用一个视觉图像或意念来表达另一个视觉图像或意念，价值在于建构两个图像或意念之间的相互连接。另外，教师还可以指导学生闭上眼睛想象所学的东西，尽量把学习材料变成日常熟悉的图像、活动场景或属于自己的视觉符号。

案例4：《宿新市徐公店》 教学片段

师：请你们想想如果根据诗意作画，该画些什么？

生：要画篱笆。

师：篱笆要画得松一点还是密一点？

生：要画得松一点，因为诗中说"篱落疏疏"，"疏疏"就是不密的意思。

生：还要画小路。

师：为什么？是怎样的小路？

生：要画一条狭长的小路，因为是"一径深"。

讨论到要不要画蝴蝶时，师生之间、生生之间的对话就更精彩了。学生有的说:"要画蝴蝶,不画蝴蝶怎么能说'儿童急走追黄蝶'?"有的说:"不要画蝴蝶,诗中已经说'飞入菜花无处寻'。"教师提示:"注意是'追黄蝶',而不是'追蝴蝶'。"学生从中得到启发说:"'飞入菜花无处寻'。是因为菜花是黄的,黄蝶也是黄的,分辨不清哪是菜花,哪是黄蝶,所以还是要画黄蝶的,不过要画在菜花丛中。"还有一位学生补充说:"蝴蝶最好被菜花遮住一部分,露出一点翅膀,才能把'飞入菜花'的'入'表现出来。"……

为了帮助学生理解诗的意境,教师让学生充分发挥想象力,根据自己的理解,想象如何围绕古诗的意思画一幅画。这种方法不仅激发了学生的学习兴趣,而且让学生在记住诗中词句的同时对古诗的意境、诗人的用意有更进一步的了解。

案例 5:"画" 出形容词和副词[①]

英格兰圣斯蒂芬教堂小学副校长尼科·菲尔斯针对三、四年级学生的读写能力,尝试利用多媒体技术设计了一堂关于形容词和副词的语文课。他首先带领学生通读课文,从中挑出学生感兴趣的形容词和副词,师生一起讨论怎样用这些词设计成有趣的图片。学生们个个都有自己的意见,对于每一个形容词和副词都有自己的感受,因此,他们设计出来的图画也各有千秋,每一幅画都充盈着丰富的想象力。在这个环节,学生的想象力和绘画技巧得到了一定的展示,同时也得到了训练。

学习是一种复杂的、多方位的脑力活动,充分利用学生的听觉、视觉、逻辑判断、运动等方面的智能,可以帮助他们更加有效地学习。很多人抱怨,教师的教课方式太乏味,学生学习起来太枯燥,学习效率太低。这里面有很多原因,但是有一点毋庸置疑,即教师可能只强调了学生的某一种智能,或者少数几种智能,而忽视了其他的方面,因此,他的教学方法可能只适用于一部分学生,而其他学生的潜能并没有被调动起来,因此影响了教学效果。

---

① 杨桂青. 英美精彩课堂 [M]. 北京:教育科学出版社,2005:167.

第七节　构建民主师生关系，重建课堂文化

教学中，没有也不可能有抽象的学生，反之，没有也不可能有抽象的教师。教师和学生是作为有着丰富情感生活的个体存在的，教学过程并不是把知识从教师的头脑移植到学生的头脑里，而首先是教师与学生之间的活生生的人的相互关系。"师生之间的关系决定着学校的面貌和教育的性质。"构建民主师生关系，重建课堂文化，是促进学生爱学、乐学的精神保障。心理学家巴班斯基说："教师是否善于在上课时创设良好的课堂气氛以及保持师生之间的'平等'关系，对学生的学习有着重大作用。有了这种良好的气氛，学生的学习活动可以进行得特别富有成效，可以发挥他们学习可能性的最高水平。"[①]

构建民主师生关系，首先要求教师承认学生作为"人"的价值。每个学生都有特定的权利和尊严，更有自己的思想感情和需要。其次要求教师尊重学生的人格。这种尊重既表现在对学生独特个性行为表现的接纳和需要的满足，又表现在创设良好的环境和条件，让学生自由充分发现自己、意识到自己的存在、体验到自己作为人的一种尊严感和幸福感。

一、信任、宽容，让学生有安全感

教学中教师要转变教学观念，对学生要"信得过、放得开"。要使学习活动成为学生的内在需要，在融洽、和谐、宽松的教学氛围中，激发学生敢想、敢说、敢问的精神，为学生自主的发展提供适宜的气候和土壤。信任、宽容学生具体表现为接纳学生、重视学生、相信学生有能力、让学生有安全感等

---

① [苏]巴班斯基著，张定璋等译. 教学过程最优化[M]. 北京：人民教育出版社，1984：164.

四个方面。①

接纳学生：学生如果没有被接纳感和归属感，那么就会如同人类被剥夺了水和食物一样，逐渐耗尽直至死亡。这里的接纳是指无条件的接纳。无条件接纳以尊重、肯定、关注、理解、公平、敏感和温暖为基础，意味着教师承认并且赞赏学生的内在价值。因为每个学生都有其固有的价值。被无条件接纳的学生，即便是在进步缓慢或犯错误的时候也会觉得自己被别人需要，对别人有价值。

重视学生：学生需要感觉到自己被重视，自己是重要的，感到他们参与学校活动是有价值的，能够对学校、对课堂产生一定的影响，感到他们所做的努力是必要的、被欣赏的，这样他们才会渐渐地形成一定成就感。

相信学生有能力：让学生感觉到自己有能力承担责任，有能力把事情做好。这样的学生清楚自己可以学会很多事情，知道成功和失败同样重要，即使困难重重他们也愿意接受挑战。

让学生有安全感：学生需要感到安全，尤其是情感上的安全。这意味着学生相信教师是为他们着想的，相信教师愿意尊重他们的观点。他们知道教师虽然不总是和他们观点一致，但是教师是站在他们的角度理解他们的，并且教师愿意与他们合作共处而不是彼此对立。如果教师能思考"什么东西让教室有时变得可怕"，那将是有益处的。这样，教师也许更能保证那类可怕的经历和情况不会发生在自己教室里的学生身上。"因为对太多的学生来说，学校是一个让他们感到羞辱、威胁、受到嘲笑、折磨、取笑，让他们觉得无能为力的地方。想一想什么时候学校对你是可怕的。如果你牢记这些时刻，并尽力保证它们永远也不会发生在你自己的学生身上，你已经开始创建一个更安全、更有爱心的集体。"②

让学生有安全感，可以通过一些具体的策略来实现。例如，在课堂教学中提倡七个允许，即：错了允许重答；答得不完整允许补充；不明白的问题允许发问；没想好的允许再想；不同的意见允许争论；老师错了允许提意见；

---

① 徐斌艳. 教师如何成为学生的理解者［J］. 全球教育展望，2006（3）.
② ［美］温斯坦. 中学课堂管理［M］. 上海：华东师范大学出版社，2006：87.

争论到炽热化时允许学生自由抢接话茬发表意见，不必举手等待老师批准。由于教师实行教学民主，学生心里感到安全、自由，具有了心理优势，自然就心情舒畅、思维活跃、敢想敢说敢问。

案例1：教学改革的方向性思考[①]

10年前，记者去西部的一所学校采访。问孩子们："你们喜欢什么样的老师？"一帮孩子异口同声地大声回答道："我们喜欢不打人的老师！"那略带乡音的童声至今响彻耳畔。

今天，这样的现象我相信是没有了，但课堂文化的现状还远不足以培养出人的创造性。

一种普遍的现象，如同美国教师雷夫·艾斯奎斯形容的："大多数的教室都被一种东西控制着，那就是'害怕'……教师怕丢脸，怕不受爱戴，怕说话没人听，怕场面失控……学生更害怕，怕挨骂，怕被羞辱，怕在同学面前出丑，怕成绩不好面对父母的盛怒。"

"害怕"的结果，是教师不敢放开，只顾自己讲，甚至不敢提问，即使提问了也只叫几个最好的学生回答，唯恐差学生回答错了，自己没法收场；学生不敢回答问题，更别说提出问题了，因为错了老师会不高兴，同学会笑话……

雷夫当了25年小学五年级的教师，他班里90%以上的学生来自贫困家庭（大部分是移民家庭），他们毕业时却高居全美标准化测试AST前5%。学生品行也发生了惊人的变化，长大后纷纷进入哈佛大学、普林斯顿大学、斯坦福大学等名校就读。他在著作《第56号教室的奇迹》第一章第一节中，写的却是安全感问题："第56号教室之所以特别，不是因为它拥有什么，而是因为它缺乏了这样一种东西——害怕。"[②]

芬兰的基础教育成绩世界瞩目。而各种分析表明，他们教育成功的一个

[①] 余慧娟. 教学改革的方向性思考［J］. 人民教育，2011（1）.
[②] ［美］雷夫·艾斯奎斯著，卞娜娜译. 第56号教室的奇迹［M］. 北京：中国城市出版社，2009：5.

极其重要因素不是别的，而是"信任"。

观察我们著名特级教师的课堂，一个共同点，都有课前"热身"——目的也只有一个，培植敢想敢说的课堂文化，因为他们都知道，课堂文化决定了教学的成败。一个害怕出错的封闭课堂是绝不会成功的。

所以，宽容，是课堂生活的起点。

因为宽容，学生才敢于道出困惑，才敢于质疑，才敢于创造；因为宽容，教师才能知道学生的困惑，才能听到质疑的声音，才能判断教学的下一个方向在哪里。师生真正的思维对话与碰撞才得以展开。

但仅有宽容是不够的。课堂教学的"气场"还必须能够传递主流价值观。

一个因为个别学生调皮捣蛋而冲着全班发脾气的老师，一个成天只请优秀学生发言的老师，是绝不会受到学生拥戴的，包括他所传播的知识。因为，公正性，是所有人最基本的社会需求。人不应当无端地为他人的过错承担责任，也不应当因为智力发展上的暂时落后而受到歧视。

一个成天只强调认真听讲，学生坐得直、不出声的课堂，是没有生气的课堂。教学如果只把"奖励"停留在这个层次，教出来的孩子不是绵羊就是叛逆的狼。教学纪律的最高境界是无为而治，是知识魅力主导下的"知识秩序"，而不是靠教师威严建立起来的"形式秩序"。

一个只强调服从，尤其是思维的服从、知识的服从的课堂，是思想专制的课堂。教学民主的核心是思维民主，是师生间的平等对话、理性辩论，是师生对真理怀有共同的敬畏之心。然而，2010年7月，上海市教科院普教所发布的一项对上海、天津、重庆、南京、杭州和南昌6城市中小学生的调查结果表明，学生对教师"肯定学生的思想，鼓励大家提出自己的见解"的认同度仅为15.5%，近八成多的课堂，教师不能容忍学生的奇思怪想。这一结果，很能解释为什么我们的学生缺乏创造力，缺乏批判性思维。

课堂文化——教师一举手、一投足间诞生的"气场"，与教学比起来，好像很外围，微不足道，却决定着整个课堂的教学品质。文化狭隘，则头脑狭隘；文化不正，则头脑失范；文化专制，则头脑僵化。中国课堂要有所突破，必须从课堂文化的变革开始。因为课堂文化参与着学生全部的精神生活，而不只是智力活动。

二、尊重、平等，让学生更自信

尊重是平等师生关系的基础。只有让学生感受到教师对他们人格的尊重，他们才能感受到师生的平等，才能把课堂真正当作自己学习活动的场所，进而产生学习的积极性和主动性。尊重学生包括以下两个方面：(1) 尊重学生的独立人格。学生是活生生的人，他们有自己的思想、情感、思维，有独立的人格。教师要尊重学生的独立人格，切不可以权威自居。(2) 尊重学生的个性差异。学生不是一个模式制造出来的，尊重学生，就要承认和接受他们身心发展、认知规律的差异，不能强求一致。

此外，教师也要带着丰富的情趣、情感走向学生，与学生建立起真诚、和谐、温馨的情感关系。沐浴在教师温润而美好的情感里，儿童的心灵就拥有了一片最灿烂的阳光，为学习和生活营建了一个安全的情感环境。教师对教学投入真实的情感，把真实的自己展现给学生，有助于和学生展开更好的情感沟通。教师要学会移情地理解学生，在情绪、情感和理智上都处于学生的地位来考虑问题。教师还要自觉地把研究、反思与自己的教学实践结合起来，在研究过程中不断地反思、钻研、创造，这有助于教师掌握教育教学规律。日常的教学反思可以帮助教师对教育、教学问题形成独到的理解与觉悟，并把这种觉悟渗透在自己教育教学实践的改革之中，从而使得教师个体的教育教学实践思想资源逐步摆脱外在的常规或者权威性认识，而转向个体自身对教育的真实觉悟。

案例2：我要教会学生讲四句话[①]

我要教会学生讲的第一句话是"老师我还不懂"，就是说学生碰到不懂的问题要能够问。我很鼓励学生讲这句话，因为在一个班级里，学生之间肯定有智力上的差异，而教师采用的基本上都是整齐划一的教学进度、教学方法，所以学生出现"不懂"的情况是客观的。更何况，现在小学教学材料中有很

---

① 丛立新，黄华. "教学很有趣嘛！"——小学数学特级教师刘永宽访谈录 [J]. 人民教育，2008（10）.

多内容本来就是学生比较难以理解的，比如求最小公倍数的时候，为什么必须包含几个数公有的质因数和各自独有的质因数？再比如概率问题、工程问题……学生是很难真正理解的。最糟糕的是什么呢？是学生不懂而且不说，教师也不了解，日积月累，就糟啦。所以，我主张教师首先要鼓励学生敢说"我不会"、"我还不懂"，这也是教学民主的基础。有些教师看学生问问题，可能会说："我现在没空，你一会儿来找我。"那么学生可能就不来了。所以我无论怎么忙，只要学生来问我，我都帮他解答。

第二句，我要让孩子说"老师我懂了"。在一个班级里，学生的水平一般都是呈正态分布的，所以肯定有相当一部分的学生是有一定的自学能力的，而且知识面也比较广，教师要鼓励他们说"我懂了"，这样教师可以给他安排另外的进度。所以教师要了解，学生是真的懂了，还是假的懂了。如果教师光是问："懂的同学请举手"，然后学生举举手——就纯粹成了形式了。

第三句话，"老师，我不同意"，也就是学生要能够不同意教师的讲解，不同意其他同学的发言，甚至可以不同意教材的一些说法。这样一种思辨能力、批判意识，是要注意培养的。而且，要鼓励学生在公众面前把自己的想法表达出来，阐述自己的观点，这是积极参与的一个很重要的标志，也是课堂教学民主性的最高境界。所以我主张，教师应着力培养学生说"我不同意"，鼓励学生敢于发表不同意见，敢于表现自我，发展个性。

第四句：鼓励学生说"让我来说"，其实就是要把学生"推"上讲台。魏书生老师的课堂几乎是学生在教学生，吴正宪老师的课也很少是只由教师来讲的。我也试过，有时学生讲的效果的确比教师还好。我印象很深的是，学生曾有把长方形平均分成两份的七种分法，也有对求三角形的高为什么要将面积乘2除以底的有力"论证"。所以我的感觉是学生是能讲的，教师就放一放吧！

同一事物不同的人有不同的看法。教师不应强求每个学生都和自己所想的一样。学生有了想法不讲出来，就无法体现其思想的独特性。教师要鼓励学生大胆讲出自己的想法，无论合理与否，只要是学生自己想出来的、讲出来的，就应给予表扬，不应简单否定。允许学生标新立异、与众不同，这是培养学生创新意识、创新精神的需要。

三、交往、对话，激励学生自我表现

对话是师生基于互相尊重、信任和平等的立场，通过言谈和倾听而进行的双向沟通、共同学习的过程。对话作为一种教育精神，强调师生人格的平等，即师生之间只有价值的平等，而没有高低、强弱之分。在对话中，教师与学生作为有生命的、具有平等地位的人相遇，相互尊重彼此的独特个性，自由而持久地交换意见，共享不同的个人经历、人生体验。在对话中，教师与学生共同学习民主和平等的观念，学习尊重差异、尊重生命。由此，教师与学生之间就形成了真正的人与人的关系，我们相信，在这样的师生关系中，学生会体验到平等、自由、民主、尊重、信任、友善、理解、宽容、亲情与关爱，同时受到激励、鞭策、鼓舞、感化、召唤、指导和建议，形成积极的、丰富的人生态度与情感体验。

对话的认识意义表现在：第一，促使知识增值。师生通过对话分享彼此的思考、经验和知识，丰富学习内容，求得新的发现。教学过程因此成为课程内容持续生成与转化、课程意义不断建构与提升的过程。第二，活跃师生思维。古人言：独学而无友，则孤陋寡闻。缺少交往和对话很难产生思维的碰撞和创造的火花。有些观点是想出来的，有些观点则是"讲"出来的。对话教学有助于激发学生灵感，产生新颖的观点、奇特的思路，从而增强其思维的灵活性和广阔性。

总之，对教学而言，对话意味着互动，意味着参与，意味着相互建构。传统的严格意义上的教师教和学生学，将不断让位于师生互教互学，师生彼此将形成一个真正的"学习共同体"。在这个共同体中，"学生的教师和教师的学生不复存在，代之而起的是新的术语：教师式学生和学生式教师。教师不再仅仅去教，而且也通过对话被教，学生在被教的同时，也同时在教。他们共同对整个成长负责"。对学生而言，对话意味着心态的开放，主体性的凸现，个性的彰显，创造性的解放。对教师而言，对话意味着上课不是传授知识，而是一起分享理解；上课不是无谓的牺牲和时光的耗费，而是生命活动、专业成长和自我实现的过程。

在实践中，对话教学要注意以下几点：（1）对话不是简单的问答。一提

到师生对话,许多人就自然而然联想到课堂上的师生问答,以为那就是师生对话。但作为教学状态的师生对话,并不能简单地理解为课堂上的师生问答。发生在课堂上的有些师生问答,其实并非真正的教学对话。真正的师生对话,指的是蕴涵教育性的相互倾听和言说,它需要师生彼此敞开自己的精神世界,从而获得精神的交流和价值的分享。它不仅表现为提问与回答,还表现为交流与探讨,独白与倾听,欣赏与评价。这是对话在质方面的要求。(2)对话并非越多越好。教学中的对话无论是作为一条原则,还是作为一种方法,它的使用都必须服从、服务于教学的目的,不能为对话而对话,对话的滥用必然导致形式主义。总之,对话并非越多越好,对话重在质的要求。(3)对话的目的并不是要达成一致。对话不是为了消除差异、排除异己,而是为了更好地理解和珍视差异。观点的不同正说明问题的复杂性,说明有对话的必要与可能。学生之间、师生之间的思想碰撞,应该是对话的主旋律。

如何激励学生的自我表现呢?民主的课堂提倡五种激励,如下:(1)肢体的精神激励。微笑、点头、竖拇指、拍肩膀、抚摸头等。(2)口头的精神激励。"好"、"对"、"了不起"、"你很会思考"、"你真会读书"等。(3)活动性激励。允许学生做自己喜欢的事情(如以自己喜欢的方式鼓励自己、夸夸自己)。(4)物质性激励。奖给学生一些小礼物(五星、红花、卡通人物等)。(5)象征性激励:将本身无意义,但在师生约定好的情况下,具有某种含义的事物作为奖励,如作业本上的笑脸、苹果、记分、等级、红旗、盖印儿等。

四、构建相互合作的"学习共同体"

共同体,最早是作为社会学的词语被运用和拓展的,它的初始含义指任何基于协作关系的有机组织形式,强调人与人之间的紧密关系、归属感和认同感。"'课堂教学共同体'的构筑是在课堂的学习以个人的经验轨迹为基础,重建共同体实践的活动之中加以推进的,尤其是把个人主义的学习转换为共同体的学习是一个核心课题。"[①] 为此,有必要在课堂上保障每一个人的以多

---

① [日]佐藤学著,钟启泉译. 学习的快乐——走向对话. 北京:教育科学出版社,2004:3.

样个性为出发点的活动性学习，以及实现多样的交流与合作学习。课堂，是教师和学生进行教学活动的主要场所，学生的学习原则是要强调他们的自主学习、独立学习，学习不是始终依赖别人的，但我们不能因为强调自立、独立而把学生间的依存当作与独立学习水火不容的对立物。

教学活动是由师生通过对话性教学实践构成课堂教学共同体。师生在这一共同体中进行"互惠式学习"，而不是以自我为核心的封闭式学习。教学过程中，学生可以充分发表自己的见解，使学习者之间在互相学习、取长补短、共同进步的过程中交流、知疑、释疑，发展思维和品格，并在成员之间形成相互影响、相互依赖、相互促进的人际关系。"相观而善之谓摩"，"独学而无友，则孤陋而寡闻"，古人已用简洁的言语表达出学习要相互观摩，要在共同体中学习，借助集体的力量进行学习，只有在集体中才能获得个人的自由。在这个共同体内，人与人保持人格的平等，他们互相为对方的发展创造条件。在学习共同体内，由于人与人之间的和谐关系，会形成一种既有集体生活，又有个人自由，既有相互合作，又有个人自主探索的环境。

学习共同体不仅指学生与学生之间的，还包括学生与教师之间的学习共同体。教学不仅促进学生的发展，也是教师自身专业化成长的过程，正所谓："教然后知不足，学然后知困，知不足，然后能自反也；知困，然后能自强也。故曰：教学相长也。"在课堂教学共同体中，教师和其他学生都是学生发展的促进者，但教师的作用在性质上是不同于其他同学的，他能够实现更强的对话作用，教师要走进学生的最近发展区积极诱发、促进学生的自我对话，还要与学生展开彼此间的对话。

图书在版编目（CIP）数据

有效教学的基本策略/余文森，刘冬岩编著.—福州：福建教育出版社，2013.3（2024.5重印）
（有效教学丛书/余文森主编）
ISBN 978-7-5334-5999-4

Ⅰ.①有… Ⅱ.①余… ②刘… Ⅲ.①中学－教学研究 Ⅳ.①G632.0

中国版本图书馆 CIP 数据核字（2012）第 260466 号

有效教学丛书

Youxiao Jiaoxue de Jiben Celüe

有效教学的基本策略

丛书主编　余文森
编　　著　余文森　刘冬岩

出版发行	福建教育出版社
	（福州梦山路 27 号　邮编：350025　网址：www.fep.com.cn
	编辑部电话：0591-83726908
	发行部电话：0591-83721876　87115073　010-62024258）
出 版 人	江金辉
印　　刷	福州报业鸿升印刷有限责任公司
	（福州市仓山区建新镇建新北路 151 号　邮编：350082）
开　　本	710 毫米×1000 毫米　1/16
印　　张	15.25
字　　数	234 千字
插　　页	2
版　　次	2013 年 3 月第 1 版　2024 年 5 月第 7 次印刷
书　　号	ISBN 978-7-5334-5999-4
定　　价	29.80 元

如发现本书印装质量问题，请向本社出版科（电话：0591-83726019）调换。